COURS D'ÉTUDE

POUR L'INSTRUCTION

DU PRINCE DE PARME.

COURS D'ÉTUDE

POUR L'INSTRUCTION

DU PRINCE DE PARME,

AUJOURD'HUI

S. A. R. L'INFANT

D. FERDINAND,

DUC DE PARME, PLAISANCE, GUASTALLE,
&c. &c. &c.

Par M. l'Abbé de CONDILLAC, de l'Académie françoise & de celles de Berlin, de Parme & de Lyon ;
ancien Précepteur de S. A. R.

TOME ONZIEME.

INTRODUC. A L'ÉTUDE DE L'HISTOIRE MODERNE.

❦

A PARME,

DE L'IMPRIMERIE ROYALE.

M. DCC. LXXV.

TABLE DES MATIERES.

LIVRE PREMIER.

CHAPITRE I.

Idée générale de l'état de l'église dans le
quatrieme & dans le cinquieme siecles.

a

CHAPITRE II.

Des Barbares qui ont envahi l'empire d'occident.

pas conſerver ce qu'ils ont conquis. Pour en‑
tretenir le luxe, ils en ruinent les ſources. Ils
ont des ennemis au dehors & au dedans, & ils
n'ont ni retraites ni ſoldats. Puiſſants avant
de s'être fixés, ils ſont ſans force dans leurs
établiſſements. Ne reconnoiſſant que la loi du
plus fort, les trahiſons & les injuſtices de toute
eſpece ſont pour eux des actions courageuſes.
Leur gouvernement eſt une démocratie & une
anarchie. S'ils ne ſont pas détruits, leur gou‑
vernement paſſera par mille formes. Pourquoi,
dans les commencements, le ſort des vaincus fut
plus doux que ſous les empereurs. Les guer‑
res d'ordinaire courtes & fréquentes. Les Bar‑
bares, occupés à s'établir dans leurs uſurpa‑
tions, ne peuvent pas tout enlever. Mais
lorſqu'ils ſont affermis, ils croient que ce qu'ils
n'ont pas pris, eſt encore à eux. La religion
même ſert de prétexte à leur avidité. Ces con‑
quérants barbares ſe détruiſent les uns après les
autres. Toutes les provinces d'occident étoient
à différents barbares. Quel ſera le ſort de ces
barbares.

CHAPITRE III.
L'empire Grec ſous Zénon.

Pag. 28.

Pourquoi l'empire Grec ſubſiſtoit encore. On
ne ſavoit plus ce qui donnoit des droits à l'em‑

CHAPITRE IV.

Anastase, Théodoric le Grand & Clovis.

CHAPITRE V.

Depuis la mort de Clovis jusqu'au temps où les maires du palais s'emparent de toute l'autorité.

Pag. 55.

voit que des perfidies & des guerres. Thieri
enleve la Thuringe à Hermanfroi. Sa perfidie.
Les trois autres fils de Clovis défont Sigifmond, fils de Gondebaud. Les François ravagent la Bourgogne. Clotaire poignarde deux
de ses neveux. Les François font la conquête
de la Bourgogne. Les rois François s'allient
tout-à-la fois de Juſtinien & des Oſtrogots.
Le perfide Théodebert défait les Grecs & les
Goths. Guerre civile terminée par un prétendu
miracle. Childebert & Clotaire en danger de
périr avec leur armée. Clotaire s'empare de
l'Auſtraſie, ce qui occaſionne une guerre. Clotaire ſeul roi des François. Cruauté de ce prince envers Cramne, ſon fils. La France partagée
entre ſes quatre autres fils. Ce ne ſont que forfaits juſqu'en 613 que Clotaire II regne ſeul.
La France en proie à la jalouſie de Frédegonde & de Brunehaut. Brunehaut ſouléve les
grands, arme ſes petits-fils & cauſe des guerres. Fin de cette princeſſe. Clotaire regne ſeul.
Dagobert ſe ſaiſit de toute la ſucceſſion de Clotaire, ſon pere. Sous ſe deux fils, les maires
du palais gouvernent. Les Auſtraſiens chaſſent
le fils de Grimoald. Troubles ſous les fils de
Clovis II. Martin & Pepin Hériſtel gouvernent l'Auſtraſie. Ils ſont défaits par Ebroin,
qui eſt aſſaſſiné. Pepin Hériſtel a toute autorité dans les trois royaumes.

CHAPITRE VI.

Du gouvernement des François jusqu'au temps où Pepin Héristel se saisit de toute l'autorité sous le titre de Maire du Palais.

Pag. 68.

Les François avoient originairement les mœurs des Germains. Leur gouvernement étoit une démocratie. La puissance législative résidoit dans le champ de mars. A la guerre, le général avoit une autorité absolue. Dans l'assemblée, il n'avoit que son suffrage. Des usages grossiers tenoient lieu de loix aux François. Lors de leur établissement, ces usages ne leur suffisoient plus. C'est dans leurs circonstances & dans celles des Gaulois, qu'il faut chercher la raison de leur gouvernement. Les Gaulois étoient vils à leurs yeux. Obligations communes aux Gaulois & aux François. Les Gaulois conservent leurs loix, & sont juges de leurs différents. Gouvernements des provinces & des villes. Les ducs & les comtes commandoient les troupes, & rendoient la justice avec des assesseurs. Pourquoi la jurisprudence des François sera toujours vicieuse. Pourquoi le corps des loix est un chaos. Les évêques ont sur les François convertis la même autorité qu'avoient eue les prêtres payens sur les François idolâtres. Leur influence dans le

*hommes de leurs terres. Les abbés & les
évêques crurent aussi devoir être capitaines.
Tout tend à l'anarchie sous les successeurs de
Clotaire II. Les ducs & les comtes favorisent
les usurpations des seigneurs. Mais les seigneurs
ne peuvent s'assurer leurs usurpations. Comment
les maires se saisissent de toute l'administration. Ils sacrifient les intérêts de leur
maître, & deviennent les ministres des bénéficiers & des seigneurs. Confiance aveugle des
grands pour les maires. Les maires achevent
d'attirer à eux toute l'autorité. Alors ils commandent aux grands, qu'ils humilient. Usurpation trop précipitée de Grimoald, qui en
est puni. Conduite plus sage de Pepin Héristel.*

CHAPITRE VII.

Du gouvernement de Pepin Héristel & de ce-
lui de Charles-Martel.

Pag. 97.

*Pourquoi Pepin Héristel remédie aux abus,
sans vouloir en tarir la source. Sa modération
apparente. Il occupe les François de guerres
étrangeres. Il achéve de les gagner par l'eclat
de ses armes, & il dispose de l'Austrasie & des
deux mairies. Théodoald, encore enfant, lui*

CHAPITRE VIII.

Des révolutions arrivées depuis la mort d'A-nastase jusqu'à celle de Léon l'Isaurien.

Pag. 96.

zinien perfécuteur & hérétique. Sous Juſtin II
les Lombards s'établiſſent en Italie. Longin
avoit alors changé la forme du gouvernement.
Juſtin II rétablit le conſulat. Tibere, qui avoit
été collegue de Juſtin, s'aſſocie Maurice. L'empire a la guerre avec les Perſes & avec les Aba-
res. Phocas uſurpe l'empire. Autharis roi des
Lombards fait de nouvelles conquêtes. Coſroès
a de grands avantages ſur Phocas. Phocas
perd l'empire & la vie. Coſroès a de nouveaux
ſuccès. L'empire a encore d'autres guerres.
Grands avantages d'Héraclius ſur les Perſes.
Conſtantinople aſſiégée par les Avares. Sou-
lèvement des Sarrazins au ſervice de l'empire.
Commencement du Mahométiſme. Comment
Mahomet ſe fait paſſer pour prophete. Il fait
de ſes proſélites, autant de ſoldats. Il devient
ſouverain de l'Arabie. Maximes qu'il inculque
à ſes diſciples. Combien il étoit facile aux
Sarrazins de faire des conquêtes. Conquêtes
d'Aboubecre & d'Omar. Cependant Héraclius
s'occupe de Monothéliſme, & pour protéger
cette héréſie, il abandonne des provinces aux
Mahométans. Court regne de ſes deux fils. Conſ-
tant, ſon petit-fils, ſe rend odieux. Omar
fait brûler la bibliotheque d'Alexandrie. Les Sarrazins mettent fin à la domination des Perſes.
Conſtantinople, qu'ils aſſiegent, doit ſon ſalut
au feu grégeois. Sous Conſtantin Pogonat le
Monothéliſme eſt condamné. Des ſéditieux de-

mandent qu'il y ait trois empereurs parce qu'il y a trois perſonnes dans la trinité. Léonce fait couper le nez à Juſtinien II ; & Tibere Abſimare le fait couper à Léonce. Juſtinien II les foule aux pieds l'un & l'autre, & a la tête tranchée. On creve les yeux à Bardane Philippique. Artemius ſe fait moine. Théodoſe ſe fait prêtre. Léon l'Iſaurien commence à regner. Etendue des conquêtes des Serrazins. Conſtantinople eſt encore ſauvée par le feu grégeois. Léon veut détruire le culte des images ; ce qui cauſe de grands troubles. Grégoire II tente inutilement d'empêcher les Romains de ſe ſouſtraire à l'empereur. Grégoire III implore la protection de Charles-Martel contre Léon, & contre les Lombards.

CHAPITRE IX.

Pepin ſurnommé le Bref, premier roi de la ſeconde race.

Pepin ne trouve pas dans les Neuſtriens des diſpoſitions auſſi favorables que Carloman dans les Auſtraſiens. Le clergé damnoit Charles-Martel. Pepin s'applique à gagner les différents ordres. Guerre à l'occaſion de Grippon, que

Pepin

Pepin & Carloman ont dépouillé. Le pape ordonne de mettre bas les armes ; entreprise qui
aura des suites. Carloman se fait moine. Guerres. Pepin veut être roi. Décision du pape
Zacharie. Mauvaise justification de ce pape
& de S. Boniface. Les derniers Mérovingiens
sont renfermés dans des cloîtres. Pepin au lieu
d'être élevé sur un bouclier , veut être sacré
comme David. Cette cérémonie trompe le peuple.
Pendant que Constantin Copronyme favorise les
Iconoclastes , Astolphe s'empare de l'exarcat
de Ravenne. Etienne II vient implorer la protection de Pepin. On lui rend en France de
grands honneurs. Etienne II sacre Pepin , sa
femme & ses deux fils. Cette intrigue qu'on ne
peut justifier aura de grandes suites. Astolphe,
après avoir promis d'évacuer l'exarcat , assié-
ge Rome. Etienne demande des secours au
roi de France & à ses fils. Premiere lettre à
ce sujet. Seconde lettre. Lettre de S. Pierre dans laquelle la vierge , les anges , les
martyrs & tous les saints parlent. Jugement que
le pere Daniel porte de cette derniere lettre. Pepin donne l'exarcat de Ravenne au saint siege. Ses précautions pour assurer la couronne dans sa maison.

CHAPITRE X.

Charlemagne.

Pag. 132.

voient pas donner l'empire. *Charlemagne n'ac-*
quiert qu'une dénomination: mais elle paroît
lui transférer des droits. Irene qui feint de le
vouloir épouser est détrônée. Charlemagne
régle les limites des deux empires avec Nicé-
phore.

LIVRE SECOND.

CHAPITRE I.

Considérations sur le clergé.

Pag. 146.

Désordre dans toute la chrétienté. Les Sar-
razins cherchent à s'éclairer. Nécessité de con-
noître le clergé vers le temps de Charlemagne.
Au milieu des vices qui sont ceux du temps,
& dont le clergé ne se garantit pas, la foi se
conserve. Doctrine des huit premiers siecles sur
les deux puissances. Comment cette doctrine s'al-
tere en orient. En orient les empereurs avoient
usurpé sur le sacerdoce: en occident les évêques
devoient usurper sur l'empire. Raison de la
puissance du clergé dans les commencements
de la monarchie Françoise. Le clergé parce

CHAPITRE II.

Louis le Débonnaire.

les circonstances Charlemagne avoit partagé ses
états entre ses trois fils. Louis se hâte trop de
faire un pareil partage. Sa conduite avec Bernard qui se révolte. Il s'en repent pour ne montrer que de la foiblesse. Cependant Judith veut
un royaume pour Charles son fils. Troubles qui
naissent à cette occasion. Foiblesse de Louis. Insolence du moine Vala. Humiliation de Louis,
qui prend les évêques pour juges de sa conduite.
La fermeté de Bernard cause de nouveaux sou-
levements. Lothaire & Pepin arment. Judith
prend le voile. Louis assemble les seigneurs & les
évêques à Compiegne, pour savoir d'eux s'il
prendra le froc ou s'il conservera l'empire. Lothaire se saisit de l'empire que l'assemblée avoit
conservé à Louis. Les moines rendent l'empire
à Louis. Louis déclare Lothaire déchu de son
association à l'empire. On l'accuse d'usurper par
cette déclaration sur les droits de l'église. Révolte qui n'a pas de suite. Autre révolte des
fils de Louis. Grégoire IV est dans leur camp.
La plus saine partie du clergé ne reconnoît pas
l'autorité qu'il s'arroge, & que Vala défend.
Louis au pouvoir de ses fils. Il est déposé. On
le condamne à faire pénitence dans un monastère. Et ceux qui le condamnerent sont ceux qui
l'avoient déclaré l'oint du Seigneur. Lothaire
aliéne les esprits. Louis recouvre la couronne,
ou plutôt la reçoit des évêques. Judith revient
à la cour & reprend ses intrigues. Charles œ

l'Aquitaine au préjudice des fils de Pepin. Nouvelles révoltes & mort de Louis.

CHAPITRE III.

Charles le Chauve.

Pag. 189.

*Après la bataille de Fontenai les évêques dif-
posent des provinces de l'empire. Bientôt ils sont
forcés de consentir au partage que font les trois
princes. Lothaire qui a été jugé en France par
les évêques, juge en Italie le pape Sergius II.
Ravages que font les Normands, dont Charles achete la retraite. Charles est sans autorité
entre la noblesse & le clergé. Charles s'humilie
& prend ses sujets pour juges. Lothaire meurt
dans un froc & laisse trois fils. Louis de Baviere fait déposer Charles dans le concile d'Attigni.
Charles reconnoît les droits que le clergé s'arroge. Il fait excommunier Louis dans le concile
de Metz. Il s'allie des rois de Lorraine & de
Provence, & tous trois reconnoissent que
les évêques doivent s'unir pour corriger les rois.
Divorce de Lothaire roi de Lorraine. Autorité
que le pape s'arroge à cette occasion. Elle révolte d'abord les évêques. Mais ils se soumettent
à l'exemple de Lothaire. Mort de Charles roi de
Provence, & de Lothaire roi de Lorraine. Au*

préjudice de l'empereur frere de Lothaire, Louis
le Germanique & Charles le Chauve partagent
la Lorraine entre eux. Ils méprisent les excommunications d'Adrien II qui se déclare pour l'empereur. Charles fait excommunier Carloman son
fils qui s'étoit révolté. Le pape qui se déclare
pour Carloman, veut s'établir juge de cette affaire ; mais sans succès. Il abandonne Carloman pour Charles dont il croit avoir besoin. Les
fils du roi de Germanie n'étoient pas plus fideles.
Après la mort de l'empereur, Charles obtint de
Jean VIII la couronne impériale. Charles
avilit la dignité impériale. Mort de Louis
le Germanique qui laisse trois fils. Charles qui
ne peut se défendre contre les Normands & les
Sarrazins fait la guerre à ses neveux & meurt.
Sage politique de Charlemagne. Les désordres
ont commencé sous Louis le Débonnaire. Ils
s'accroissent sous Charles le Chauve. Origine
du gouvernement féodal.

CHAPITRE IV.
Jusqu'à Hugues Capet.
Pag. 214.

L'empire de Charlemagne tombe. Il suffit de
reconnoître les causes de cette révolution. Étas
de l'empire sous Louis II. État de l'empire sous
Louis III & Carloman. État de l'empire souc
Charles le Gros. Démembrement de l'empire

b 4

après la déposition de *Charles le Gros. Charles le Simple est sans autorité. Les derniers Carlovingiens ne conservent plus qu'un titre.*

CHAPITRE V.

De l'état de l'Angleterre au neuvieme & au dixieme siecles.

Au commencement du neuvieme siecle Egbert réunit les sept royaumes sous sa domination. Quelle a été la cause de l'autorité du saint siege & de la puissance des moines en Angleterre. Sous Egbert les Normands aborderent en Angleterre. Ils sont chassés sous Alfred qui gouverne avec sagesse. Puissance du clergé d'Angleterre & principalement des moines; désordres qui en naissent. Abus dans la discipline.

CHAPITRE VI.

Des Sarrazins dans les siecles huit, neuf & dix; & de l'Espagne depuis le septieme siecle jusqu'à la fin du quinzieme.

La puissance temporelle, que le clergé s'est arrogée & l'abus qu'il en a fait est une des principales causes des désordres & de la foiblesse des états de la chrétienté. La confusion des deux

puiffances eft favorable au clergé. La puiffance du clergé facilitera la conquête de l'Efpagne aux Sarrazins. Les Sarrazins font la
conquête de l'Efpagne. Ils remportent des avantages fur les Grecs & fur les Turcs. Les Abbaf-
fides enlevent le khalifat aux Ommiades. Le
khalife eft réduit aux feules fonctions du facerdoce. Les Sarrazins quoique divifés font toujours redoutables à la chrétienté. Ils s'affoiblif-
fent en Efpagne où les Chrétiens fondent plufieurs royaumes. Guerres continuelles en Efpagne. Révolutions frappantes & précipitées.
Multitude de fouverains toujours en guerre. Ro-
drigue ou le Cid. État de l'Efpagne dans le
douzieme fiecle. Dans le quatorzieme, & dans le
quinzieme, où les Maures font chaffés. État
de l'Efpagne après l'expulfion des Maures.
Combien cette expulfion a coûté de combats.
Combien le gouvernement des royaumes d'Efpagne avoit été vicieux.

CHAPITRE VII.

De l'Allemagne, & de l'Italie depuis 888 juf-
qués en 1073.

Pag. 248.

L'Allemagne & l'Italie fous Arnoul. Serments
des Romains, lorfqu'il eft couronné empereur.
Mort d'Arnoul. Louis IV fon fils dernier des
Carlovingiens. les Hongrois qui s'étoient établis

CHAPITRE VIII.

De l'empire Grec dans les siecles neuf, dix & onze.

LIVRE TROISIEME.

CHAPITRE I.

De l'état de la France à l'avénement de Hugues Capet.

Comment la France étoit divisée. Quels étoient les vassaux immédiats. Les arriere-vassaux. Comment les vassaux s'étoient multipliés. Les droits respectifs des seigneurs n'étoient fondés que sur la force: Ce qui étoit une source de désordres. Pouvoir absolu des seigneurs dans leurs terres. Leurs assises. Ils croyoient que tout étoit à eux. Le sort du serf étoit souvent

préférable à celui de l'homme libre. Les roturiers portoient tout le faix de la tyrannie. La
noblesse sans fief étoit seule ménagée. Le clergé
avili est en proie aux seigneurs puissants.

CHAPITRE II.

Combien les droits des souverains étoient peu
connus dans le dixieme siecle.

Pag. 316.

Tous les droits étoient confondus dans le
dixieme siecle. L'anarchie avoit commencé sous
Louis le Débonnaire. Ce prince ne connoissoit
pas les droits de la royauté. Charles le Chauve & Louis le Germanique les ignoroient également. Cette ignorance est la cause des révolutions qui arrivent sous leurs successeurs. Les
derniers Carlovingiens ne savoient plus sur quoi
fonder leur droit au trône. Aucune loi ne régloit
expressément la succession à la couronne. Quelles idées on doit se faire des droits de Hugues
Capet.

CHAPITRE III.

Depuis l'avénement de Hugues Capet jusqu'à
la mort de Philippe I.

Pag. 321.

Hugues Capet est roi sans être généralement
reconnu. Il descendoit de Robert le Fort. Il

CHAPITRE IV.

Etat du gouvernement féodal à la fin du onzieme siecle.

*des vassaux & des suzerains. Pourquoi les rois
& les grands vassaux ne pouvoient jamais employer qu'une partie de leurs forces. Que le
gouvernement féodal étoit fait pour les révolutions. Quatre appuis de ce gouvernement.*

CHAPITRE V.

Idée générale de la Chevalerie.

Pag. 342.

*Motifs des Germains pour donner avec céré-
monie les premieres armes aux jeunes gens. La
noblesse Françoise a eu de pareils motifs. De-là,
l'ordre de la chevalerie. Cet ordre ne remonte
guere au de-là du onzieme siecle. Avec quelles
cérémonies on recevoit les chevaliers. A quoi
ils s'engageoient. Comment ils s'engageoient.
Leur éducation, lorsqu'ils n'étoient encore que
pages. Les tournois, où ils se donnoient en
spectacle. Leurs études. Leur galanterie. Leur
religion.*

CHAPITRE VI.

Quelle étoit la puissance du clergé à la fin
du onzieme siecle.

Pag. 354.

*Moyens de l'ignorance & de la superstition
pour discerner l'innocent du coupable. Du juge-*

CHAPITRE VII.

De la police de l'église dans les onze premiers siecles.

discipline devient plus uniforme dans le troisieme siecle. En orient, les progrès du christianisme sont plus rapides. Quelles étoient les fonctions des évêques. La subordination qui s'établit
lors de Constantin, ne fixe pas à demeure les
droits des sieges. Etablissement des métropolitains, des exarques & des patriarches. L'Italie étoit en partie sous la jurisdiction de l'évêque
de Rome & en partie sous celle de l'évêque de
Milan. Le même ordre de subordination ne s'établit pas également par tout. Cet ordre pouvoit
varier dans la même province, & ne varioit que
trop. Les évêques demandoient des loix à Constantin, lorsque la discipline avoit besoin de nouveaux réglements. Les rois Goths quoiqu' Ariens
jouissoient également sans contestations, du
droit de donner des loix aux differentes églises.
Législateur en matiere ecclésiastique, le souverain l'étoit à plus forte raison en matiere civile. Pouvoir étendu & non contesté qu'exerce
Justinien. Soumission des évêques à cet égard.
Les factions du peuple & du clergé qui élisoient
les évêques, donnent lieu à des nouveautes.
Comment le patriarche de Constantinople étend
sa jurisdiction. Comment le pape étend la sienne.
Cependant les papes restoient dans la dépendance des empereurs d'orient. Ils en secouent
le joug sous Léon l'Isaurien. La subordination
s'altere par degrés. Les désordres invitent les

deux puiſſances à faire des réglements. Mais
elles uſurpent l'une ſur l'autre. A Conſtantinople les empereurs trouvent dans le patriarche,
qui a beſoin de leur protection, beaucoup de facilité pour uſurper ſur le ſacerdoce. En occident
le ſouverain ne fait pas les mêmes uſurpations,
parce qu'il a beſoin de ménager le clergé. Et
les circonſtances favorables aux eccléſiaſtiques
leur donnent trop d'autorité dans l'ordre civil.
Cet abus devient tous les jours plus grand ſous
les ſucceſſeurs de Charlemagne. Comment l'égli-
ſé s'arroge la puiſſance légiſlative, même en matiere civile: Puiſſance qu'acquierent alors les papes & abus qu'ils en font. Cependant les empereurs Allemands éliſoient encore les papes ou confirmoient au moins leur élection. De même l'élection des évêques avoit beſoin d'être confirmée par
le ſouverain. Les princes donnoient l'inveſtiture
des bénéfices. Mais au milieu de l'ignorance & de
la corruption, l'autorité, même légitime, dégénéroit en abus. Et le clergé s'enrichiſſoit. Comment les ordres monaſtiques ont contribué aux
abus.

LIVRE QUATRIEME.

CRAPITRE I.

Grégoire VII. pape.

Pag. 395.

Il ne faut s'arrêter sur les temps de désordres qu'autant qu'il est nécessaire, pour en voir naître un meilleur ordre. Etat de l'Europe lors de Grégoire *VII*. Conduite qui auroit pu donner aux papes la plus grande puissance. Une conduite opposée a préparé leur chûte : parce qu'elle a forcé l'Europe à ouvrir les yeux. Commencement des querelles entre Henri *IV* & Grégoire *VII*. Décret de Grégoire contre les prêtres simoniaques & concubinaires. Mauvaise raison de Henri pour empêcher qu'à ce sujet il se tienne un concile en Allemagne. Tout le clergé de la chrétienté se souleve contre le décret de Grégoire. Ce pape veut que le bras séculier force le clergé à se soumettre, quoiqu'il reconnoisse que ce moyen est nouveau. Henri le fait déposer dans le concile de *Worms*. Grégoire excommunie Louis dans un concile tenu à *Rome*. Cette sentence, jusqu'alors sans exemple, cause des soulévemens contre Henri. Elle aliéne jusqu'aux évêques qui avoient déposé Grégoire. On déclare que Henri perdra la couronne, si dans un an il n'est pas relevé de son excommunication. Fausse démarche de Henri. Son humiliation. Il arme. Embarras de Grégoire entre Henri *IV* & Rodolphe de Suabe, que les Allemands ont élu à sa sollicitation. Il tient deux conciles. Il défend aux princes laïques de donner l'investiture des bénéfices; avec combien peu de fondement. Mauvais raisonnement qu'il fait à cette occasion. Plusieurs évêques condamnent son entreprise. Grégoire excommunie Henri & lui ôte toute force dans les combats. Cependant Henri défait Rodolphe, & fait déposer Hildebrand dans un concile. Grégoire s'étoit allié de Robert Guiscard : qui le délivre, lorsque Henri l'assiégeoit dans le château S. Ange. Il se retire à Salerne, où il meurt. Conduite de ce pape avec les autres souverains & ses prétentions. Autorité qu'il s'est arrogée sur toutes les églises d'occident. Comment les cardinaux s'élevent. Grégoire *VII* n'a fait que du mal. C'est sans connoître la politique que la cour de Rome s'est agrandie.

CHAPITRE II.

Jusqu'à la mort de Henri IV empereur.

Pag. 421.

Henri IV soumet l'Allemagne. Il repasse en Italie où les troubles continuoient. Conrad, son fils aîné, se révolte. Les fléaux surviennent & les prédicateurs persuadent aux peuples que Dieu les punit d'obéir à leur souverain légitime. Occasion de la premiere croisade. Urbain II la prêche dans le concile de Clermont en Auvergne. L'indulgence pléniere, nouvellement inventée, est la solde des croisés. Premieres expéditions des croisés. Autre expédition dont les chefs sont des seigneurs, qui ont engagé leurs domaines. Alexis Comnene, empereur de Constantinople, se hâte de faire passer les croisés en Asie. Siege de Nicée, qui se rend à l'empereur Alexis. Kilidge Arslan, battu deux fois, cesse de s'opposer au passage des croisés. La plus grande partie de leur armée périt dans les chemins. Siege d'Antioche. Fraude pieuse. Prise de Jérusalem. Godefroi de Bouillon est élu roi de Jérusalem: mais la ville est donnée au patriarche. La division des Musulmans favorisoit les entreprises des croisés. Cependant Henri IV avoit fait rentrer les peuples dans le devoir. Mais ses soins pour achever de rétablir l'ordre soulevent encore le clergé.

CHAPITRE VI.

Troisieme Croisade.

FIN de la Table.

INTRODUCTION

A L'ÉTUDE DE L'HISTOIRE.

SECONDE PARTIE.

HISTOIRE MODERNE.

LIVRE PREMIER.

Je commence, Monseigneur, l'histoire moderne à la chûte de l'empire d'occident, parce que c'est à cette révolution que de nouvelles nations s'établissent, ou s'affermissent dans leurs premiers établissements. Cette époque est un temps de confusion, & l'ordre ne renaîtra qu'après une longue suite de désordres de toute espece. Pour saisir l'esprit de ces révolutions, il est nécessaire d'obser-

ver les barbares, d'où les nations modernes
tirent leur origine : mais auparavant nous ob-
ſerverons le gouvernement de l'égliſe, parce
que la religion aura déſormais une grande influence. Donnée aux hommes pour aſſurer
leur bonheur, cette religion ſainte devoit
éclairer les eſprits & adoucir les mœurs, &
elle fera, en effet, l'un & l'autre. Cependant
l'ignorance & la barbarie feront encore, pendant des ſiecles, les fléaux des peuples.

CHAPITRE PREMIER.

*Idée générale de l'état de l'église dans
le quatrieme & dans le cinquieme
siecles.*

L'ÉGLISE brillante par elle - même dans les
temps de persécution, parut avec un nouvel
éclat, lorsqu'elle fut protégée par les empereurs. C'est alors que les loix & la religion
n'ayant qu'un même esprit, la puissance civile & la puissance ecclésiastique n'eurent aussi
qu'une même fin. Les Chrétiens eurent des
temples magnifiques, ornés de vases d'or &
d'argent. Les cérémonies se firent avec pom-
pe. On solemnisa les dimanches, les fêtes
de noël, de pâque & de pentecôte; & on célé-
bra encore les fêtes des martyrs, dans les lieux
où étoient leurs tombeaux, ou dans ceux où
ils avoient été martyrisés.

Jusqu'alors les églises particulieres s'étoient
gouvernées par usage & par tradition; & les
obstacles qui les séparoient, n'avoient pas permis que la discipline fût par tout la même dans

*Éclat de l'é-
glise après la
conversion de
Constantin.*

*La discipli-
ne devient
uniforme.*

A 2

tous les points. Mais au quatrieme siecle, le
gouvernement prit une forme , on fit des
réglements généraux suivant les circonstances , & il y eut plus d'uniformité dans la difcipline.

Jurisdiction
des métropo-
litains. Comme il n'y a point de gouvernement sans
subordination, il en fallut établir une entre les
églises. Elle se régla naturellement sur la forme de l'empire. Chaque province civile devint une province ecclésiastique; & l'évêque de
la métropole civile fut considéré comme le premier de la province. Chargé de veiller sur les
évêques qui lui étoient subordonnés , il acquit
plusieurs prérogatives. Il convoquoit les conciles provinciaux , il y présidoit; l'ordination
d'un nouvel évêque ne pouvoit se faire sans lui;
mais tous ceux de la province avoient droit de
s'y trouver. Il falloit qu'ils y eussent été appellés, qu'il y en eût au moins deux , que ceux
qui étoient absents n'y missent point d'opposition, ou qu'au moins le plus grand nombre y
donnât son consentement. Quant au choix du
nouvel évêque , il appartenoit d'ordinaire au
clergé & au peuple de l'église vacante. Dans
les cas où le métropolitain n'avoit pas pu se
trouver à l'ordination , il falloit qu'il confirmât tout ce qui avoit été fait.

Jurisdiction
des exarques. Il y avoit encore au dessus des métropolitains
des évêques, dont la jurisdiction s'étendoit sur
plusieurs; & cela s'établit à l'imitation de l'or-

dre civil, où plusieurs provinces formoient un diocese sous le gouvernement d'un chef. Quelques-uns prirent même le titre d'exarque, parce que c'est ainsi que les Grecs nommoient le magistrat, auquel toutes les provinces d'un diocese ressortissoient. L'Asie, proprement dire, avoit pour exarque l'évêque d'Ephese, la Cappadoce celui de Césarée, & la Thrace celui d'Héraclée.

L'évêque de Carthage, sans prendre aucun titre, avoit beaucoup d'autorité sur toutes les provinces d'Afrique. Mais les trois premiers étoient ceux de Rome, d'Alexandrie & d'Antioche ; parce que ces villes étoient depuis long-temps les trois principales de l'empire, & celui de Rome avoit la primauté sur tous. On leur a donné les titres de patriarche ou de primat.

Les trois premiers évêques furent nommés patriarches ou primats.

Les patriarches étoient donc des évêques, qui embrassoient, ainsi que les exarques, plusieurs provinces dans leur jurisdiction. Les premiers ont été ceux de Rome, d'Alexandrie & d'Antioche ; mais dans la suite, l'évêque de Jérusalem, qui d'abord avoit été subordonné à celui de Césarée comme à son métropolitain, s'arrogea peu à peu des droits sur les provinces de la Palestine ; & après avoir essuyé bien des contradictions, il jouit enfin des privileges des patriarches.

L'évêque de Jérusalem obtiot le titre & la jurisdiction de patriarche.

A 3

L'évêché de Byfance dépendoit d'abord de celui d'Héraclée ; mais auffitôt que cette ville fut le fiege de l'empire, elle devint la rivale de Rome, & l'évêque de Conftantinople fut bientôt fe fouftraire à fon métropolitain. Dès le temps de Conftantin, il lui enleva tous fes droits, & il fe fit reconnoître lui-même pour l'exarque de toute la Thrace. Cela lui fut d'autant plus facile, que Conftantinople fe trouvant alors la capitale de cette province dans l'ordre civil, il parut naturel qu'elle le fût encore dans l'ordre eccléfiaftique ; & que, par conféquent, fon évêque eût des privileges au deffus de tous les autres. C'eft le plan de fubordination qui s'étoit établi parmi tous les évêques de l'empire.

Il en fut de même de celui de Conftantinople.

Dans les commencements, la jurifdiction de ce fiege fe bornoit à la Thrace ; mais ceux qui l'occuperent, eurent fouvent l'ambition de l'étendre au de-là. Ils ne pouvoient manquer de trouver des circonftances favorables. La protection que leur accordoient les empereurs levoit bien des difficultés ; le crédit dont ils jouiffoient, faifoit une loi de les ménager ; & on étoit fouvent dans la néceffité d'avoir recours à eux. Dans cette pofition, leurs prétentions devenoient des titres qu'on n'ofoit leur difputer, ou qu'on leur difputoit inutilement. L'intrigue les faifoit naître, la faveur auprès du prince les défendoit, & quelquefois encore le mérite

Comment celui-ci étend fa jurifdiction.

personnel d'un évêque auquel on ne craignoit
pas de se soumettre.

Nous voyons, par exemple, que du temps
d'Arcadius, les évêques de l'Asie & du Pont,
ayant des dissentions, & voulant remédier aux
désordres qui s'étoient introduits, s'adressèrent
à St. Jean Chrisostome, qui occupoit alors le
siege de Constantinople, avec toute la considération que lui donnoient son éloquence & sa
piété. Venez, lui disoient-ils, régler notre
église troublée par les Ariens, par l'avarice des
évêques, & par la cupidité de ces loups ravis-
sants, qui achetent le sacerdoce & les évêchés.
S. Jean Chrisostome se rendit à leurs instances,
passa en Asie, assembla un concile, déposa plusieurs évêques, & en mit d'autres en leur
place.

Il ne fit rien en cela qui ne fût dans l'ordre.
A la vérité, comme évêque de Constantinople,
il n'avoit aucun droit sur l'Asie ni sur le Pont;
mais il ne pouvoit pas refuser de se transporter
comme arbitre dans ces provinces, & d'y user
de l'autorité qu'on lui donnoit. Cependant cette démarche, sans prétention de sa part, servit de prétexte à l'ambition de ses successeurs.
Ils firent des tentatives, ils les soutinrent; ils
obtinrent de l'empereur une loi qui défendoit
d'ordonner, dans l'Asie ou dans le Pont, aucun
évêque, sans avoir eu leur consentement; en-

fin le concile de Chalcédoine, tenu en 451, leur ayant confirmé du moins une partie des droits dont l'usage les avoit déja mis en possession, ils furent reconnus pour patriarches de l'Asie, du Pont & de la Thrace.

L'évêque de Constantinople avoit encore le second rang d'honneur. Cette distinction, qui lui avoit été accordée en 383 par le concile de Constantinople, lui fut confirmée par celui de Chalcédoine. Les peres, assemblés dans ces conciles, jugerent qu'ainsi que la primauté appartenoit au pape, parce qu'il étoit l'évêque de l'ancienne Rome, la premiere ville de l'empire, le second rang devoit appartenir à l'évêque de Constantinople, puis qu'il siégeoit dans la nouvelle Rome, la seconde ville de l'empire.

Il est important, Monseigneur, de bien remarquer comment se sont établis ces rangs & ces jurisdictions, si vous voulez pouvoir rendre raison des révolutions qui arriveront dans l'église. Or, ce qui est arrivé à Constantinople, vous fait voir que certains sieges ont d'abord obtenu des privileges par l'usage, & qu'ensuite ils se les sont fait confirmer par des conciles. Mais ce qui s'introduit par l'usage, est nécessairement sujet au changement, parce que l'usage change lui même. Il faut donc s'attendre que quelques évêques se feront de nouvelles prétentions, qu'elles leur seront contestées, &

qu'il en naîtra, par conséquent, bien des disputes. D'un côté, l'ambition du patriarche de Constantinople ne sera pas satisfaite des privileges qui lui sont accordés ; & pouvant empiéter il empiétera encore : d'un autre côté, les évêques qui perdront de leurs droits, ou qui seront jaloux de l'autorité qu'il acquiert, refuseront leur consentement aux concessions, qui lui ont été faites par les conciles mêmes. Les papes, par exemple, n'ont jamais voulu reconnoître ni son second rang parmi les évêques, ni sa jurisdiction sur l'Asie & sur le Pont ; & ils ont jugé que les decrets des conciles de Constantinople & de Chalcédoine sur ce sujet, étoient contraires aux canons & aux loix ecclésiastiques. Mais malgré ces oppositions, ce patriarche a joui, avec l'aveu de tout l'orient, des privileges qui lui ont été attribués ; parce que les ordres des empereurs sont venus à l'appui des décisions des conciles. Son ambition ne se bornera même pas à ce qu'il a obtenu : il entreprendra encore dans la suite : il aura assez de crédit pour faire ajouter à son patriarchat, l'Illyrie, l'Epire, l'Achaïe, la Macédoine & la Bulgarie. Les papes feront continuellement de nouvelles oppositions ; & ces contestations feront enfin l'origine d'un schisme, qui séparera pour toujours l'église d'orient de celle d'occident.

Cependant les papes, en reprochant des usurpations à l'évêque de Constantinople, fe-

ront eux-mêmes d'autres ufurpations. L'évêque
de Rome, comme patriarche, n'avoit de jurifdiction que fur les églifes fuburbicaires, c'eft-
à-dire, fur quelques provinces d'Italie foumi-
fes à fon fiege. Dans la fuite, il entreprendra
fur de nouvelles provinces, & il ofera même
attenter jufques fur les fouverains.

La premiere fource de ces défordres vient de
ce que, dans les trois premiers fiecles, le gouvernement de l'églife n'a pas pu s'établir fur
des regles affez fixes. L'impuiffance où l'on étoit
d'affembler des conciles généraux, ne permettoit pas de déterminer avec précifion les droits
de chaque évêque ; & on a été dans la néceffité
de fouffrir qu'il s'introduifît des ufages, qui,
variant fuivant les circonftances, ne pouvoient
être ni uniformes, ni permanents. Il femble
que fous Conftantin, on auroit pu remédier à ces
abus : mais quand le gouvernement a pris une
certaine marche, il n'eft pas toujours facile de
la changer ; il eft même rare qu'on y penfe. On
fe contenta de mettre entre les évêques une
fubordination à peu près femblable à celle qui
étoit entre les magiftrats des provinces de l'empire. Cette forme étoit déja trop compliquée,
& elle avoit encore un autre défaut: car les
parties du gouvernement ecoléfiaftique ne furent pas fubordonnées avec la même exactitude que les parties du gouvernement civil. Pour
fe conformer entiérement au plan de Conftan-

tin, il auroit fallu un chef dans l'empire; quatre patriarches comme quatre préfets; autant d'exarques que de diocefes, & autant de métropolitains que de provinces. A la vérité, le pape étoit en poffeffion de la primauté qu'il a reçue de Jefus-Chrift, comme étant fucceffeur de S. Pierre; & cette primauté lui donnoit de grandes prérogatives, pour maintenir la foi dans l'églife, & pour faire obferver les faints canons. Mais les évêques ne penfoient pas qu'il eût fur eux la même autorité, que l'empereur fur les magiftrats civils. Sa jurifdiction étoit uniquement attachée au titre de patriarche; & il n'en avoit que fur les églifes fuburbicaires. Dans les Gaules, en Efpagne & en Afrique, les métropolitains ne connoiffoient point de fupérieurs, qui euffent des droits fur leurs églifes; & dans les autres provinces de l'empire, plufieurs étoient encore dans la même indépendance. Ce gouvernement étant l'ouvrage des circonftances, il ne faut pas s'étonner s'il a des défauts, & s'il eft quelquefois troublé par des diffentions. Les conciles feront le remede à ces abus: ils régleront les droits fuivant le befoin des conjonctures; & au milieu des défordres, ils conferveront la foi dans toute fa pureté.

Si le fiege de l'empire eût toujours été fixe à Rome, l'autorité du pape, mieux déterminée & plus généralement reconnue, n'eût jamais été conteftée. Mais la feconde capitale, fondée

La rivalité entre les évêques des deux capitales augmente les

par Conftantin, éleva, pour ainfi dire, autel contre autel ; & la rivalité, qui divifera les deux premiers évêques de l'églife, fera la fource de bien des maux.

D'autres caufes contribueront encore à pro-duire de nouveaux défordres : ce fera l'igno-rance, qui confondant la puiffance fpirituelle & la puiffance temporelle, autorifera les entre-prifes des papes : ce feront des évêques, qui voulant fe fouftraire à leurs fouverains, fe met-tront fous la protection du fiege de Rome : en-fin ce feront les fouverains eux-mêmes, qui ne cherchant qu'un prétexte pour envahir, recon-noîtront que le pape a droit de difpofer des couronnes.

J'ai cru devoir vous prévenir fur toutes ces chofes, afin que vous puiffiez faifir plus faci-lement les caufes des révolutions dont j'ai à vous parler. J'y trouverai auffi un avantage pour moi-même : car je pourrai paffer plus ra-pidement fur ces révolutions.

La fubordination n'eft pas la feule chofe à confidérer dans un gouvernement : il faudroit encore remarquer les ufages qui s'introduifent, & les réglements qui fe font, fuivant les cir-conftances. Mais tant de détails n'entrent pas dans mon plan ; il me fuffira des vues généra-les, qui préparent l'intelligence de l'hiftoire.

Un évêque ne jugeoit de rien fans avoir confulté fon clergé : c'eft dans des conciles provinciaux, qui se tenoient d'ordinaire deux fois l'année, qu'on terminoit les différents qui naissoient dans les provinces. Bientôt ceux qui se crurent lésés, eurent recours au premier évêque du diocese & à son synode. Ces appels eurent leurs abus. Comme toutes les églises. d'un même diocese, n'avoient pas toujours les mêmes usages, ils donnoient lieu à des jugemens contradictoires. Ils semoient la jalousie & la division parmi les évêques, & ils autorisoient les prétentions des plus puissants. Le pape, par exemple, prétendit qu'on pouvoit appeller à lui des jugements portés par les autres églises ; & il tenta de les assujettir toutes aux usages de la sienne. Mais celles d'orient & plusieurs d'occident maintinrent l'autorité de leurs synodes provinciaux.

les sieges autorisent les appels, d'où naissent des abus.

Tous les évêques se croyoient juges en matiere de foi : cependant s'il survenoit quelque nouvelle question, on consultoit ceux des grands sieges, & sur-tout, celui de Rome, dont l'avis a toujours été d'un grand poids à cause de sa primauté. Mais le concile général étoit considéré comme le souverain juge. L'excommunication & la pénitence publique étoient les peines qu'on infligeoit, & l'usage, à cet égard, étoit le même que dans les siecles précédens.

Les évêques seuls juges en matiére de foi, & le concile général juge souverain.

L'église ne négligea rien pour maintenir la discipline ; elle fit les loix les plus sages : mais les passions brisent quelque fois les freins les

La discipline d'orient différente de celle d'occident.

plus facrés. Les tranflations des évêques étoient communes en orient, & ils alloient volontiers à la cour; quoique ce fuffent des chofes févérement défendues. Je ne parle pas des autres abus, parce que s'ils étoient plus grands, ils étoient auffi plus rares. La plus grande différence qu'on remarque dans la difcipline entre l'églife d'orient & celle d'occident, c'eft que dans la premiere, les évêques, les prêtres & les diacres n'étoient pas obligés au célibat.

Pratiques, qui s'obfervoient dans l'une & l'autre églife.

Les agapes ou feftins de charité s'abolirent dans la plupart des églifes. Les catéchumenes & les pénitents étoient exclus du faint facrifice. Les fideles y affiftoient fouvent: ils communioient prefque à chaque fois. Les laïques recevoient encore l'euchariftie dans leurs mains: mais la coutume de l'emporter chez foi étoit devenue plus rare. On la confommoit à jeun dans l'églife. Les proceffions commencerent à s'introduire. En un mot, les pratiques qui s'obfervoient, étoient pour le fond les mêmes qu'aujourd'hui.

Articles de foi éclaircis.

Il n'en eft pas de la doctrine comme de la difcipline. Elle ne peut varier, mais elle peut être plus ou moins développée. C'eft pourquoi l'églife a éclairci tous les articles fur lefquels les hérétiques ont voulu répandre des nuages. Tel eft, dans le quatrieme fiecle, le myftère de la trinité, & dans le cinquieme, celui de l'incarnation.

Il n'eſt pas néceſſaire de m'arrêter ſur les déſordres qui ont troublé l'égliſe ; vous avez vu les maux que les héréſies ont produits en orient, où elles ſont nées, & dont elles ſe ſont en quelque ſorte partagé les provinces. L'état de l'égliſe, à la fin du cinquieme ſiecle, étoit encore plus déplorable en occident, puiſqu'elle étoit en proie à des barbares idolatres ou Ariens. Les Vandales & les Viſigots ont fait les plus grandes perſécutions aux catholiques.

Les héréſies ont cauſé de grands déſordres.

C'eſt au commencement du quatrieme ſiecle, que les communautés religieuſes, après avoir peuplé les déſerts de l'Egypte, ſe répandirent dans l'orient; & c'eſt vers la fin, qu'elles paſſerent en occident, où elles ſe multiplierent dans le cours du cinquieme. On voit qu'elles s'établiſſoient déja dans les villes : il y en avoit à Alexandrie, à Jéruſalem, à Antioche, à Conſtantinople, à Marſeille, &c. Les moines ne tarderent donc pas d'oublier l'eſprit de leur inſtitution. Auſſi fallut-il quelquefois faire des loix, pour les faire rentrer dans leur devoir.

Inſtitution des ordres monaſtiques.

Le Chriſtianiſme étoit peu floriſſant chez les nations barbares, pendant le quatrieme & le cinquieme ſiecles. Quoiqu'il y eût pénétré auparavant, il ne s'y étoit pas répandu auſſi facilement que dans l'empire romain, & il y avoit peu d'égliſes conſidérables. Les Goths ne quit-

L'égliſe avoit fait peu de progrès hors de l'empire romain.

terent l'idolatrie, que pour le faire Arien., &
les Perses persécutèrent presque toujours la religion chrétienne. Vous jugez par là que dans
les églises, qui étoient hors de l'empire, le
gouvernement ecclésiastique ne pouvoit pas
avoir de forme certaine.

CHAPI-

CHAPITRE II.

Des barbares qui ont envahi l'empire d'occident.

Il falloit que les irruptions des barbares eussent un terme. Depuis long-temps, détruits sans interruption par le fer des Romains, ils se détruisoient tous les jours par leurs propres armes, & ils s'étoient enfin répandus en Illyrie, en Italie, dans les Gaules, en Angleterre, en Espagne, & en Afrique. Ils peuploient ces Provinces: une partie des Romains y avoit été exterminée, l'autre assujettie, & le nord étoit épuisé. Bien des causes contribuoient à dévaster ces contrées; les guerres qui ne cessoient point, l'ignorance & le mépris des barbares pour l'agriculture, la ruine des arts & du commerce, les cruelles persécutions qu'on faisoit aux catholiques, enfin tous les vices d'un gouvernement monstrueux.

Etat misérable de l'Europe, lors de l'établissement des barbares.

En commençant l'étude de l'histoire, nous avons vu toute l'Europe couverte de peuples barbares; mais ces peuples avoient des vertus:

Cités des anciens bar[...]

la pauvreté les garantissoit au moins de bien
des vices. Plus jaloux de conserver leur liberté,
qu'ambitieux de commander à leurs voisins, ils
cherchoient moins à conquérir, qu'à se défendre contre les citoyens trop puissants; & ils formoient de petites cités, où l'amour de la patrie
n'étoit que l'amour même de la liberté. Nous
les avons vus, occupés à se donner des loix,
ne reconnoître pour bon gouvernement, que
celui où tous les citoyens sont libres. Les Romains seuls par une suite des circonstances, ont
allié l'amour de la liberté & l'ambition des conquêtes, deux choses toujours plus difficiles à
concilier à mesure que l'empire s'étendoit davantage.

Pourquoi ces
cités ne son-
geoient point
à s'agrandir.

Comme les idées ne s'acquierent que par
l'expérience, ces peuples n'imaginoient pas de
jeter les fondements d'un vaste empire, lorsqu'ils ne formoient encore que de petites cités:
mais ils songeoient à se garantir contre les tyrans, parce qu'ils avoient éprouvé les effets de
la tyrannie. Voilà quelles ont été leurs vues
dans les différentes formes de gouvernement,
qu'ils ont adoptées.

L'ambition
devoit être la
cause de leur
ruine.

Dans la suite, quelques-unes de ces cités ont
entrepris d'étendre leur domination, parce que
des succès leur apprenoient qu'elles pouvoient
faire des conquêtes. Mais leur gouvernement
n'y étoit pas propre, & leur ambition leur a

fait perdre leur liberté, ou même a été la cause de leur ruine.

Tant qu'elles ont peu de besoins, elles ont aussi plus de vertus. Un même esprit anime tous les citoyens: les grands hommes se renouvellent sans cesse. Les qualités que la république perd dans l'un, elle les retrouve dans un autre: elle s'éleve de génération en génération, & en quelque sorte par une suite de prodiges: mais elle tombe, lorsqu'elle est parvenue au luxe, le dernier période de sa grandeur.

Elles prosperent avec peu de besoins: le luxe est leur dernier période.

Si vous considérez que des barbares, qui viennent d'envahir l'empire d'occident, sont arrivés tout à coup où les anciens peuples ne sont arrivés que par degrés, vous jugerez que leur domination ne sera que passagere. En effet, sans avoir jamais eu aucune idée de gouvernement, ils ont tout à coup les vices des peuples conquérants & la mollesse des peuples conquis.

La plupart des barbares nouvellement établis, ne font que passer.

Les François & les Anglois sont les seuls qui se soutiendront; les François, parce qu'ils se sont établis les derniers, les Anglois, parce que leur situation les mettoit plus à l'abri des nouvelles invasions.

A peine ces nouveaux peuples commencent à s'établir qu'ils ont déja tous les vices des nations policées, & ils conservent encore tous ceux de la barbarie. Leur amour pour la liberté,

Sans idée de vertu, ils n'estiment que le brigandage.

sans regle, sans objet, n'est qu'un vrai brigandage; & nous trouverons à peine parmi eux quelques traces de vertus.

Ils ne savent pas conserver ce qu'ils ont conquis.

Ils croient pouvoir conserver leurs états, parce que ce ne sont que les parties d'un plus grand empire. Mais ces états sont encore trop grands pour eux; car s'ils les ont conquis, ils n'ont pas appris à les gouverner, &, par conséquent, à les conserver.

Pour entretenir le luxe, ils en ruinent les sources.

Ils perdent leur courage, sans perdre leur férocité, parce qu'ils s'amollissent dans le luxe, sans adoucir leurs mœurs. Mais quoi qu'ils veuillent vivre dans le luxe, ils n'en savent pas entretenir les sources: ils ruinent, au contraire, l'agriculture, les arts & le commerce. Ils n'ont plus d'expédients que dans de nouvelles impositions: ils accablent leurs sujets; & ils les précipitent dans la misere, pour s'y précipiter bientôt eux-mêmes.

Ils ont des ennemis au dehors & au dedans, & ils n'ont ni retraites ni soldats.

Alors l'état est composé de deux nations ennemies; & les vainqueurs, odieux aux vaincus, ont tout à craindre au dedans & au dehors. Pour prévenir les révoltes, ils abattent les murs des villes, qui pourroient servir de défense au peuple opprimé; ne comprenant pas d'ailleurs à quoi servent ces murs, parce qu'ils ne savent ni défendre des places, ni former des sieges. Mais leur pays reste ouvert à l'ennemi étranger: cependant ils ne se sont point conservé

de retraites , & ils ne font plus que de mauvais
foldats.

Ils étoient puiffants , tant qu'ils ne s'étoient
point encore fixés : car alors fobres, accoutumés à la fatigue & courageux , ils tomboient
avec tout le poids de leurs forces réunies. Actuellement elles font tout à la fois énervées
& divifées. Difperfés dans le pays qu'ils ont
conquis , ils ne peuvent plus marcher tous enfemble : il faut d'ailleurs qu'ils fe partagent encore , afin que les uns tiennent les fujets dans
l'obéiffance , tandis que les autres défendent les
frontieres. Enfin ils s'énervent à mefure qu'ils
prennent le luxe & les mœurs des nations vain-
cues.

Puiffants a-vant de s'être fixés , ils font fans force dans leurs établiffe-ments.

Les Germains , comme vous l'avez vu, ne
connoiffoient d'autre métier que celui des armes : ils croyoient qu'il faut laiffer aux lâches
le foin de cultiver la terre , & que la guerre eft,
pour des hommes braves , le feul moyen de fubfifter. Dans ce préjugé, ils penfoient que la force feule leur donnoit des droits, fur tout ce
qu'ils pouvoient enlever à leurs voifins. Ils ne
s'engageoient par des traités , que lorfqu'ils
étoient les plus foibles; & ils fe croyoient libres
de tout engagement , lorfqu'ils avoient repris
leurs forces premieres. Sans loix , ils fe conduifoient d'après les coutumes, que la férocité
leur dictoit. En un mot , ils n'avoient aucune idée
du droit des gens; & ils feront long-temps fans

Ne recon-noiffant que la loi du plus fort, les trahi-fons & les in-juftices de toute efpece font pour eux des actions courageufes.

B 3

pouvoir s'en former, parce que les premieres habitudes seront long-temps un obstacle aux progrès de la raison. La force donnera droit à tout : les traités seront continuellement violés ; & l'histoire ne sera plus qu'un tissu d'injustices, de trahisons & de crimes monstrueux.

Leur gouvernement est une démocratie & une anarchie.

Représentons-nous ces barbares au moment qu'ils viennent de se rendre maîtres d'une province. Ce ne sont pas encore des citoyens, ce ne sont que des brigands. Toujours assemblés, toujours armés, chacun veut avoir part à l'autorité. Leur gouvernement est une démocratie, où germe une infinité de dissentions. Ils n'obéissent à un chef, qu'autant qu'ils sentent le besoin d'être conduits par son courage & par ses lumieres : mais s'ils cessent de sentir ce besoin, le gouvernement ne sera bientôt qu'une vraie anarchie.

S'ils ne sont pas détruits, leur gouvernement passera par mille formes vicieuses.

Vous pouvez donc prévoir, qu'ils seront tout à fait le jouet des circonstances. Ils se conduiront sans regles, sans principes. Ainsi les états qu'ils fondent seront bientôt détruits; ou ils passeront par mille formes, toutes plus vicieuses les unes que les autres, avant de s'asseoir sur une base bien assurée.

Pourquoi dans les commencements le sort des vaincus fut

Ce fut, sans doute, un terrible moment, que celui où de pareils vainqueurs s'emparerent des biens des vaincus : mais enfin ils ne pouvoient pas tout prendre ; & lorsque chacun se fut saisi

de ce qui étoit à sa bienséance, ils commencerent à jouir, & les vaincus respirerent. Le sort
de ceux-ci fut même plus doux que sous les empereurs : car les barbares ne connoissant pas l'u-
sage de payer les magistrats, ils ne connurent
pas d'abord le besoin de mettre des impôts. Ils
permirent au moins de jouir de ce qu'ils laif-
soient ; & leurs sujets se trouverent heureux de
n'être plus exposés aux vexations des officiers de
l'empire. Ils n'avoient d'autre obligation que
de faire la guerre à leurs dépens, quand ils
étoient commandés ; & encore avoient-ils leur
part au butin.

plus doux que sous les empereurs.

Avec cet usage, il n'étoit pas possible de soutenir
des guerres longues, où l'on n'avance que de
proche en proche : mais les barbares n'étoient
pas dans ce cas Si les uns étoient ignorants dans
l'attaque des places, les autres ne l'étoient pas
moins dans la défense; d'ailleurs les fortifica-
tions des villes étoient ruinées, & une seule
bataille ouvroit tout un pays. Les guerres se re-
nouvelloient sans cesse, & se terminoient promptement.

Les guerres d'ordinaire courtes & fréquentes.

Leur domination ne se contint pas long-temps
dans les bornes que je viens de marquer. S'ils
traiterent d'abord leurs sujets avec quelque sorte
de douceur, ce ne fut ni par politique ni par
humanité. Il étoit naturel que chacun donnât
ses soins à se bien affermir dans les usurpations
qu'il avoit faites, avant de songer à faire de

Les barbares, occupés à s'établir dans leurs usurpations, ne peuvent pas tout enlever.

nouvelles usurpations. Voulant donc jouir eux-
mêmes de ce qu'ils possédoient, ils furent forcés de laisser aux autres la jouissance de ce qu'ils
ne leur avoient pas enlevé. Ce fut un temps de
calme.

Mais lorsqu'ils se crurent affermis dans leurs
possessions, & que s'étant accoutumés au luxe,
ils ne les trouverent plus suffisantes à leurs besoins ; ils regarderent alors tout ce qui étoit à
leur bienséance, comme des choses qu'ils pouvoient prendre encore. Vainqueurs, ils ne connoissoient que le droit des armes, & croyant
faire grace aux vaincus, lorsqu'ils leur laissoient la vie, ils jugeoient que tous les biens
étoient à eux. Ils devoient donc enfin avoir recours aux impositions, & les accumuler: &
comment ne l'auroient-ils pas fait, lorsqu'ils
apprenoient qu'on en avoit payé aux empereurs?
Ainsi les peuples étoient foulés par toutes sortes de voies, & parce qu'on leur enlevoit leurs
biens, & parce qu'on les surchargeoit d'impôts,
& parce que, dans le désordre qui regnoit, les
pertes ne pouvoient se réparer ni par l'agriculture, ni par l'industrie, ni par le commerce.

La religion fut encore le prétexte de bien des
vexations. Les barbares Ariens se crurent tout
permis contre les catholiques. Combien de maux
ne devoient pas produire les persécutions de ces
ames féroces, qui sous le masque d'un faux
zele, cachoient leur avarice; & qui, dans leur

Mais lors
qu'ils sont af-
fermis, ils
croyent que
ce qu'ils n'ont
pas pris, est
encore à eux.

La religion
même sert de
prétexte à
leur avidité.

ignorance, méritoient à peine le nom de chrétiens, ou même ne le méritoient pas? Car peut-
on penser que les Goths suffent pourquoi ils
étoient Ariens.

Tel étoit en général le fort des peuples conquis: celui des conquérants n'étoit pas meilleur. Toutes ces nations barbares, toujours armées, se pouffent, se chaffent, se détruifent.
C'eſt une fermentation, qui produit continuellement de nouvelles révolutions, & les peuples
difparoiffent les uns après les autres.

Ces conqué-
rants barbares
se détruisent
les uns après
les autres.

Les Hérules regnoient en Italie, les Oſtrogots en Illyrie, les Vandales en Afrique, les
Sueves & les Viſigots en Eſpagne, les mêmes
Viſigots, les Bourguignons & les François
dans les Gaules, & les Anglois dans la grande Bretagne. En un mot, toutes ces provinces étoient aux barbares, à l'exception de
quelques places en Eſpagne, & d'un petit état
que Siagrius, fils d'Egidius, s'étoit formé
dans les Gaules, & dont Soiffons étoit la capitale.

Toutes les
provinces
d'occident
étoient à dif-
férents barba-
res.

Les Hérules, qui habitoient depuis long-
temps l'Italie, ne peuvent éviter de s'amollir,
depuis qu'ils s'en sont rendus maîtres. Les Vandales jouiffoient de leurs conquêtes, & négligeoient l'art militaire, ne jugeant pas avoir
dans la fuite rien à craindre de la part des empereurs d'orient. Nous favons peu de chofe des
Sueves; mais on ne peut pas douter, qu'établis

Quel fera le
fort de ces
barbares.

depuis plus d'un demi siecle en Espagne, ils ne
fussent déja corrompus par la mollesse. Les Visigots ne composerent qu'un même peuple avec
les vaincus, & les deux nations se firent des loix
communes, tirées du code Théodosien & de
leurs usages ; mais ces loix devoient être bien
imparfaites : d'ailleurs par cette confusion, les
barbares ne pouvoient manquer de prendre les
mœurs des Gaulois, & de perdre peu à peu
leur premiere valeur. Les Bourguignons étoient
dans le même cas, parce qu'ils avoient tenu la
même conduite.

Plus tous ces peuples s'étoient établis facilement, plus ils se croyoient affermis, & moins
ils prenoient de mesures contre l'avenir. Cependant ils laissoient derriere eux des ennemis puissants. Ce sont les François, qui étant passés les
derniers dans les Gaules, n'avoient pas eu le
temps de s'amollir, & qui en auroient difficilement trouvé les moyens, parce que le pays
étoit entiérement ruiné.

Quant aux Anglois, la mer les défendoit ;
ils habitoient un pays pauvre, & ils avoient
dans le nord de l'île, des ennemis assez redoutables pour entretenir leur courage, mais trop
foibles pour les subjuguer.

D'après ces considérations générales, il vous
est aisé de prévoir, quels sont de tous ces peuples ceux qui doivent se maintenir dans leurs
conquêtes, ou même en faire de nouvelles.

D'autres caufes qu'on ne peut pas prévoir, & que nous remarquerons dans le temps, contribueront encore aux progrès des uns & à la décadence des autres. Cependant vous jugez bien que je n'entreprendrai pas de vous parler de toutes leurs guerres.

CHAPITRE III.

L'empire Grec sous Zénon.

Pourquoi l'empire Grec subsistoit encore. L'EMPIRE des Grecs, c'est ainsi que je nommérai désormais l'empire d'orient, ne subsistoit encore, que parce que les conquêtes que les barbares avoient faites, étoient plus que suffisantes pour eux. Ennemis les uns des autres, ils se détruisoient mutuellement; & ils avoient trop de peine à s'établir, pour pouvoir former de nouvelles entreprises. Toute la politique des empereurs étoit d'entretenir ces divisions; politique qui demandoit peu d'art, parce que les barbares étoient naturellement divisés.

On ne savoit plus ce qui donnoit des droits à l'empire. D'ailleurs l'empire étoit dans la plus grande foiblesse. Déchiré par une multitude de sectes, que les variations du gouvernement fortifioient tour-à-tour, il étoit exposé à des révolutions continuelles. On ne savoit plus quels titres donnoient des droits au trône: on y parvenoit par les femmes, par le peuple, par le sénat, par les armées, par les prêtres, par les moines.

Comme les prêtres entreprenoient de se mêler des affaires civiles, les empereurs, sous prétexte de protéger l'église, vouloient aussi décider des choses qui concernent la foi. Ainsi la puissance impériale & la puissance sacerdotale se confondoient : on ne savoit plus à qui obéir ni à qui croire. » Les princes dans ces temps là, dit M. de Burigny, prenoient beaucoup plus de part aux affaires ecclésiastiques, qu'ils n'en prennent maintenant. Ceux à qui les usages de ces siecles reculés ne sont pas connus, sont extrêmement surpris, lorsqu'on leur dit que les empereurs publioient des confessions de foi, prononçoient des anathêmes, ordonnoient des excommunications, menaçoient les évêques de déposition, déclaroient déchus de l'épiscopat ceux qui avoient été élus au préjudice des ordonances impériales, régloient la forme dont les prieres se devoient faire dans l'église, les degrés de jurisdiction dans les causes criminelles des clercs, & établissoient des fêtes de leur propre autorité. C'est cependant ce que faisoit Justinien avec l'applaudissement de l'église, & l'approbation des papes, qui ont parlé de ses loix, comme servant de regles dans l'église romaine. «

Les empereurs s'arrogent les droits du sacerdoce.

Cet usage peut être un reste des prérogatives, dont les empereurs jouissoient en qualité de pontifes, lorsqu'ils étoient encore payens. Quoiqu'après leur conversion, ils n'aient pas

Abus qui en devoit naître.

pensé que le sacerdoce fût encore un attribut de l'empire, ils se sont néanmoins souvent conduits, comme s'ils avoient encore été pontifes. C'est que l'exemple est d'ordinaire l'unique regle des princes ; & que sans réfléchir sur la différence des circonstances, ils font ce qu'ils savent que leurs prédécesseurs ont fait. Les papes, sans doute, n'approuvoient Justinien, que parce qu'il n'ordonnoit rien qui ne fût conforme aux canons : mais reconnoître en lui une autorité dont il n'abusoit pas, c'étoit lui accorder un droit dont il pouvoit abuser. On voit par là que l'ignorance qui avoit brouillé toutes les idées sur la succession à l'empire, avoit répandu d'égales ténebres sur les droits du sacerdoce. On se fût fait des idées plus nettes, si l'on fût remonté à la nature des deux puissances : mais on ne jugeoit de l'une & de l'autre que par l'usage ; & l'usage cependant ne pouvoit être qu'une source d'usurpations & d'abus. En effet, que deviendra la religion, si le souverain, presque toujours jouet des passions de ceux qui l'entourent, se croit juge en matiere de foi ? Que deviendra-t elle, sur-tout, chez un peuple, qui agite tous les jours de nouvelles questions, & qui les traite avec les mêmes subtilités, qu'il traitoit autrefois les questions philosophiques ? Nous verrons les empereurs, abymés dans des disputes théologiques, oublier entiérement l'état qu'ils ont à gouverner. Cependant l'empire fera détruit, & l'églife perdra toutes les provinces de l'orient.

Zénon regnoit, c'eft-à-dire, la mauvaife foi, le parjure, la bigoterie, l'avarice & la cruauté. Conftantinople fut bientôt le théâtre d'une guerre civile

Guerre civile fous Zénon.

Marcien, fils d'Anthemius empereur d'occident, avoit, comme Zénon, époufé une fille de Léon, & il prétendoit que l'empire lui appartenoit, parce que fa femme étoit née depuis que Léon avoit été fait empereur. Il fut défait, ordonné prêtre, & relégué dans un monaftère.

Il foumet les rebelles.

Les Goths pillerent la Thrace; ils fe montrerent jufque fous les portes de Conftantinople, & cette guerre fut une occafion à Zénon de montrer fa lâcheté, en achetant la paix, & fa perfidie, en manquant à fes engagements.

Zénon perfide envers les Goths.

C'étoit Illus, qui avoit défait Marcien. Zénon, qui lui devoit trop pour ne pas le craindre, entreprit de le perdre. Mais ce général ayant échappé à fes affaffins, fe fouleva & fe joignit à Léonce, qui fut proclamé Augufte par l'armée de Syrie.

Il l'eft envers Illus, qui fe joint à Léonce révolté.

Vérine, veuve de Léon, & belle-mere de Zénon, avoit été reléguée en Cilicie. Elle fe joignit aux rebelles, & déclara par une lettre adreffée aux gouverneurs de Syrie & d'Egypte, que l'empire lui appartenant, elle l'ôtoit à Zé-

Vérine prétend donner l'empire à Léonce.

non, & le donnoit à Léonce. Les peuples de ces provinces se soumirent, soit parce qu'ils n'en savoient pas assez pour juger des droits que cette femme s'arrogeoit, soit parce que Zénon leur étoit odieux.

Théodoric, vainqueur d'Illus & de Léonce, prend les armes contre Zénon qui le vouloit perdre.

Cependant l'armée de l'empereur marcha contre les rebelles. Théodoric, qui avoit été en otage à Constantinople, étoit un des généraux qui la commandoit; & il eut la principale part à la défaite d'Illus & de Léonce, dont on envoya les têtes à Zénon.

Théodoric ayant découvert à son retour que Zénon ne songeoit qu'à le perdre, se retira dans ses états d'Illyrie; & après avoir défait les Bulgares, il ravagea la Thrace jusqu'aux portes de Constantinople, & se proposa de mettre le siege devant cette place. Les Bulgares étoient un peuple, qui après avoir habité les pays qu'arrose le Volga, étoit venu s'établir au nord du Danube. Nous aurons occasion d'en parler.

Zénon lui persuade de marcher en Italie contre Odoacre.

Zénon fut assez heureux pour persuader à Théodoric de porter ses armes en Italie contre Odoacre; & il fit un traité avec lui, par lequel il lui céda la souveraineté sur cette province. Les Romains ont prétendu que cette cession se bornoit à la personne de ce conquérant: les Goths, au contraire, ont soutenu qu'elle s'étendoit à toute sa postérité. Mais avant d'agiter cette question, il auroit fallu déterminer quels

quels droits Zénon lui-même avoit confervés fur l'Italie.

Zénon mourut quelques années après, dans la dix-feptieme de fon regne, à compter depuis la mort du jeune Léon fon fils. Mais, avant lui, plufieurs perfonnes périrent, parce qu'il confulta les magiciens & les aftrologues, dans le deffein de faire mourir fon fucceffeur. Il en eut un cependant, qu'Ariadne fa veuve lui donna elle-même : c'eft cet Anaftafe, à l'élection duquel Eupheme patriarche de Conftantinople forma des oppofitions.

491
Anaftafe fuc-
cede à Zénon.

Sous le regne de Zénon, commença un fchif-me, qui dura près de quarante ans. C'étoit l'ufage que les nouveaux évêques des premiers fieges fiffent part de leur élection aux patriar-ches, afin d'en obtenir une efpece de confir-mation & des lettres de communion. Un ac-cident fit qu'Acace, patriarche de Conftanti-nople, ne reçut point la lettre que lui avoit écrite Jean Talaia, élu évêque d'Alexandrie. Acace, fe croyant méprifé, le rendit fufpect à Zénon. En conféquence, les ordres furent don-nés pour chaffer Talaia, & on mit en fa place Pierre Mongus, fectateur d'Eutychès.

Acace, pa-
triarche de
Conftantino-
ple, avoit fait
chaffer du fie-
ge d'Alexan-
drie Jean Ta-
laia.

Le pape Félix III, dont Talaia implora la protection, prit connoiffance de cette affaire, & tint un concile dans lequel Acace fut excom-munié avec tous ceux qui ne fe fépareroient pas de lui. Le patriarche de Conftantinople méprifa

Il fut excom-
munié par le
pape Félix III.

ce jugement, & se vengea du pape en ôtant des dipryques le nom de Félix. C'étoit un double régître dans lequel on écrivoit les noms des vivants & des morts, pour qui l'église prie plus particuliérement.

Hénotique,
de Zénon,

Dans ce même temps, Zénon, incapable de gouverner l'état, se crut fait pour gouverner l'église. Il fit un écrit célebre, connu sous le nom d'Hénotique; c'est-à-dire, une confession de foi, par laquelle il entreprit de ramener les hérétiques à la communion des orthodoxes. Il y jugeoit, il y ordonnoit de tout, comme si la foi eût dépendu de sa volonté, & qu'il n'eût pas été permis d'avoir une autre croyance que la sienne. Mais ses jugements erronés & confus, augmenterent les troubles, & firent naître de nouvelles divisions.

Qui occasion-
na un schif-
me, mais que
les papes ne
condamne-
rent pas.

Il força tous les évêques de l'empire de signer son hénotique, & leur ordonna de communiquer avec Acace & Mongus. Tous obéirent à la reserve d'un petit nombre, qui abandonnerent volontairement leurs sieges, ou qui en furent chassés. Ainsi les églises d'orient, gouvernées par des intrus ou par des prévaricateurs, furent toutes séparées de communion de celle de Rome, & regardées comme hérétiques ou du moins comme schismatiques. Il faut cependant remarquer, que, quoique les papes fussent bien éloignés d'approuver l'hénotique, ils n'en ont point donné de condamnation formelle, &

qu'ils n'ont jamais fait un crime aux Grecs de l'avoir signé. Comme ils craignoient d'irriter le prince, & de le porter à de nouveaux excès, ils épargnoient tout ce qui portoit son nom : mais cette condescendance, quoique prudente, autorisoit les entreprises des empereurs sur le sacerdoce ; & entretenant la confusion des idées, faisoit que la plupart des chrétiens ne savoient plus qui étoit juge en matiere de foi. Les choses en étoient donc venues au point, que quelque parti qu'on prît, on n'évitoit un inconvénient que pour tomber dans un autre.

Il semble qu'après la mort d'Acace & de Zénon, le schisme auroit dû cesser : il continua cependant, parce que ceux qui occuperent le siege de Constantinople, refuserent d'effacer des diptyques les noms d'Acace & de Mongus ; & la réunion des églises d'orient & d'occident ne se fit qu'en 519 sous le regne de Justin & sous le pontificat d'Hormisdas.

Fin du schisme.

CHAPITRE IV.

Anastase, Théodoric le grand & Clovis.

L'Italie sous Odoacre.

LES troubles n'avoient pas cessé en Italie depuis qu'Odoacre regnoit. Il avoit, à la vérité, conservé aux Romains leurs magistrats & leur police : mais depuis long-temps, ces magistrats & cette police n'étoient plus capables de rétablir l'ordre ; & les coutumes que les barbares porterent avec eux, durent, sans doute, augmenter la confusion. Qu'est ce qu'un gouvernement qui s'établit sur les usages d'un peuple où tout est corrompu, & sur ceux de plusieurs nations barbares où rien n'est encore perfectionné ?

Ce ne fut pas sans occasionner bien des désordres, qu'Odoacre enleva un tiers des terres aux anciens habitants. Il est vrai qu'il leur en restoit encore assez : car ils devoient être réduits à un bien petit nombre, si nous considérons les dévastations, que l'Italie, dépeuplée tout-à-coup par Constantin, avoit souffertes,

fur-tout, depuis Valentinien III. Ce nombre
diminua, fans doute, encore pendant la guerre
qu'Odoacre eut à foutenir, & qui dura quatre
ans.

C'eft en 489 que les Oftrogots entrerent en Théodoric en fait la conquête.
Italie, & que Théodoric défit Odoacre aux
environs d'Aquilée, & auprès de Vérone. Ces
deux victoires le rendirent maître de Milan,
de Pavie & de plufieurs autres places. Cependant, trahi par un de fes généraux, il fut obligé de fe renfermer dans Pavie ; & la Ligurie
fut ravagée par Odoacre, qui reparut avec de
nouvelles forces. Elle le fut encore par les Bourguignons, qui fous prétexte de venir au fecours d'un des deux partis, commirent de fi
grands dégats, que cette province en fut prefque déferte. Enfin Théodoric, affiégé dans
Pavie, eut recours aux Vifigots, avec lefquels
il remporta une troifieme victoire ; & Odoacre 493
s'enfuit à Ravenne, s'y défendit trois ans, capitula, fe rendit, & cependant perdit la vie par
la main même de Théodoric. Il a regné feize ans
& demi, fi l'on compte jufqu'au jour de fa
mort. On remarque que, pendant cette guerre
les évêques commencerent à fortifier des châteaux, pour fervir de retraite aux fideles.

Anaftafe a regné 27 ans. Après des commen- Guerre des Ifaures fous Anaftafe.
cements qui fembloient promettre un bon gou-
vernement, il caufa de grands maux dans l'égli-

se & dans l'état ; & ne fit voir en lui qu'un prince lâche, avare & parjure.

Zénon avoit attiré beaucoup d'Ifaures à Conftantinople , & il leur payoit même cinq cents livres d'or par an , ce qu'Anaftafe fuppprima. Ces barbares , devenus plus infolents, cauferent des féditions , & l'empereur les chaffa. Mais ayant eu l'imprudence de les renvoyer en Ifaurie , fans prendre des mefures pour prévenir tout foulevement de leur part , ils armerent cent cinquante mille hommes , & choifirent entre autres pour général Longin, frere du dernier empereur. Cette guerre dura fix ans , & finit par la défaite & la mort des chefs.

Autres guerres; l s perfécutions caufent de grands troubles. Je ne parlerai pas d'une autre guerre qu'Anaftafe eut avec les Perfes , ni des incurfions des Sarrafins dans la Paleftine & dans la Syrie, des Bulgares dans la Thrace , & de quelques autres peuples du nord , qui ravagerent l'Illyrie & pénétrerent jufqu'aux Thermopyles. je remarquerai feulement que les perfécutions que cet empereur fit aux catholiques , troublerent toute l'églife, occaffonnerent de nouveaux fchifmes, & fufciterent plufieurs féditions fanglantes. Les défordres furent au point, que l'efprit de parti parut avoir effacé jufqu'aux traces des vertus chrétiennes. Les défenfeurs mêmes de la vérité coururent fouvent les premiers aux

armes, pour défendre une religion qui a le fang
en horreur, & qui n'enfeigne que la charité. Le
peuple, en pareil cas, toujours porté au fana-
tifme, fe précipita dans les plus grands excès.
Conftantinople, pillée, brûlée par fes propres
citoyens, offrit plus d'une fois l'image d'une
ville prife d'affaut. Enfin les mécontents eurent
un chef. Vitalien, petit-fils du fameux Afpar,
parut à la tête d'un puiffante armée; il entraîna
dans fon parti la Scythie, la Thrace, la Myfie;
il remporta deux victoires, & il approcha de
Conftantinople, où le peuple le demandoit
pour empereur. Anaftafe, fans reffource, demanda la paix à telle condition qu'il plairoit à
fes ennemis; & il l'obtint en promettant tout
ce qu'on exigea de lui : mais quand il crut n'a-
voir plus rien à craindre, il ne remplit aucun
de fes engagements.

Le trifagion, c'eft-à-dire, une hymne qu'on
chantoit en l'honneur de la trinité, fut fouvent la caufe des féditions. Elle étoit conçue
en ces termes; *Dieu faint, faint fort, faint im-
mortel, ayez pitié de nous, les* Eutychéens y
avoient ajouté, *vous qui avez été crucifié pour
nous*; addition que les catholiques rejetoient à
caufe du mauvais fens, dont elle pouvoit être
fufceptible. Lors donc qu'on avoit occafion de
la chanter, les deux partis ne manquoient
pas d'en venir aux mains : les moines crioient
dans les rues, que le temps du martyre

Le trifagion en caufe de fréquents.

C 4

étoit arrivé: le peuple s'ameutoit: on renverſoit les ſtatues d'Anaſtaſe, on le chargeoit d'injures, & on demandoit un autre empereur.

La plus grande ſédition arriva en 511, à l'occaſion d'une proceſſion qu'on faiſoit tous les ans, pour remercier Dieu de n'avoir pas permis que Conſtantinople fût conſumée, lorſqu'en 472 cette ville fut couverte des cendres du mont Véſuve. Le peuple, qui crut voir l'air tout en feu, ne douta point que Dieu n'eût accordé un miracle à ſes prieres. Mais lorſqu'il lui rendoit graces d'avoir écarté ce prétendu feu, il fut ſur le point de conſumer Conſtantinople par un incendie. L'addition faite au triſagion arma les orthodoxes & les hérétiques: ils mirent le feu à la ville, pluſieurs maiſons furent brûlées, & le ſoulevement vint au point qu'Anaſtaſe fut forcé à s'enfuir & à ſe cacher. Cette ſédition dura trois jours. Enfin l'empereur ayant oſé ſe montrer au cirque, ſans couronne & en état de ſuppliant, le peuple ſe calma; & comptant ſur les promeſſes qui lui furent faites, il ne ſe vengea d'Anaſtaſe, qu'en chantant devant lui le triſagion ſans l'addition.

518
Grand nombre de ſchiſmes.

Ce prince mourut âgé de plus de quatre vingt-huit ans. Lorſqu'il parvint à l'empire, d'occident, l'Egypte & le reſte de l'orient for-

moient déja trois communions différentes. Il
entretint ces divisions, & il en fit naître de nouvelles; parce qu'à force de disputer, les évêques
d'un même parti finissoient par se separer encore. Les uns rejetoient le concile de Chalcédoine, d'autres le regardoient comme regle
de foi; & quelques-uns vouloient qu'on s'en
tînt à l'hénotique de Zénon, quoique d'ailleurs ils ne s'accordassent pas sur bien des
points.

Pour défendre Constantinople contre les
courses des barbares, Anastase avoit élévé un
mur d'environ dix-huit lieues, fortifié de tours
d'espace en espace, & qui alloit du septentrion
au midi, depuis l'une des deux mers qui bai-
gnent Constantinople jusqu'à l'autre. Cet ouvrage, loué à cause de son utilité, n'étoit dans
le fond qu'un monument de la foiblesse de
l'empire.

Mur élévé par Anastase.

Pendant qu'en orient l'église étoit persécutée
par un prince chrétien, elle étoit protégée en
Italie par un prince Arien, & en France par un
prince né idolâtre. Je veux parler de Théodoric
& de Clovis.

Théodoric & Clovis contemporains.

Depuis Marc-Aurele, l'Italie n'avoit jamais
été plus florissante, qu'elle le fut pendant trente-trois ans que regna Théodoric, à compter
depuis la mort d'Odoacre. Il se fit aimer de ses
sujets & respecter des étrangers: il mit l'Italie
à l'abri des invasions des puissances voisines: il

*L'Italie flo-
rissante sous
Théodoric.*

fut difcerner les hommes de mérite : il eut affez
de défiance de fes lumieres, pour aimer à les
confulter ; il ne craignit ni de les employer,
ni de les élever : enfin il rétablit l'ordre par-
tout, & il protégea les arts & les fciences, quoique lui-même il ne fût pas écrire fon nom.
Parmi les favants auxquels il donna fa confiance, on compte Caffiodore, Boëce & Simmaque.
Mais il fit périr les deux derniers, fauffement
accufés de tramer une révolution, & d'avoir
pour cet effet des intelligences à la cour de
Conftantinople. La mort de ces deux hommes,
qui flétrit fa mémoire, eft une tache que fon repentir n'a point effacée.

Quoiqu'Arien, il ne perfécuta point les catholiques : il entretint, au contraire, l'union parmi eux : il leur infpira une fi grande confiance
en fa droiture, qu'ils ne craignoient pas de le
prendre pour juge ; & il n'approuvoit pas qu'on
embraffât l'Arianifme par complaifance pour
lui. Cependant, la derniere année de fon regne, il fe propofoit d'ôter les églifes aux catholiques pour les donner à ceux de fa fecte ; mais
c'étoit pour forcer l'empereur à laiffer aux
Ariens de l'empire le libre exercice de leur religion. Quoique ce motif ne l'excufe pas, il le
rend cependant moins coupable : mais Dieu ne
lui permit pas d'exécuter fon projet.

Il ordonna l'obfervation des loix romaines,
auxquelles il foumit les Goths ainfi que les Ro-

mains ; conservant les anciennes magistratures,
les conférant indifféremment à ceux de l'une &
de l'autre nation, & n'excluant les Romains
que des seuls emplois militaires. C'étoit encore
l'usage qu'un des deux consuls fût fait en Italie,
soit que l'empereur l'eût élu lui-même,
soit qu'il confirmât l'élection qui en avoit été
faite. Mais cet usage n'étoit pas constant : car
il ne pouvoit avoir lieu qu'autant qu'il ne survenoit
point de sujet de division entre les deux
cours. Théodoric mourut l'an 526. Le surnom
de grand, qu'il a mérité, le distingue de tous
les autres Théodoric.

Clovis, qui avoit commencé son regne en
482, étoit mort en 511. C'est à lui proprement
que commence l'histoire de France : histoire que
vous devez étudier, & parce qu'elle vous intéresse
plus particuliérement, & parce qu'elle
prépare à celle de plusieurs autres peuples. Vous
ne vous ferez pas d'idée exacte du gouvernement
des principales nations de l'Europe, si
vous ne commencez par observer les fondements
sur lesquels la monarchie Françoise va
s'élever. Quant à l'histoire de l'empire, elle
commence à devenir moins nécessaire ; & je
n'en parlerai plus qu'autant qu'elle influera dans
les révolutions, qu'il ne faut pas vous laisser
ignorer.

Clovis n'avoit que quinze ans, lorsqu'il succéda
à son pere Childéric. Tournai étoit la ca-

des deux Consuls fût fait en Italie.

526

Utilité de l'histoire de France.

Clovis ne regnoit pas sur toute la

pitale de son royaume ; mais il ne regnoit pas sur toute la nation Françoise : car elle avoit formé plusieurs autres petits états, gouvernés par des rois indépendants, & dont quelques-uns étoient du sang de Clovis.

La conquête de toute la Gaule étoit l'objet de l'ambition de Clovis. Il falloit pour cela détruire deux royaumes plus puissants que le sien, celui des Bourguignons & celui des Visigots ; soumettre les Armoriques & les autres rois, & achever de renverser la puissance romaine, dont Siagrius soutenoit encore les restes. Je ne vous dis rien sur les limites de ces états, parce qu'il n'est pas possible de les marquer exactement.

Clovis eût échoué, si l'on eût pénétré son ambition. Il ne pouvoit réussir qu'en subjuguant ces puissances les unes par les autres. Sa premiere démarche fut donc de s'allier avec les rois de sa nation, parce qu'ils avoient le même intérêt que lui à la ruine des Romains. Il défit Siagrius près de Soissons, le poursuivit jusqu'à la Loire, se le fit livrer par Alaric, roi des Visigots, chez qui ce général avoit cherché un asyle, & lui fit ôter la vie. Soissons devint alors la capitale de son royaume, augmenté des états de Siagrius.

Clovis se fortifia ensuite de l'alliance de Gondebaud, roi de Bourgogne, contre Alaric, qui, jaloux de ses progrès, ne lui pardonnoit pas d'avoir été forcé de livrer Siagrius, pour éviter la guerre. Il étoit naturel de préfumer que s'il fufpendoit les effets de fa jaloufie & de fa vengeance, c'étoit uniquement dans l'attente d'un moment favorable; & il étoit également avantageux aux deux autres rois de fe réunir, parce que féparément, chacun d'eux eût été trop foible. Afin même de refferrer, au moins en apparence, les nœuds de cette union, Clovis demanda en mariage Clotilde, niece de Gondebaud. Mais ce n'étoit peut-être là qu'un prétexte : car il pouvoit avoir d'autres vues.

Clotilde, quoiqu'élevée dans une cour Arienne, étoit catholique. Il devoit donc être agréable aux Gaulois de l'avoir pour reine, & parce qu'ils trouveroient en elle une protectrice de leur religion, & parce qu'ils pouvoient fe flatter que Clovis n'étoit pas loin de fe convertir. Cette feule efpérance pouvoit les accoutumer à la domination des François, furtout, s'ils confidéroient les perfécutions que les Goths & les Bourguignons faifoient aux catholiques.

Gondebaud avoit réuni la plus grande partie de la Bourgogne fous fa puiffance, en faifant périr Chilpéric, pere de Clotilde. Il eft donc vraifemblable qu'un des motifs de Clovis, en époufant cette princeffe, étoit d'avoir un prétexte pour faire la guerre à Gondebaud,

Pourquoi il demande Clotilde en mariage.

ſi jamais il étoit en état de faire valoir les droits de ſa femme. C'étoit une raiſon pour la lui refuſer; cependant il l'obtint. Arédius, miniſtre du roi de Bourgogne & qui étoit alors abſent, revint trop tard, & n'arriva que pour déſapprouver ſon maître.

On commence à eſpérer ſa converſion.

La joie que les catholiques conçurent de ce mariage augmenta, lorſque Clovis permit de baptiſer les enfants qu'il eut de Clotilde. Il paroît que ce prince ſongeoit dès-lors à ſe convertir : mais il ne vouloit pas aliéner les François, pour s'attacher les Gaulois. Je vous écouterai volontiers, diſoit-il à Clotilde & à S. Rémi qui l'en preſſoient: mais il y a une choſe fort importante à conſidérer: c'eſt que je ſuis chef d'une nation, qui ne ſouffre pas qu'on abandonne ſes Dieux.

Bataille de Tolbiac. Vœu de Clovis.

Peu de temps après, les Allemands ayant pris les armes, Clovis marcha contre eux, & les joignit près de Tolbiac, aujourd'hui Zulpich. Mais Sigebert, roi des François établis à Cologne, ayant été bleſſé, le déſordre ſe mit dans l'armée, & la déroute devint générale. En vain Clovis tentoit de rallier ſes troupes: en vain il invoquoit ſes Dieux. Il eut enfin recours à celui de Clotilde, & il fit vœu d'embraſſer le Chriſtianiſme, s'il remportoit la victoire. Auſſi-tôt la fortune change: le roi des Allemands eſt tué, ils fuient. Le vainqueur foumet tout le pays qu'ils habitoient; & il étend fa domination jufqu'au Danube, ou même au de-là.

Clovis, empreffé d'accomplir fon vœu, *Sa conver-* affembla les François, pour leur communi- *fion.* quer le deffein & les motifs de fa converfion. Non-feulement ils l'approuverent, mais trois mille reçurent le baptême avec lui. Ce roi *496* fut baptifé par S. Rémi, évêque de Rheims, dans l'églife de S. Martin; & fon exemple fut peu à peu fuivi de tous les François.

Cette démarche, agréable à une partie de *Elle met le* fes fujets & approuvée de l'autre, mit dans fes *catholiques* intérêts tous les catholiques des Gaules. Ils *dans fes inté-* auroient voulu dès lors paffer fous fa domi- *rêts, & les Ar-* nation; & ils en fouffrirent plus impatiemment *moriques le reconnoiffent* les perfécutions des Bourguignons & des Vi- *pour roi.* figots. Clovis étoit trop ambitieux, pour n'avoir pas prévu ces difpofitions, & pour négliger d'en tirer avantage. Il commença par ouvrir une négociation avec les Armoriques, qui jufqu'alors avoient refufé toute alliance avec une nation idolâtre. Il leur fit part de fon baptême, il leur fit fentir la néceffité de s'allier avec les François, & enfin il leur perfuada de le reconnoître pour roi.

Outre Chilpéric, Gondebaud avoit encore *Vainqueur* fait périr Gondemar, un autre de fes fieres. *de Gonde-* Cependant il lui en reftoit encore un troifie- *baud, il lui* me dans Godégifile, & il formoit le projet *rend fes états.*

de lui ravir ſes états. Clovis, appellé par ce dernier, ſaiſit l'occaſion de faire la guerre à Gondebaud. Il le défit; & lorſqu'il étoit ſur le point de le forcer dans Avignon, il lui rendit ſes états, & ne lui impoſa qu'un tribut.

Pourquoi?

Pour comprendre ce traité auquel on ne s'attend pas, il faut conſidérer deux choſes: l'une que Clovis, autant qu'on peut conjecturer, avoit déclaré ne prendre les armes qu'en faveur de la religion; prétexte qui s'évanouit, parce que Gondebaud s'engagea à ceſſer de perſécuter les catholiques, & à s'inſtruire de leurs dogmes, ce qu'il exécuta. L'autre choſe à conſidérer eſt, que pour s'aſſurer de l'alliance de Godégiſile, il lui avoit promis toute la Bourgogne. Or, il n'étoit pas de ſon intérêt de réunir ce royaume entier ſur une ſeule tête: il lui importoit, au contraire, d'y laiſſer deux rois, qui étant ennemis, ſeroient moins à redouter pour lui: il ſe crut donc heureux de pouvoir dire à Godégiſile, que Gondebaud promettant de faire ceſſer la perſécution, on n'étoit plus en droit de le dépouiller.

Gondebaud ſe rend maître de toute la Bourgogne.

Cependant ce qu'il avoit cru empêcher arriva: toute la Bourgogne n'eut qu'un maître. Car à peine ſe fut-il retiré, que Gondebaud enleva les états de ſon frere, & lui fit ôter la vie. Clovis auroit dû prendre des meſures, pour affermir Godégiſile.

La

La réunion des deux royaumes de Bourgogne engagea le roi de France à reprendre les armes; d'autant plus qu'il ne manquoit pas de raisons, pour mettre la justice de son côté. Mais il crut devoir se liguer avec Théodoric le Grand. Le traité portoit que les deux rois partageroient entre eux les états de Gondebaud; & que celui qui ne se trouveroit pas à la conquête, auroit néanmoins la part qui devoit lui revenir, pourvu qu'il payât une certaine somme à son allié. On accuse Théodoric d'avoir agi de mauvaise foi, n'ayant paru qu'après avoir laissé les François combattre & vaincre seuls. Clovis tint sa parole.

Clovis allié de Théodoric le Grand, la lui enleve.

Théodo... qui étoit alors le roi le plus puissant de l'Europe, n'avoit d'autre intérêt que d'être l'allié des Visigots. C'étoit donc un voisin dangereux pour les François, & un obstacle aux projets que Clovis méditoit contre Alaric. Le roi de France se repentit de l'avoir approché de lui. Sa faute étoit sensible: mais il la répara, en rendant à Gondebaud la portion de la Bourgogne qui lui étoit échue, & en persuadant à Théodoric de rendre aussi celle qu'il lui avoit livrée. Il aima mieux voir tout ce royaume entre les mains d'un prince foible, que de le partager avec un prince puissant.

Il la lui rend.

Tom. XI. D

Clovis fait
la guerre à
Alaric fous
prétexte de
religion.

Il fit fagement : car il étoit au moment
de faire éclater fes deffeins contre Alaric. Il
y avoit déja long-temps que ees deux rois fe
menaçoient : Théodoric n'avoit rien négligé
pour maintenir la paix entre eux : & ils paroifloient l'un & l'autre négocier de bonne
foi dans la vue de l'établir : mais chacun n'attendoit qu'une conjonĉture favorable. Clovis
la trouva le premier, & la religion fut fon
prétexte. Je fouffre impatiemment, difoit-il,
que ees Ariens aient un établiffement dans les
Gaules.

Il fait la
conquête des
Aquitaines.

Ce qui rendoit la circonftance favorable
pour le roi de France, c'eft que Théodoric
avoit alors la guerre avec Anaftafe : guerre, à
la vérité, peu confidérable par fes fuites; mais
qui ne permettoit pas d'abandonner l'Italie,
pour aller au fecours des Vifigots. Clovis
d'ailleurs avoit lié des intrigues avec les évêques catholiques, fujets d'Alaric; & il entraînoit dans fon parti Gondebaud, dont l'intérêt
cependant n'étoit pas de détruire la feule puiffance des Gaules, qui pouvoit balancer celle
des François. Alaric ayant été vaincu & tué
dans la plaine de Vouillé, près de Poitiers,
Clovis conquit les trois Aquitaines. C'eft
alors qu'il fit de Paris la capitale de fon royaume.

Défait à Ar-
les, il les re-
perd.

Gondebaud s'étoit chargé de la conquête
des deux Narbonnoifes, défendues par Géfa-
bric, fils naturel d'Alaric; & il affiégeoit la

ville d'Arles, lorſque une armée de Théodoric paſſa dans les Gaules. Clovis ſe hâta d'aller au ſecours de ſon allié : mais ils furent
défaits. La déroute fut même ſi grande, qu'ils
perdirent preſque toutes leurs conquêtes ; &
Théodoric joignit à ſes états la plus grande
partie du pays que les Viſigots avoient occupé
dans les Gaules.

La bataille d'Arles fut le terme de la gloire de Clovis. Je vous ai repréſenté la conduite politique de ce conquérant d'après une
diſſertation, que vous lirez dans les mémoires
de l'académie des Belles-Lettres, (a) & qui ſera plus inſtructive pour vous, que tous les
faits que les hiſtoriens accumulent & narrent
longuement.

Clovis vécut trop long-temps pour ſa gloire. Ce n'eſt pas la bataille d'Arles, qui me
fait porter ce jugement : c'eſt plutôt la conduite qu'il tint depuis cette malheureuſe journée ; car on ne vit plus en lui qu'un prince
injuſte, cruel, perfide. Son ambition, reſ-
ſerrée du côté des Goths, ſe porta ſur les rois
de ſa nation & de ſon ſang. Politique, courageux & juſte, au moins en apparence, quand
il tourna ſes armes contre des ennemis redou-

Il n'eſt plus qu'injuſte, cruel, & perfide.

tables, il n'employa plus contre des ennemis
foibles que les moyens des ames lâches & fans
foi. Il fit affaffiner Sigebert par fon propre
fils Clodoric ; & feignant de venger la mort
du pere dans le fang du fils parricide, il fe rendit maître des états de Cologne.

Caratic, furpris avec fon fils, tomba entre les mains de Clovis. On ne fait où il
regnoit. Le pere fut ordonné prêtre & fon
fils diacre. C'eft ainfi que les barbares, à
l'exemple des Romains, proftituoient le facerdoce à l'ambition : mais bientôt le roi de France facrifia à fes foupçons ces victimes, qu'il
avoit confacrées à Dieu.

Ranacaire, roi de Cambrai, lui fut enfuite livré par trahifon avec fon frere Richiaire,
& il les poignarda de fa propre main. Les traî-
tres, qu'il récompenfa avec de faux or, fe
plaignirent de cette fraude : mais il leur reprocha leur trahifon, fe jouant tout à la fois de la
juftice & de la perfidie. Dans le même temps
Renomer, roi du Maine, un autre frere de Ranacaire, fut affaffiné par des gens que Clovis
avoit fubornés ; & tous les rois qui reftoient encore, périrent bientôt après par des voies fem-
bables. Alors fe trouvant feul maître de tous les
royaumes des François, il bâtit des églifes &
fonda des monaftères pour effacer fes crimes.
Telle étoit la religion de ces ames plus barbares
que chrétiennes. On voit bien que de pareils

idolâtres avoient été convertis par des moines ignorants. Se croyant chrétiens par le baptême seul, ils ne songeoient point à changer de mœurs: il semble, au contraire, que la religion les rendît plus vicieux. En effet, pouvoit-elle ne pas enhardir à toute sorte d'attentats, lorsque ceux qui l'enseignoient assuroient le pardon aux criminels qui les vouloient enrichir? Nous n'en verrons que trop d'exemples.

Clovis convoqua un concile à Orléans, pour régler la discipline ecclésiastique. Vous voyez, par ce que je viens de dire, que les ministres de la religion avoient grand besoin de se réformer & même de s'instruire. Mais ce prince pouvoit-il se douter de ce qu'il y avoit à faire: & les moines qu'il consultoit, étoient-ils intéressés à le savoir eux-mêmes? Ce concile est le premier qui s'est tenu sous la domination des François. Clovis mourut quelques mois après, & n'eut pas le temps d'en faire exécuter les réglements.

511

En 510, dix-huit mois avant sa mort, Clovis reçut d'Anastase, dit Grégoire de Tours, le titre & les ornements de patrice, de consul ou même d'auguste & d'empereur; car cet historien accumule ces termes, dont il n'avoit que des idées confuses. Cependant sur des expressions aussi peu exactes, quelques écrivains ont avancé, que les premiers rois de France ont été dans la dépendance de l'empire; & que Clovis n'a eu des droits légitimes sur les Gaules, que

Erreur de Grégoire de Tours.

D 3

depuis son prétendu consulat : comme si les empereurs pouvoient donner des droits qu'ils avoient perdus depuis long-temps, & que le consulat eût jamais été un titre de souveraineté. Mais cette opinion a été parfaitement réfutée par le même écrivain, qui a développé la politique de Clovis. (*)

(*) Tome 20, p. 162.

CHAPITRE V.

Depuis la mort de Clovis jusqu'au temps où les Maires du Palais s'emparent de toute l'autorité.

LA France étoit alors divisée en orientale, qu'on nommoit Auftrasie ; & en occidentale, qu'on nommoit Neuftrie. La premiere comprenoit le pays qui eft entre le Rhin & la Meufe ; & la feconde étoit bornée par la Meufe, la Loire & l'Océan. Thiéri , que Clovis avoit eu d'une concubine, eut en partage l'Auftrasie, les provinces au de-là du Rhin, & tout ce que les François avoient confervé des conquêtes faites fur les Visigots. Trois princes, nés de Clotilde, regnerent dans la Neuftrie ; Childebert à Paris, Clodomir à Orléans , & Clotaire à Soiffons.

Partage des états de Clovis.

Les puiffances voifines ou ennemies des François (car ces mots, prefque fynonymes aujourd'hui, l'étoient encore plus dans un temps, où l'on n'avoit aucune idée du droit public) ces puiffances, dis-je, étoient le roi de Thuringe,

Leurs voifins ou ennemis.

D 4

celui de Bourgogne, & Théodoric qui gouvernoit le royaume des Vifigots, au nom de fon
petit-fils Amalaric fils d'Alaric.

¶ On ne pré-
voit pas com-
ment ces peu-
ples pourront
fe bien gou-
verner.

Aucun de ces peuples n'avoit fu donner encore à fon gouvernement la forme qui convenoit à fa fituation. Attachés par habitude à des
ufages, qui ne leur fuffifent plus depuis qu'ils
font fixés, ils n'en adoptent de nouveaux, qu'autant qu'ils y font forcés par des circonftances:
ou ils prennent fans difcernement, dans les co-
des Romains des loix, qui, n'ayant pas été faites pour eux, produifent néceffairement de nouveaux abus. Quand on réfléchit fur ce défordre,
il n'eft pas facile d'imaginer comment les peuples de l'Europe s'arrangeront enfin, pour fe
gouverner avec quelque fageffe; & on a lieu de
craindre qu'ils ne confervent toujours quelques
traces de leur premiere barbarie.

On ne pré-
voit que des
perfidies &
des guerres.

En vous rappellant les diffentions, que des
intérêts oppofés ont fait naître parmi les Romains, vous prévoyez que l'Hiftoire de l'Europe
ne va plus vous offrir que des guerres & des révolutions. La fcene eft la même qu'à Rome; mais
le théâtre, plus vafte, fera plus enfanglanté. Ce
font des barbares, qui, fans idée de juftice, d'é-
quité, de bonne foi, ne connoiffent que la force.
Il femble qu'on foit tranfporté dans un amphi-
théâtre, pour être fpectateur des combats de bê-
tes féroces. Vous faire prévoir ces guerres dans

leurs caufes, c'est vous en faire connoître la partie la plus essentielle: il ne me reste qu'à remarquer les principales révolutions, & je négligerai les détails.

Les quatre freres furent quelques années sans se faire la guerre, parce qu'ils tournerent leurs armes contre des ennemis étrangers. Thiéri conquit la Thuringe sur Hermanfroi, qu'il fit périr, quoiqu'il lui eût promis la vie ; & il tendit des embûches à Clotaire qui l'avoit aidé dans cette conquête.

Thiéri enleve la Thuringe à Hermanfroi. Sa perfidie.

Sigifmond, fils & successeur de Gondebaud, fut vaincu par Clodomir, Childebert & Clotaire; & ayant été fait prisonnier, il perdit la vie par la cruauté de Clodomir, qui fit encore tuer sa femme & ses enfants.

Les trois autres fils de Clovis défont Sigifmond, fils de Gondebaud.

On peut conjecturer que la mésintelligence ne permit pas aux vainqueurs de recueillir le fruit de leur victoire: car Godemar, frere de Sigifmond, reconquit toute la Bourgogne. Childebert & Clotaire renoncerent même à se mêler de cette guerre; & Clodomir, qui la continua avec le secours de Thiéri, fut tué lorsqu'il pourfuivoit les ennemis. Les François, une seconde fois vainqueurs, ravagerent toute la Bourgogne, tuant indistinctement les vieillards, les femmes & les enfants. Godemar cependant ne perdit pas sa couronne.

Les François ravagent la Bourgogne.

Thiéri, Clotaire & Childebert se partagerent le royaume de leur frere. Mais Clotilde
ne cessant de leur représenter les droits de leurs
neveux, Clotaire en poignarda deux lui-même;
un troisieme, nommé Clodoalde, lui échappa,
se fit couper les cheveux, entra, quand il fut en
âge, dans les ordres sacrés, & mourut en odeur
de sainteté dans un village près de Paris, qui a
pris de lui, le nom de S. Cloud.

Clotaire poi-
gnarde deux
de ses neveux

Le grand Théodoric étant mort, Childebert
marcha contre Amalaric, roi des Visigots, qui
fut défait & tué. Les trois freres se réunirent ensuite contre les Goths & les Bourguignons, &
se rendirent maîtres de plusieurs places. Thiéri
étant mort avant la fin de cette guerre, Théodebert, son fils, lui succéda sur le trône d'Austrasie; & la continua avec ses oncles, quoiqu'ils
eussent tenté de lui enlever sa couronne. Elle
se termina par là conquête de la Bourgogne, que
les trois conquérants partagerent entre eux. Par
là, ces rois ajouterent à leurs états, non-seulement, ce qu'on nomme aujourd'hui la Bourgogne, mais encore le Nivernois, la Savoye,
le Dauphiné, une partie de la Provence, & les
bords du Rhin, depuis Bâle jusqu'au de-là de
Constance.

Les Fran-
çois font la
conquête de
la Bourgogne.

L'empereur Justinien, qui faisoit alors la
guerre aux successeurs de Théodoric, envoya
une ambassade aux rois François, & les engagea

Les rois
François s'al-
lient tout à la

dans son alliance par des présents considérables. Les Ostrogots de leur côté tenterent d'écarter ces nouveaux ennemis, ou même de les mettre dans leur parti, en leur offrant de grandes sommes & tout ce que les rois d'Italie possédoient encore dans les Gaules. Les François acceptèrent, & firent un traité secret par lequel ils promirent des secours.

Les Grecs & les Goths étoient campés près de Tortone, à peu de distance les uns des autres, lorsqu'ils apprirent que les François étoient entrés en Italie. Les deux armées les attendoient avec la même impatience, comptant chacune sur eux, comme sur desalliés. Théodebert, profitant de cette sécurité, les surprit toutes deux, & les défit l'une après l'autre. Il pilla toute la Ligurie, & ne trouvant plus de quoi subsister dans un pays ruiné, il fut contraint de repasser les Alpes.

Les rois de France commencèrent alors une guerre civile, parce qu'ils n'avoient point d'ennemis au dehors. Clotaire porta le ravage fort avant dans les états de son frere. Mais Théodebert & Childebert s'étant réunis, il se trouva engagé trop avant pour reculer, & il fut forcé de se retrancher dans une forêt. On ne concevoit pas comment il pourroit échapper, lorsque ses ennemis, croyant voir le courroux du ciel dans un orage dont ils furent épouvantés, firent

des propofitions de paix, que Clotaire n'eut garde de refufer. Les hiftoriens ont dit que cer
orage miraculeux avoit été accordé aux prieres
de Clotilde. Cette Sainte princeffe étoit bien
malheureufe d'avoir à prier pour de pareils enfants: car, fans vouloir pénétrer dans les voies
de Dieu, il étoit bien difficile d'obtenir un
miracle pour des princes ufurpateurs, perfides
& patricides.

Childebert & Clotaire en danger de périr avec leur armée. Childebert & Clotaire marcherent enfuite
contre Theudis roi d'Efpagne; ils eurent d'a-
bord des fuccès; mais une défaite entiere, & les
paffages des Pyrénées, fermés à leur retour, les
auroient mis dans la néceffité de périr avec leur
armée, fi l'avarice du général ennemi ne leur
eût ouvert un paffage.

Clotaire s'empare de l'Auftrafie. Théodebert fut plus heureux en Italie, où
fon général Bucelin conquit la Ligurie & la Vé-
nérie. Ce roi formoit le projet de porter la guerre jufques dans la Thrace, lorfqu'il mourut; &

548 les François furent chaffés de l'Italie, pendant le
regne de fon fils Théodebalde. Celui-ci étant
mort fix ans après fon pere, Clotaire s'empara
du royaume d'Auftrafie, & Childebert, alors
malade, ne fut pas en état de faire valoir fes
droits.

Ce qui occafionne une guerre. Clo- Cette injuftice devoit renouveller la guerre
entre les deux freres, & en effet elle la renou-
vella. Cramne, fils de Clotaire, fe joignit même

à Childebert, qui engagea les Saxons à se révolter contre le roi d'Austrasie. Mais Childebert
étant mort en 558, Cramne eut recours à la
clémence de son pere, qui lui pardonna; & Clotaire réunit sous sa domination tout l'empire des
François.

taire seul roi des François. 558

Cramne se révolta une seconde fois, fut
vaincu par son pere, & brûlé par son ordre dans
une chaumiere, où il s'étoit retiré avec sa femme & ses enfants. Le roi mourut l'année suivante, laissant quatre fils, Chilpéric, Caribert,
Gontran & Sigebert.

Cruauté de ce prince en-vers Cramne, son fils. 561

La France fut divisée en quatre royaumes
jusqu'en 567, que mourut Caribert, roi de Paris.
Gontran, roi d'Orléans & de Bourgogne, Sigebert, roi d'Austrasie, & Chilpéric, roi de Soissons, se partagerent la succession de leur frere:
mais ils convinrent de posséder Paris par *indivis*
& qu'aucun des trois n'y pourroit entrer sans le
consentement des deux autres.

La France partagée en-tre ses quatre autres fils.

Vous lirez dans des historiens les horreurs
qui se commirent sous ces regnes. Les forfaits
s'y multiplierent, & la France fut déchirée par
des guerres civiles, jusqu'en 613, que Clotaire, second fils de Chilpéric, regna seul.

Ce ne sont que forfaits jusqu'en 613 que Clotaire II regne seul.

A l'ambition des princes, qui suffisoit pour
faire le malheur des peuples, se joignit une
source intarissable de crimes & de désordres
par la jalousie de deux femmes hardies, entre-

La France en proie à la ja-lousie de Fré-degonde & de Brunehaut.

prenantes & capables de tout ofer. Deux rois, Sigebert & Chilpéric & plufieurs princes péri- rent par leurs intrigues ou par leurs affaffins ; & elles furvécurent pour de nouveaux forfaits. L'une étoit Frédegonde, femme de Chilpéric, & l'autre Brunehaut, femme de Sigebert. La France & toute la famille royale furent en proie à l'ambition de ces deux furies & à la haine qu'elles fe portoient.

Frédegonde mourut en 597. Sigebert avoit été affaffiné en 575 ; & fon fils Childebert, qui avoit réuni après la mort de Gontran, la Bourgogne à l'Auftrafie, ayant été empoifon- né en 596, avoit laiffé deux fils, Théodebert roi d'Auftrafie, & Thiéri roi de Bourgogne.

Après la mort de Frédegonde, Brunehaut, fans rivale, gouverna quelque temps l'Auftra- fie, mais les grands ayant confpiré contre elle, Théodebert confentit à fon exil, & elle fe ré- fugia chez Thiéri.

Elle gagna la confiance de ce jeune prince par des complaifances criminelles ; & elle ne jouit de l'autorité, que pour armer fes deux petits fils ou contre Clotaire, ou l'un contre l'autre. Théodebert, fait prifonnier par Thiéri, vit égorger à fes yeux fon fils Mé- rovée, & ayant enfuite été enfermé lui-mê- me, il perdit la vie par les ordres de fa grand-mere.

Lorsque l'année suivante Thiéri marchoit contre Clotaire, il fut attaqué d'une maladie dont il mourut. Sigebert, l'un de ses fils, entreprit de conserver la couronne : mais il fut livré par l'armée avec ses deux freres Corbe & Mérovée. On ignore le sort d'un troisieme, qui échappa par la fuite au vainqueur.

Clotaire accorda la vie à Mérovée, parce qu'il l'avoit porté sur les fonts. Il fit mourir Corbe & Sigebert, & il livra la reine aux bourreaux. Après avoir souffert toutes sortes de tourments pendant trois jours, elle fut conduite, montée sur un chameau, dans toute l'armée ; & ayant été attachée à un cheval furieux, elle fut traînée & mise en pieces à la vue des soldats. Si elle a mérité de pareils supplices, Frédegonde en avoit mérité de plus grands encore. Mais Clotaire, héritier de la haine de sa mère, assouvit sa vengeance & celle des Leudes, que Brunehaut avoit alienés ; chargeant cette reine coupable de bien des crimes, qu'elle n'avoit pas commis.

Fin de cette princesse.

Clotaire regna seul, avec plus de douceur qu'on ne pouvoit espérer depuis 613 jusqu'en 628 qu'il mourut. Il aima la paix, il fit rendre la justice, il rétablit la tranquillité & il fut regretté de ses sujets. Mais la douceur de son gouvernement ne fut peut-être que l'effet de la foiblesse de son autorité.

Clotaire regne seul.

613

628

Dagobert, que le dernier roi son pere avoit associé au trône, & qui étoit roi d'Austrasie, se fit reconnoître pour seul souverain à l'exclusion de son frere Caribert, auquel il céda seulement une partie de l'Aquitaine. Il recouvra même cette province à la mort de son frere, qui arriva peu de temps après ; & il n'en laissa rien à ses neveux.

Dagobert se saisit de toute la succession de Clotaire, son pere.

Ce prince gouverna sagement, tant que des ministres, zélés pour le bien de l'état, conserverent quelque ascendant sur son esprit : mais bientôt gouverné lui-même par toutes les femmes, dont la coquetterie avoit de quoi le séduire, il ne fut plus que l'instrument de l'avarice & de la vanité d'un sexe, qui a fait si souvent la honte des rois & le malheur des peuples. Il foula ses sujets pour fournir à ses débauches, à l'avidité de ses courtisans, aux caprices de ses maîtresses, & aux aumônes avec lesquelles il croyoit devoir effacer ses péchés.

Il mourut en 638, après avoir partagé ses états entre ses deux fils, Sigebert, qui eut le royaume d'Austrasie, & Clovis qui eut ceux de Neustrie & de Bourgogne. Ces deux princes étant encore enfants, Pepin & Ega, maires du palais, gouvernerent, le premier sous Sigebert & le second sous Clovis ; & après leur mort, qui arriva dans la troisieme année de leur ministère, Pepin fut remplacé par son fils Grimoal.

638
Sous ses deux fils, les maires du palais gouvernent.

Grimoalde, & Ega par Evchinoalde, autrement nommé Archambaud.

Le regne de ces princes n'est remarquable
que par la sagesse de leurs ministres, qui s'occupoient des soins du gouvernement, tandis
que Sigebert fondoit des monastères, & que
Clovis ne faisoit rien. Ils moururent l'un &
l'autre, vers l'an 656.

656

Grimoalde, maire du palais, fit conduire
secrétement en Hibernie Dagobert, fils de Sigebert ; & ayant fait courir le bruit de sa mort,
il mit la couronne d'Austrasie sur la tête de
son propre fils, qu'il disoit avoir été adopté par
Sigebert : mais les Austrasiens chassèrent bientôt l'usurpateur.

Les Austra-
siens chassent
le fils de Gri-
moalde.

Clovis II, avoit laissé trois fils : Clotaire, roi de Neustrie & de Bourgogne, Chil-
deric, roi d'Austrasie, & Thiéri, qui n'eut
d'abord aucune part à la succession. Mais quatorze ans après, ayant succédé à Clotaire III,
il prit la couronne pour la perdre presque aussitôt. On le fit raser, & on l'enferma dans un
monastère, ainsi qu'Ebroin, maire du palais
& son ministre, dont la hauteur avoit soulevé
les grands du royaume. Alors Childéric regna
seul, jusqu'en 673 qu'il fut assassiné.

Troubles sous
les fils de Clo-
vis II.

673

Cet événement rendit la liberté & la couronne à Thiéri III. Ebroin sortit aussi de son
monastère & ayant soulevé une partie de l'Aus-

trafie, il força Thiéri à le reprendre pour maî-
re du palais.

Cependant Dagobert II, alors revenu d'Irlande & reconnu dans une partie de l'Auftrafie,
profita de ces troubles pour se rendre maître de
tout ce royaume; & Thiéri, après une guerre
fanglante, fut obligé de le lui abandonner:
mais ce prince en jouit peu, ayant été affaffiné
en 679.

Martin &
Pepin Hériftel
gouvernent
l'Auftrafie.

Les Auftrafiens craignant de tomber fous la
tyrannie d'Ebroin, refuferent de reconnoître
Thiéri: ils choifirent pour les gouverner, Martin & Pepin Hériftel, petit-fils de celui dont
j'ai déja parlé.

Ils font défaits
par Ebroin,
qui eft affaffi-
né.

Ebroin, car Thiéri n'avoit plus que le nom
de roi, déclara la guerre aux gouverneurs
d'Auftrafie. Ils furent battus, & Martin périt
par la perfidie d'Ebroin, qui fut affaffiné peu
d'années après.

Pepin Hérif-
tel à toute au-
torité dans les
trois royau-
mes.

690

Pépin, feul maître de l'Auftrafie, continua
la guerre, vainquit le roi, le pourfuivit jufqu'à Paris, se rendit maître de fa perfonne &
de la ville, & le devint de tout l'état.

Ce fommaire fur l'hiftoire de deux fiecles
ne fuffit pas pour vous faire imaginer comment les maires parvienrent à fe faifir de toute
la puiffance: mais il fuffira pour vous mettre en
état d'étudier le gouvernement, qui s'établit
dans tout cet efpace; & à mefure que vous
connoîtrez ce gouvernement, vous découvri-

rez dans fes vices les caufes de la ruine des
fucceffeurs de Clovis. Je ne me propofe pas,
cependant, d'approfondir cette matiere. Je
vais, feulement vous en donner une idée générale, afin de vous préparer à la lecture d'un
ouvrage qui m'a été communiqué. (*)

(*) Obfervations fur l'Hiftoire de France par Mr. l'Abbé de
Mably, imprimées en 1 ; mais mon frere m'en communi-
qua le manufcrit plu années auparavant. C'eft d'a-
près cet ouvrage que je traiterai du gouvernement des François, toutes les fois que j'aurai occafion d'en parler.

E a

CHAPITRE VI.

*Du Gouvernement des François juf-
qu'au temps où Pepin Hériftel fe
faifit de toute l'autorité fous le titre
de maire du Palais.*

**Les François
avoient ori-
ginairement
les mœurs des
Germains.**
QUELLE que foit l'origine des François, il
eft au moins certain qu'avant de s'établir dans
les Gaules, ils ont habité la Germanie pendant plufieurs fiecles. Nous pouvons donc juger d'eux comme des Germains, que toutes
leurs richeffes confiftoient dans leurs troupeaux,
dans les efclaves auxquels ils en confioient le
foin, & dans le butin qu'ils enlevoient par
les armes. Toujours armés, toujours en état
de guerre, ils faifoient gloire de ravir par la
force ce qu'ils croyoient indigne d'eux d'acquérir par le travail. Ils ne refufoient point de
s'engager dans une entreprife, lorfqu'ils avoient
un chef dont le courage leur étoit connu.

**Leur gouver-
nement étoit**
Leurs chefs, qu'on nomme rois, n'avoient
qu'une autorité bornée. Ils pouvoient décider

seuls des affaires de peu de conséquence : mais
lorfqu'elles étoient plus importantes, c'eft dans
l'affemblée de la nation qu'on en délibéroit ;
c'eft-à-dire, dans un camp de foldats, qui
traînoient après eux leurs femmes, leurs enfants, leurs troupeaux & leurs efclaves. Un
pareil gouvernement étoit une démocratie, où
les membres n'agiffoient de concert, que parce qu'ils étoient forcés de fe réunir contre des
ennemis communs, qui les preffoient de toutes parts. Telle eft l'idée qu'on fe fait des
Germains d'après Tacite ; & telle eft celle
qu'on doit fe former encore des François, lorfqu'ils s'établirent dans les Gaules. Malgré
l'efpace qui s'étoit écoulé depuis cet hiftorien,
on ne doit pas préfumer qu'ils fuffent beaucoup changés. C'eft le luxe, qui faifant naître
continuellement de nouveaux befoins, introduit auffi continuellement de nouveaux ufages,
force le gouvernement à prendre fans ceffe de
nouvelles formes ; & lorfque le luxe n'eft pas
connu, il y a peu de changements d'une génération à l'autre.

En effet, dès l'origine de la monarchie
Françoife, nous trouvons une affemblée générale, appellée le *champ de mars*, parce qu'elle
fe tenoit au commencement de ce mois. C'eft
là que réfidoit la puiffance légiflative : le chef
& fon confeil n'avoient que le pouvoir exécu-
teur, & le droit de décider des affaires les moins

importantes. Il n'y a là proprement ni roi, ni sujets. On y voit d'un côté des soldats, qui ne sont autre chose que la nation armée; & de l'autre un général, qui les commande, parce qu'ils l'ont choisi pour les conduire.

A la guerre le général a-voit une auto-rité absolue.

Mais le pouvoir exécutif exige de la part du soldat une obéissance prompte, & de celle du général une autorité absolue dans tout ce qui concerne la discipline. Sans cela, la démocra-tie ne pourroit pas subsister: vérité que l'expé-rience apprenoit aux François. Toutes les fois donc qu'il s'agissoit du service militaire, l'au-torité du général étoit absolue: mais hors ce cas, il n'avoit d'influence dans les délibéra-tions, qu'autant qu'il avoit le talent de persua-der. Il ne disposoit de rien: le butin appar-tenoit à l'armée; il se contentoit de la part, que le sort lui donnoit.

Dans l'assem-blée il n'avoit que son suf-frage.

Lorsqu'après la bataille de Soissons, Clovis, voulant rendre un vase qui avoit été enlevé à l'église de Rheims, supplia son armée de le lui accorder; un soldat déchargea sur ce vase un coup de sa francisque, lui disant de se con-tenter de ce qui lui tomberoit en partage. Toute l'armée désapprouva la brutalité de ce soldat. Cependant Clovis n'osa le punir pour lors; mais il l'observa, & l'ayant convaincu l'année suivante de n'avoir pas eu assez de soin de ses armes, il lui fendit lui-même la tête

d'un coup de sa francisque. Bien loin de causer un soulévement, cette action, conforme
aux mœurs de ces temps barbares, & d'ailleurs
dans l'ordre de la discipline, fit respecter le
général qui savoit punir. Vous voyez par ce
fait quelles étoient les bornes & l'étendue de
l'autorité de Clovis.

On peut au moins juger qu'avant ce prince,
les François ne connoissoient encore de subordination, qu'autant qu'ils sentoient que la
victoire dépend de l'obéissance des soldats au
général. Dans tout le reste, ils se jugeoient
égaux: ils ne vouloient plus de loix, parce
qu'ils vouloient être libres ; & le gouvernement ne pouvoit réprimer l'avidité de ces ames
féroces, qui commençoient à connoître le prix
des richesses. Il s'étoit seulement introduit
quelques usages grossiers pour défendre les
foibles contre les violences, auxquelles cette
indépendance enhardissoit les plus forts. Car
enfin les hommes les plus sauvages sont forcés
de se forger des freins ; & s'ils ne savent pas
se donner des loix, ils cherchent au moins
dans quelque espece d'équivalent, les moyens
de contenir la licence dans de certaines bornes. Vous verrez en détail dans l'ouvrage
dont j'ai parlé, quels furent les usages des
François.

Les circonstances changerent pour eux, lors
de leur établissement dans les Gaules. Ils eu-

Des usages grossiers tenoient lieu de loix aux François.

Lors de leur établissement

E 4

ces usages ne leur suffisoient plus.

rent de nouveaux besoins ; leurs premiers usages ne suffirent plus à leur situation ; ils le sentirent souvent, quelque penchant qu'ils eussent à s'aveugler ; & ils furent forcés à chercher, dans de nouvelles loix, un remede aux abus qui naissoient d'une trop grande liberté.

C'est dans leurs circonstances & dans celles des Gaulois, qu'il faut chercher la raison de leur gouvernement.

Les circonstances ne changerent pas moins pour les Gaulois. Or, c'est dans la situation de ces deux peuples, que nous devons chercher les causes de la forme que prit d'abord le gouvernement; & nous rendrons raison des variations, par lesquelles il passera encore, si nous observons dans le cours des regnes la variété des circonstances.

Les Gaulois étoient vils à leurs yeux.

Les Gaulois, après avoir été exposés à toute la brutalité des vainqueurs, furent regardés comme des hommes vils, parce qu'ils avoient été vaincus. Cela se voit par les loix Saliques, qui condamnent à une amende de deux cents sous (*) celui qui tue un François, & à cent sous seulement celui qui tue un Gaulois. Ainsi le sang de celui-ci étoit estimé une fois moins, dans ce temps où l'on ne punissoit que d'une amende pécuniaire, même pour les plus grands crimes.

_____

(*) C'étoient des sous d'or, dont chacun valoit environ huit livres de notre monnoie.

Malgré cette différence, les Gaulois conserverent une partie de leurs biens, parce qu'il
ne fut pas possible aux François de tout ravir:
ils en jouirent même d'abord sans payer d'impôts; seulement ils étoient obligés de faire la
guerre à leurs dépens, de loger les officiers qui
marchoient pour le service de l'état, de les défrayer & de leur fournir des voitures. Mais
cette obligation étoit commune aux François.

Obligations communes aux Gaulois & aux François.

Clovis leur laissa encore leurs loix, soit par
politique, soit parce qu'il ne lui étoit pas possible de leur en donner de nouvelles. Mais comme ces loix n'étoient pas connues des François,
ce premier avantage qu'on leur accordoit, mit
dans la nécessité de leur en accorder encore un
autre: ce fut de les établir eux-mêmes juges
des différents qui naîtroient parmi eux. On
traita dans la suite de la même maniere les
peuples qui furent soumis à la domination
françoise.

Les Gaulois conservent leurs loix, & sont juges de leurs différents.

Les provinces étoient gouvernées par des
ducs, les villes par des comtes; & les divisions subordonnées du territoire l'étoient par
des vicaires, des centeniers & des dixainiers
ou doyens. Ces noms, centeniers & dixainiers,
marquoient le nombre de familles comprises
dans le district de ces officiers subalternes.

Gouverne- ments des provinces & des villes.

Les ducs, les comtes, &c., étoient en même
temps capitaines & magistrats, comme autre-

Les ducs & les comtes com-

fois les proconfuls dans les provinces romaines. Il est vraisemblable qu'ils furent d'abord tous choisis parmi les François. Ils étoient donc trop ignorants pour juger d'après l'autorité des loix romaines ; & d'ailleurs il n'eût pas été raisonnable de confier la fortune des citoyens aux lumieres & aux caprices d'un seul juge. Il fut donc ordonné que celui qui commandoit dans un district, soit duc, soit comte, &c. ne porteroit un jugement qu'avec le concours d'un certain nombre d'assesseurs, pris dans la nation de celui contre qui le procès seroit intenté ; & c'est proprement ce tribunal, qui faisoit la sentence. Voilà comment les Gaulois partagerent la magistrature avec les François, & eurent la plus grande influence dans les causes qui intéressoient leur nation.

Les François n'adopterent pas les loix romaines, comme avoient fait les Goths. Mais ils se gouvernoient par leurs loix, qu'on nomme Saliques & Ripuaires. Cela avoit son avantage & son inconvénient. L'avantage est que cette distinction mettoit entre les deux peuples une barriere qui empêchoit les François de se confondre avec les Gaulois, d'en prendre les mœurs & de s'amollir comme eux. Mais cette multitude de loix toutes différentes avoit aussi l'inconvénient de répandre beaucoup de confusion, & de donner, par consé-

[note marginale : mandoient les troupes, & rendoient la justice avec des assesseurs.]

[note marginale : Pourquoi la jurisprudence des François sera toujours vicieuse.]

quent, naiſſance à bien des déſordres; abus qui
s'accrut encore à meſure que les François étendirent leur empire. Pour former un code
moins défectueux, il eût fallu, ou que les
vaincus euſſent été auſſi barbares que les
vainqueurs, ou que les vainqueurs euſſent été auſſi policés que les vaincus.
Car ſi les loix, pour être bonnes, doivent être
adaptées au peuple, pour qui elles ſont faites,
il eſt évident qu'il n'étoit pas poſſible de rien
faire en ce genre, qui fût en même temps bon
pour les François & pour les Gaulois. Ainſi,
par la nature des circonſtances, on ſe trouva
dans la néceſſité de ne faire qu'un peuple de
pluſieurs nations, qui ne pouvoient pas être
gouvernées par les mêmes loix. C'étoit allier
les contradictoires, & je crois que Solon même ne ſe ſeroit pas tiré de là. Vous pouvez
donc prévoir que la juriſprudence des François
ſera long-temps vicieuſe : auſſi l'eſt-elle encore.

Bacon voyant que les abus de la philoſo-
phie venoient de ce qu'on raiſonnoit ſur des
notions confuſes, a dit, avec raiſon, il faut refaire les idées. Je ſuis étonné, qu'ayant été
chancelier d'Angleterre, il n'ait pas dit, il
faut refaire les loix, il faut refaire les gouvernements, il faut tout refaire. La choſe eût
été certainement d'une execution difficile : mais
on ne l'a pas ſenti; car on n'y a ſeulement pas
penſé. On a toujours travaillé ſur de mauvais

Pourquoi le corps des loix eſt un chaos.

fondements : on a étayé au jour le jour & comme on a pu, un bâtiment qui menace ruine ; & le corps des loix n'a jamais été qu'un édifice informe.

Vous avez vu de quelle autorité les prêtres jouissoient, chez les Germains. Or, il étoit naturel que les François, après leur conversion, eussent pour les prêtres du christianisme la même soumission qu'ils avoient eue auparavant pour les prêtres idolâtres. C'est ce qui arriva : les évêques occuperent la premiere place dans les assemblées de la nation ; ils travaillerent avec les François sous Clotaire I à corriger les loix Saliques & Ripuaires ; & ils obtinrent des privileges particuliers avec une sorte de surintendance sur tous les tribunaux. En l'absence du roi, on appelloit à eux des jugements des ducs & des comtes.

Plus éclairés, c'est-à-dire, moins ignorants que les François, ils eurent, sans doute, une grande influence dans les délibérations ; & comme dans les commencements ils étoient tous Gaulois, ils se servirent de leur crédit, pour adoucir la condition de leurs compatriotes & de leurs parents. Ils y réussirent : car le sort des Gaulois fut si changé, qu'il ne tint plus qu'à eux d'être naturalisés François. Quand ils avoient déclaré devant un juge, qu'ils renonçoient à la loi Romaine pour vivre sous les loix Saliques & Ripuaires, ils jouissoient aussitôt des privileges pro-

Les évêques ont sur les François convertis la même autorité qu'avoient eue les prêtres payens sur les François idolâtres.

Leur influence dans le champ de mais estavantageuse aux Gaulois.

pres aux vainqueurs : ils avoient leur place au champ de mars, ils entroient en part de la souveraineté, & de sujets ils devenoient citoyens. Une chose leur fut encore favorable ; c'est que le roi cherchant à s'attacher les principaux d'entre eux, les rapprocha de sa personne, & leur donna des emplois dans sa maison.

A mesure que les Gaulois acquéroient de l'autorité, les François en perdoient, & parce qu'ils partageoient la puissance avec de nouveaux citoyens, & parce qu'ils n'étoient plus dans une position à pouvoir l'exercer comme auparavant. Répandus de coté & d'autre dans les pays conquis, ils se trouverent trop séparés pour avoir encore les mêmes intérêts. Quelquefois l'éloignement ne leur permettoit pas de venir aux assemblées, & d'autres fois ils négligeoient des'y rendre : chacun d'eux étant moins occupé du bien public que de son établissement particulier. On commença donc à ne pas tenir le champ de mars si réguliérement ; bientôt on ne le convoqua plus ; & alors les nouveaux citoyens, depuis long-temps accoutumés à la servitude, servirent à forger des fers aux anciens.

Les François ont moins d'autorité à mesure que les Gaulois en acquièrent.

Ceux qui n'avoient eu jusqu'alors que la puissance exécutrice, c'est-à-dire, le roi & les grands qui composoient son conseil, se saisirent de la puissance législative qui leur étoit abandonnée, & le gouvernement de démocratique

Le gouvernement devient aristocratique

devint aristocratique. Mais cette aristocratie ne pouvoit pas subsister, & ne subsista pas.

Privilege des leudes ou fi- deles.

Il y avoit eu un temps où un François n'é- toit admis à prêter le serment de fidélité au prin- ce, que lorsqu'il s'étoit distingué par quelque action éclatante. »Par cette cérémonie on , étoit » tiré de la classe commune des citoyens , pour » entrer dans un ordre supérieur, dont les mem- »bres ,revêtus d'une noblesse personelle, avoient » des privileges particuliers : tels, que d'oc- » cuper dans les assemblées générales une place » distinguée, de posséder seuls les charges pu- »bliques, de former le conseil toujours subsistant » de la nation, ou cette cour de justice dont le » roi étoit président, & qui réformoit les juge- » ments rendus par les ducs & par les comtes. » Ceux qui jouissoient de ces avantages, se nom- moient *leudes* ou *fideles*: c'étoient les grands de la nation.

Les rois, pour étendre leur autorité, font leudes des Gaulois.

Or, lorsque toute l'autorité fut concentrée dans le conseil des grands , les rois peu satis- faits de n'être que les chefs de l'aristocratie, cré- erent de nouveaux leudes, afin d'avoir dans ce conseil souverain un plus grand nombre de mem- bres dévoués à leur volonté. Ils admirent donc au serment des Gaulois ; ils éleverent même des affranchis aux premieres dignités.

En effet les préjugés des

Les Gaulois accoutumés depuis long-temps au joug, n'avoient garde de disputer au prince l'autorité abfolue, qu'il vouloit s'arroger. Ils fe repréfentoient la royauté d'après la puiffance qu'ils avoient vue dans les derniers empereurs; & ils croyoient qu'un roi, parce qu'on le nomme roi, eft au deffus des loix.

Si cette façon de penfer étoit encore contredite par quelques François, c'étoit un motif de plus pour les Gaulois de la défendre & de l'appuyer par toute forte de moyens, foit préjugé, foit flatterie de leur part. Les évêques, qui n'avoient pas des idées plus faînes fur cette matiere, chercherent dans l'écriture; & ils trouverent qu'elle recommande l'obéiffance la plus entiére aux puiffances. Cela veut dire, qu'il faut obéir aux loix, &, par conféquent, aux rois & aux magiftrats, qui en font les interpretes. Mais on en conclut que l'autorité des rois eft abfolue, arbitraire, & qu'ils ont le droit de difpofer de tout fans confulter les loix. Cette application aux rois de France étoit d'autant plus fauffe, qu'alors ces rois n'étoient pas encore monarques, mais feulement les chefs de l'ariftocratie.

Enfin l'opinion fe répandit que les rois tiennent immédiatement de Dieu toute leur puiffance, parce qu'on oublia comment les rois fe font faits chez tous les peuples, & qu'on fe fouvint feulement que Dieu avoit lui-même donné aux Juifs Saül & David. Si rapportant tout à Dieu, comme à la premiere caufe, on eût dit qu'il fait les rois, parce qu'il fait tout, cela eût été vrai: mais parce que d'un pareil principe, on ne peut rien conclure en faveur du despotisme, on suppofera que Dieu fait les rois, comme s'il les choisissoit immédiatement lui-même, & qu'il ne permît pas aux caufes fecondes d'y concourir. En prenant cette expression, *Dieu fait les rois*, dans le premier fens, elle a été avec fondement l'opinion de tous les temps: mais fi nous la prenons dans le fecond, c'eft une absurdité, dont il n'eft plus poffible de marquer l'époque. Elle fe trouve établie, fans qu'on fache comment; & c'eft ce qui arrive toujours, lorfque les opinions s'établiffent par l'abus des mots. C'eft, fur tout, au commencement de la feconde race, que les efprits feront tout-à-fait difpofés à l'adopter. Plufieurs caufes y concourront: l'ignorance, qui s'eft répandue avec les barbares, la fervitude, à laquelle les nations pólicées étoient accoutumées, & l'ambition d'un ufurpateur, qui abufant de la fimplicité des peuples, voudra paroître avoir été choifi par Dieu même.

Sous les fils de Clovis l'aristocratie tendoit à la monarchie. Toutes les circonftances etant favorables à l'ambition des rois, il n'y avoit déja plus d'idée de liberté fous les fils de Clovis. Les droits de la nation avoient infenfiblement difparu; & l'ariftocratie, affoiblie d'un jour à l'autre, ne fe retrouvoit plus qu'en apparence dans le confeil des grands.

Si les rois trouverent encore des obstacles, ils acheverent de les lever, en donnant à titre de bénéfice, des domaines, qu'ils se réservoient le droit de reprendre lorsqu'ils étoient mécontents. Tous les grands furent alors subjugués: car les uns désiroient d'obtenir des bénéfices, & les autres craignoient de perdre ceux qu'ils avoient obtenus.

Bénéfices donnés par les rois pour hâter cette révolution.

Les guerres civiles, qui commencerent sous les fils de Clovis, ouvrirent la porte à de nouveaux désordres, & à de nouvelles usurpations. Car les habitants de la campagne ne pouvant échapper au pillage & à la servitude, qu'en se réfugiant dans les châteaux de quelques leudes puissants ou dans les églises dont l'asyle étoit respecté; ils chercherent par des présents la protection des leudes & des évêques, qui les pouvoient défendre contre le brigandage des soldats. Or, ces présents devinrent avec le temps la dette d'un sujet à son seigneur; & c'est ainsi que s'établit ce que nous nommons *seigneurie*.

Comment s'établissent les seigneuries.

Cependant les ducs, les comtes & les autres juges profitant des troubles, pour faire un commerce scandaleux de l'administration de la justice, les citoyens, qui avoient des procès, furent forcés d'avoir recours à l'arbitrage des seigneurs qui les protégeoient. Peu à peu, ces arbitres furent reconnus pour seuls juges; & les magistrats publics n'eurent plus de jurisdiction dans les terres des seigneurs.

Comment le seigneurs deviennent seuls juges de leurs sujets.

Tom. XI.   F

Ces circonstances furent encore favorables aux entreprises des souverains: car pendant que les citoyens puissants songeoient à se faire des seigneuries, ils se mettoient peu en peine des usurpations que le roi faisoit lui-même. Ils en firent au contraire à son exemple, & la France se remplit d'une multitude de petits tyrans.

Mauvaise politique des rois qui changent continuellement de parti, & reprennent inconsidérément les bénéfices qu'ils ont donnés.

Mais plus la puissance du prince s'élevoit à la faveur des troubles, moins elle étoit affermie. Le roi, pour dominer au milieu de ces tyrans, dont les intérêts étoient opposés, n'avoit plus que la ressource de se mettre tour à tour à la tête des différents partis; c'est à-dire, de les fortifier l'un après l'autre, & de s'affoiblir tous les jours lui-même. On enlevoit un bénéfice à un grand qu'on ne craignoit plus, pour le donner à un grand qui commençoit à se faire craindre: ou même on faisoit périr un leude riche, pour enrichir plusieurs autres de ses dépouilles. C'est en cela que Gontran, petit-fils de Clovis, faisoit consister l'art de regner.

Traité d'Andeli, qui leur ôte la liberté de les reprendre.

Cette politique ne pouvoit pas réussir long-temps. Aussi les leudes ouvrirent-ils les yeux; & voyant qu'ils étoient les dupes du prince, qui donnoit & reprenoit à son gré les bénéfices, ils songerent aux moyens de rendre leur fortune plus assurée. Etant donc assemblés à Andeli pour traiter de la paix entre Gontran & Childebert II, ils les forcerent à convenir, dans leur traité, qu'ils ne seroient plus libres de retirer les bénéfices qu'ils avoient conférés, ou qu'ils conféreroient dans la suite aux églises & aux leudes; & on rendit même les bénéfices à ceux qui en avoient été dépouillés à la mort des derniers rois.

Mais les leudes qui n'avoient point de bénéfices, se déclarerent contre un traité, qui leur ôtoit l'espérance d'en obtenir; & ils se réunirent aux princes, qui n'ayant contracté que par foiblesse, étoient déterminés à n'y avoir point d'égard, aussitôt qu'ils seroient les plus forts. Ainsi il y eut deux partis; & suivant qu'ils prevalurent tour-à-tour l'un sur l'autre, ce traité fut aussi tour-à-tour violé ou exécuté. Les grands d'Austrasie ne se souleverent contre Brunehaut, que parce qu'elle agit comme si le traité d'Andeli n'eût jamais été fait. Ceux de Bourgogne furent ensuite aliénés, parce qu'elle tint encore avec eux la même conduite. C'est pourquoi, lorsque Thiéri fut mort, ils refuserent de reconnoître les fils de ce prince, craignant que Brunehaut n'exerçât encore l'autorité; & ils donnerent la couronne à Clotaire II, qui étoit l'ennemi de cette princesse (*) & qui la livra au ressentiment des leudes qu'elle avoit voulu dépouiller.

Le parti des leudes qui n'avoient pas de bénéfices, enhardit les rois à violer le traité, ce qui occasionne bien des troubles.

(*) Il étoit fils de Chilpéric & de Frédegonde.

Assemblée de Paris dans laquelle Brunehaut est condamnée, & les bénéfices sont déclarés héréditaires.

C'est en 614 que les évêques & les leudes, ennemis de Brunehaut, tinrent à Paris l'assemblée, où ils condamnerent cette princesse. Son plus grand crime à leurs yeux fut, sans doute, d'avoir voulu disposer des bénéfices à son gré. Aussi ne négligerent-ils rien pour prévenir de pareilles entreprises. C'est alors qu'il fut décidé irrévocablement, que les bénéfices seroient héréditaires dans les familles, & que les seigneurs jouiroient dans leurs terres de tous les droits qu'ils avoient acquis.

Clotaire II se trouve presque sans autorité.

Cependant les leudes & les seigneurs craignoient qu'il n'en fût un jour des réglemens faits dans l'assemblée de Paris, comme du traité d'Andeli. Clotaire II étoit encore trop puissant pour ne leur être pas suspect: ils travaillerent donc tous les jours à diminuer son autorité; ils lui enleverent successivement la plupart de ses droits; ils ne lui laisserent pas la disposition des principales charges; ils le réduisirent à donner la maine à celui qu'ils avoient eux-mêmes choisi.

Origine de la noblesse héréditaire.

Avant que les bénéfices fussent héréditaires, la noblesse n'étoit que personnelle, & les enfants d'un leude restoient dans la classe commune, jusqu'à ce qu'ils eussent prêté le serment de fidélité. Mais lorsque les bénéfices furent héréditaires, les prérogatives qu'on n'acquéroit auparavant que par la prestation du serment, passerent aux enfants avec les bénéfices; & on s'ac-

coutuma infenfiblement à penfer que les fils d'un
leude naiffoient leudes. Telle eft l'origine de
la nobleffe héréditaire parmi les François.

Cette révolution dans la façon de penfer
parut dégrader les familles illuftres, qui pour
lors n'avoient point de bénéfices. Elles chercherent donc à fe mettre de pair avec les leudes
bénéficiers : rien n'eft plus fingulier que le moyen qu'on imagina ; ce fut de donner au roi
une terre, pour la recevoir enfuite de lui en
bénéfice.

Pour acquérir cette nobleffe, on imagine de recevoir du roi en bénéfice, une terre qu'on lui donne.

Mais dans la fuite on n'eut pas befoin d'a-
voir recours à un artifice auffi bifarre. Comme
les droits feigneuriaux étoient ce qu'il y avoit
de plus réel dans les bénéfices ; les familles qui
poffédoient des feigneuries, pafferent bientôt
pour auffi nobles que les bénéficiaires. On ne
fe mit plus en peine de prouver qu'une terre
étoit un bénéfice. Il arriva même dans la fuite
qu'on aima mieux tenir la nobleffe d'une fei-
gneurie qu'on s'étoit faite, que d'un bénéfice
qu'on avoit reçu du prince.

Dans la fuite on aima mieux être noble par une terre que par un bénéfice.

Les feigneurs étoient les feuls juges & les
feuls capitaines des hommes de leurs terres : c'eft
à-dire, qu'ils s'étoient rendus maîtres des loix
& des forces de l'état. Avec d'auffi grands privileges, qu'ils tenoient uniquement de la naiffance, ils devinrent extrêmement redoutables,
& ils porterent les derniers coups à la puiffance
des Mérovingiens.

Les feigneurs étoient les feuls juges & les feuls capitaines des hommes de leurs terres.

F 3

Les seigneuries que les évêques & les abbés s'étoient faites, donnerent encore naissance à une nouveauté. Il y avoit, sans doute, alors dans le clergé beaucoup de François, qui connoissoient peu les canons, & qui, remplis des préjugés de leurs peres, ne faisoient cas que des armes. Ces évêques & ces abbés penserent donc qu'ils dérogeroient, si comme les seigneurs laïques, ils ne commandoient pas eux-mêmes les hommes de leurs seigneuries. En conséquence, ils crurent qu'il étoit de leur dignité d'aller à la guerre, & ils devinrent capitaines : abus, qui a été funeste à l'église & à l'état.

Tel étoit le gouvernement sous les successeurs de Clotaire II. Vous voyez combien de révolutions il a essuyées en peu de temps, & combien les princes assurent mal leur autorité, lorsqu'ils pensent l'établir sur des troubles qu'ils entretiennent, ou qu'ils font naître.

Il n'y eut jamais plus de désordres que sous les successeurs de Clotaire II. Il eût fallu, pour les réprimer, réunir trois choses dans un chef, la puissance, l'amour du bien public & les lumieres nécessaires. Mais l'autorité royale, déja méprisée, s'avilissoit tous les jours. On pouvoit tout impunément sous des rois enfants, lâches ou vicieux. Les maires du palais, moins occupés de l'état que de leur fortune, ne songeoient qu'à s'élever sur un trône d'où les Mérovingiens sembloient tomber d'eux-mêmes. Enfin les

grands ne travailloient qu'à se faire des états indépendants. Les seigneuries se multiplierent.
Chaque gentilhomme, chaque évêque, chaque
monastère devint le tyran de ses voisins, des-
qu'il fut assez puissant pour s'arroger des droits
sur eux. Il n'y eut plus de loix, la force décida
de tout, & les usurpations furent des titres.

Il semble que les ducs & les comtes auroient
dû s'opposer à ces entreprises; car leur jurisdiction diminuoit, à mesure que celle des seigneurs augmentoit. Mais eux-mêmes ils a-
voient des terres, & ils se dédommageoient
en qualité de seigneurs, de ce qu'ils perdoient
en qualité de ducs ou de comtes; préférant leurs
seigneuries, qui étoient héréditaires, à des dignités qui n'étoient encore que personnelles,
& qui pouvoient leur être enlevées.

Les ducs & les comtes favorisent les usurpations des seigneurs.

Vous voyez que les gentilshommes s'établissent chacun séparément dans leurs terres. Ils
ne font point un corps, ils n'ont point de bien
commun: ils ont, au contraire, des intérêts opposés; & leurs vexations leur font nécessairement des ennemis au dedans, & au dehors de
leurs possessions. Toute cette noblesse sera donc
facilement asservie, si l'autorité, détruite dans
les rois, se retrouve toute entiere en d'autres
mains.

Mais les seigneurs ne peuvent s'assurer leurs usurpations.

Les maires, qui n'étoient originairement
que les chefs des officiers domestiques du prince, obtinrent dans la suite l'intendance générale

Comment les maires se faisissent de tou-

F 4

du palais, & furent les juges de toutes les perfonnes qui l'habitoient. Ils avoient donc par leurs fonctions beaucoup d'accès auprès des rois; & cet accès, comme il arrive presque toujours, leur en acquit la confiance. Ils les flatterent, ils les occuperent de plaifirs, d'amufements frivoles, & fous prétexte de les délaffer par zele des foins pénibles du gouvernement, ils fe faifirent peu à peu de toute l'autorité. Ils régirent les finances, ils commanderent les armées; enfin ils préfiderent dans le tribunal fuprême, où le roi devoit rendre la justice aux leudes, & ils jugerent définitivement les procès, qu'on y portoit de toutes les provinces.

re l'adminiftration.

De pareils miniftres fembloient devoir tomber avec la royauté; & cela fût arrivé, fans doute, s'ils euffent été fideles à leur maître : mais ils s'en féparerent adroitement, à mesure qu'ils virent le mécontentement des bénéficiers & des feigneurs. Ils flatterent les mécontents; ils s'offrirent pour être leurs protecteurs contre les entreprifes du souverain; ils devinrent les miniftres des leudes, des évêques, & des feigneurs.

Ils facrifient les intérêts de leur maître, & deviennent les miniftres des bénéficiers & des feigneurs.

Il étoit aifé de prévoir que de pareils protecteurs pourroient un jour fe rendre redoutables : mais les grands étoient dans l'habitude de craindre les rois, & l'ombre de la royauté les effrayoit encore. Ils ne prirent donc aucune précaution contre des magiftrats, qu'ils choififoient eux-mêmes; ne devinant pas que l'auto-

Confiance aveugle des grands pour les maires.

rité qu'ils abandonnoient, pourroit s'essayer sur eux, après avoir humilié le prince.

Ils eurent d'abord lieu de s'applaudir: car après la mort de Dagobert, fils de Clotaire II, les maires n'userent de leur puissance, que pour maintenir la tranquillité, & conserver à chacun les droits dont il jouissoit. Ils acheverent par cette conduite d'attirer à eux toute l'autorité; révolution à laquelle l'enfance & l'incapacité des rois ne contribuerent pas peu.

Les maires achevent d'attirer à eux toute l'autorité.

Cependant plus les grands se croyoient protégés, plus ils se rendirent odieux par leurs vexations; & les maires parurent d'abord fermer les yeux sur ces désordres: mais ils cesserent de dissimuler, & ils sévirent, lorsqu'enfin ils se furent fait un parti de tous les mécontents, & de tous ceux dont ils pouvoient faire la fortune. Le peuple, qui ne gagnoit rien à ces révolutions, & qu'on ne caressoit que par des vues ambitieuses, applaudissoit à la chûte des grands, qui étoient tous étonnés de se voir un maître. C'est ainsi qu'Ebroin gouverna despotiquement la Neustrie sous Clotaire III, & Thiéri III; si Thiéri fut détrôné, c'est que la noblesse offensée des hauteurs du maire, se souleva pour se donner à Childéric II, Roi d'Austrasie.

Alors ils commandent aux grands, qu'ils humilient.

Auparavant, à la mort de Sigebert II, Grimoalde avoit tenté d'usurper le royaume d'Austrasie; mais par une révolution brusque, à laquelle les esprits n'étoient pas encore préparés.

Usurpation trop précipitée de Grimoald, qui en est puni.

Les Auftrafiens fe fouleverent. Archambaud, maire de Neuftrie, vint à leur fecours, & punit l'ufurpateur.

Conduire plus fage de Pepin Hériftel. Pepin Hériftel, qui fut maire après Grimoald, eut affez de fageffe pour cacher fon ambition. Il ménagea la nobleffe & le clergé; & il fit fi fort aimer fon gouvernement, qu'après la mort de Dagobert II, les Auftrafiens le choifirent pour les gouverner: ayant enfuite paru en Neuftrie comme un libérateur, il en réunit la mairie au duché d'Auftrafie, & fe faifit de toute l'autorité.

CHAPITRE VII.

Du Gouvernement de Pepin Héristel & de celui de Charles-Martel.

Pepin, maître de l'Austrasie, de la Neustrie & de la Bourgogne, continua de gouverner avec la même modération: il signala même les premiers jours de sa puissance, en pardonnant à tous ceux qui avoient porté les armes contre lui. On commença donc à jouir de la paix. Tout étoit tranquille, au moins au dedans. La discipline se rétablissoit dans les troupes, l'ordre dans les finances, & plusieurs abus se corrigeoient: mais la source ne s'en tarissoit pas, parce que l'intérêt de Pepin n'étoit pas de la tarir. En effet, il eût fallu donner des loix à un peuple, qui n'en avoit jamais eu, & assurer le gouvernement, en déterminant les droits de la royauté & ceux des sujets. Or, c'eût été fixer sur la tête des Mérovingiens la couronne, qu'il ambitionnoit, & dont il n'osoit encore se saisir: il aima mieux se rendre nécessaire, en faisant dépendre le bonheur de la nation, de sa conduite plutôt que des loix.

Pourquoi Pépin Héristel rémédie aux abus, sans vouloir en tarir la source.

Il cacha le pouvoir le plus abfolu fous les apparences de l'amour du bien public, & il gagna la noblesse & le clergé en rétablissant les assemblées presque abolies par les derniers maires : mais il ne les convoqua pas affez fouvent, pour porter atteinte à fon autorité.

On l'aimoit & on le respectoit : cependant il importoit de distraire les esprits, qui auroient pu démèler fes vues, s'ils ne fe fussent occupés que de ce qui fe passoit dans l'intérieur du royaume. Or, il n'y avoit rien de plus propre à ce dessein que la guerre, qui pouvoit d'ailleurs ajouter un nouvel éclat à fa gloire.

Pendant les derniers troubles, les Saxons, les Frisons, les Allemands, les Sueves, les Bavarois, les Bretons & les Gascons qui s'étoient emparés d'une partie de l'Aquitaine, avoient fecoué le joug, & refufoient de payer les tributs qu'on leur avoit imposés. Il fit rentrer fuccessivement ces peuples fous l'obéissance ; il ajouta de nouvelles conquêtes à l'empire des François ; presque toutes les années de fon gouvernement furent marquées par des victoires ; & fa réputation s'étant répandue dans toute l'Europe, les principales puissances recherchement à l'envi fon alliance. Il mourut après avoir gouverné l'Auftrasie en qualité de duc, pendant trente-quatre ans, & les royaumes de Neuftrie & de Bourgogne, pendant vingt quatre en qualité de maire. Alors fon autorité fe

trouvoit si bien établie, qu'on regardoit le duché d'Austrasie & les mairies des deux autres
royaumes, comme héréditaires dans sa famille.
Il revêtit de ces dignités son petit-fils Théodoald.

Théodoald n'étoit qu'un enfant, ainsi que
le prince auquel on laissoit encore le nom de
roi; & Plectrude sa grand-mere, veuve de Pepin, avoit la régence. Rien n'étoit plus extraordinaire que de laisser pour ministre à un
enfant un autre enfant, sous la tutelle d'une
femme; & Pepin sembloit déclarer par cette
disposition, qu'après lui, comme de son vivant, il ne restoit d'autre regle que sa volonté.

Plectrude croyant assurer son autorité, fit
arrêter Charles, que Pepin avoit eu d'une autre femme. Mais les grands de Neustrie se souleverent, firent alliance avec le duc de Frise,
& choisirent Rainfroi pour maire du palais,
& les Austrasiens, qui étoient venus au secours
de Plectrude, ayant été défaits, Théodoald
put à peine échapper par la fuite.

Charles, qui pendant ces troubles recouvra
sa liberté, parut en Austrasie, où il fut aussitôt
reconnu pour duc. Heureusement pour lui il
eut le temps de s'affermir, parce que la mort
du roi, qui survint dans cette conjoncture,
ne permit pas à Rainfroi de penser à l'Austrasie.

Théodoald,
encore en-
fant, lui suc-
cede sous la
tutelle de
Plectrude, sa
grand-mere.

Les grands de
Neustrie don-
nent la mairie
à Rainfroi.

Charles Mar-
tel est duc
d'Austrasie.

Le dernier roi laiſſoit un fils en bas âge,
auquel on préféra Daniel fils de Childéric II,
roi d'Auſtraſie. Ce prince avoit échappé aux
aſſaſſins de ſon pere, & s'étoit retiré dans un
monaſtère, où il portoit l'habit de clerc. En
montant ſur le trône, il prit le nom de Chilpéric II. Je le nomme, parce qu'il mérite d'ê-
tre nommé. Il montra de l'activité & du courage.

Cependant Charles regardoit la mairie des
royaumes de Neuſtrie & de Bourgogne comme une dignité qui lui étoit due; & Chilpéric
ne ſongeoit qu'à ſe ſouſtraire à la domination
d'une famille, ſous laquelle ſes prédéceſſeurs
avoient été ſans autorité. On arma donc de
part & d'autre : on ſe livra pluſieurs combats.
Mais enfin Chilpéric vaincu ſe réfugia chez
Eudes duc d'Aquitaine, ſon allié ; & fut preſque auſſitôt livré à Charles. Cet Eudes venoit
par Boggis de Caribert, à qui Dagobert I avoit
cédé une partie de l'Aquitaine; & ſa famille a
ſubſiſté juſqu'à 1503, qu'elle s'eſt éteinte dans
Louis d'Armagnac, duc de Nemours.

Charles laiſſa la couronne à Chilpéric, donna dans la ſuite le comté d'Angers à Rainfroi,
& ſe contenta d'être reconnu pour maire de
Neuſtrie & de Bourgogne. Le roi ne ſurvé-
cut pas long-temps à ſon malheur.

Charles étoit l'homme le plus audacieux, &
avoit toutes les qualités qui peuvent juſtifier

Chilpéric II, regne en Neuſtrie & en Bourgogne.

Charles lui laiſſe la cou-ronne, mais il ſe rend maî-tre des deux mairies.

L'audace de Charles eſt

l'audace. Grand général, il se fit adorer de ses soldats & ne ménagea qu'eux. Les François plierent sous le joug: les nations voisines furent domptées. En un mot, tout trembla au dedans & au dehors, sous les ordres d'un capitaine vigilant, actif, qui marchant de victoire en victoire, paroissoit se trouver par-tout en même temps. La défaite entiere des Sarrasins entre Tours & Poitiers le fit regarder comme le sauveur de la France; & on prétend que c'est à cette occasion qu'on lui donna le surnom de Martel. Les Sarrasins, qui ont franchi les Pyrénées, vous font juger qu'il s'est passé de grandes révolutions en orient: nous en parlerons bientôt.

Les Mérovingiens avoient donné des bénéfices, sans imposer aucune obligation expresse. Il arriva de-là qu'ils crurent toujours avoir à se plaindre de l'ingratitude des bénéficiers, & que les bénéficiers de leur côté trouverent qu'on exigeoit trop d'eux. Ces reproches furent une source de haines, d'injustices & de révolutions.

Charles se proposa de s'attacher la noblesse par des bénéfices, & d'éviter cependant la faute où étoient tombés les Mérovingiens. Il donna donc comme eux des portions de ses domaines: mais ce fut à charge de lui rendre des services militaires & domestiques, qu'il n'oublia pas de déterminer. Cette nouvelle forme don-

née aux bénéfices lui attacha la noblesse , &
eut l'avantage de prévenir tout sujet de plainte; parce que les bénéficiers savoient à quoi ils
s'engageoient. Si d'un côté les obligations n'é-
toient pas remplies , Charles pouvoit , sans injustice , ôter ce qu'il avoit donné ; & de l'autre,
si les bénéficiers remplissoient toutes les conditions de leur engagement , ils étoient surs de
ne jamais perdre les domaines qu'ils avoient
reçus. Cette politique réussit parfaitement ; elle acheva de mettre dans les intérêts du maire
les nobles , qu'il lui importoit sur-tout de ménager. Les bénéfices de Charles-Martel sont
ce qu'on appella dans la suite des fiefs.

Charles gouverna la France pendant plus
Il jouit d'une
autorité absô-
lue. de trente ans ; & sa conduite prouve combien
son autorité étoit affermie. Il ne fit aucune
mention du roi dans le traité , par lequel il as-
sujettit Hunald, fils d'Eudes , à lui faire hommage de l'Aquitaine à lui & à ses deux fils
Carloman & Pepin. Lorsque le roi fut mort,
il n'eut pas besoin de chercher un fantôme de
royauté parmi les Mérovingiens: il gouverna
seul , & le trône fut cinq années vacant. Enfin lorsqu'en mourant il voulut faire connoître
ses dernieres volontés , il se contenta de déclarer , en présence de ses capitaines & des officiers de son palais , qu'il laissoit l'Austrasie à
Carloman , & la Neustrie avec la Bourgogne à
Pepin.

L'église

L'églife romaine étoit alors fous la tyrannie des Lombards, & n'attendoit aucun fecours des empereurs. Charles-Martel pouvoit feul la protéger : mais deux ambaffades
du pape Grégoire III avoient été fans effet,
parce que le maire avoit un traité d'alliance
avec le roi des Lombards. Cependant il fe
détermina fur la troifieme, & il faifoit fes
préparatifs pour paffer en Italie, lorfqu'il
mourut.

Il eft à propos de reprendre actuellement
l'hiftoire de l'empire & celle de l'Italie, parce
qu'elles vont bientôt fe mêler avec l'hiftoire de
France.

Il fe préparoit à paffer en Italie, à la follicitation de Grégoire III.

CHAPITRE VIII.

Des révolutions arrivées depuis la mort d'Anastase jusqu'à celle de Léon l'I-saurien.

Justin empe-
reur d'orient. La grand chambellan Amance avoit donné de grosses sommes à Justin, afin qu'il fît des partisans à Théocrite. Justin travailla pour lui-même, & fut proclamé empereur. Né d'un pauvre laboureur, sur les confins de la Thrace & de l'Illyrie, il étoit si ignorant qu'il ne savoit pas lire. Il avoit pris le parti des armes, & il étoit alors capitaine des gardes.

Justinien, fils de sa sœur, lui succede.

Il se déclara pour le concile de Chalcédoine, rendit la paix à l'église, & rappella ceux qui avoient été exilés pour la foi catholique. Vitalien, qui avoit pris contre Anastase la défense des catholiques persécutés, eut même beaucoup de part à sa confiance, & partagea l'autorité avec Justinien. Celui-ci qui étoit fils de la sœur de Justin, vit avec jalousie le crédit de Vitalien, & feignit d'être de ses amis pour le faire assassiner plus surement. Associé ensuite à l'empire, il fucceda à fon oncle, après avoir été fon collegue pendant quatre mois. Juftin a vécu foixante-dix-fept ans, & en a regné neuf.

Le regne de Juftinien parut floriffant. Léon avoit épuifé l'orient contre les Vandales & avoit échoué : Bélifaire, général de Juftinien, avec cinquante vaiffeaux & cinq mille foldats, conquit toute d'Afrique. C'étoit un capitaine, qui eût été grand dans les beaux temps de la république ; & les Vandales étoient alors tels que j'ai dépeint les barbares, établis depuis long-temps dans leurs conquêtes. Cette révolution n'a donc rien qui doive étonner.

Bélifaire fait la conquête de l'Afrique fur les Vandales.

Après cette conquête, Bélifaire tourna fes armes contre l'Italie, où depuis le grand Théodoric, il n'y avoit eu que des défordres. Il conquit d'abord la Sicile, fe rendit maître de la mer, & affama les Goths, qui, ayant négligé l'agriculture, avoient encore négligé la marine, fans prévoir que leurs ennemis pourroient intercepter le tranfport des bleds. Tout enfuite fe foumit à lui depuis Rhege jufqu'à Rome. Enfin il défit le roi Vitigès, le força dans Ravenne & l'emmena captif à Conftantinople où il avoit déja conduit Gélimer roi des Vandales. Il eût achevé la conquête de l'Italie, fi Juftinien ne l'eût pas rappellé fur de faux foup-

Rappellé fur de faux foupçons il n'acheve pas la conquête de l'Italie.

çons. Cet empereur lui accorda cependant les honneurs du triomphe, usage qui étoit aboli depuis long-temps. Ce fut pendant cette guerre que Théodobert I trahit tout à la fois les Grecs & les Goths : mais il ne défit qu'un des lieutenants de Bélisaire.

Les Goths recouvrent presque toute l'Italie.

Dans l'espace de quinze mois les Goths firent deux rois, & les assassinerent. Enfin ils donnerent la couronne à Totila, qui reconquit presque toute l'Italie. L'empereur y avoit cependant envoyé des généraux : mais lorsque les princes ne savent pas conserver leur confiance à un homme en place, ils lui donnent d'ordinaire des successeurs sans mérite.

Bélisaire est renvoyé en Italie, mais les Sclavons forcent à le rappeller.

Il fallut venir une seconde fois à Bélisaire : mais on lui donna si peu de troupes, qu'il ne lui fut pas possible d'arrêter entiérement les progrès des Goths. On fut même dans la nécessité de le rappeller, pour l'envoyer en Germanie contre les Sclavons ; peuple Sarmate, qui, après avoir fait plusieurs courses au de-là & en deça du Danube, s'établira dans le pays qu'on nomme aujourd'hui Esclavonie. Dans le même temps l'empire eut encore la guerre.

Narsès met fin à la domination des Goths.

Totila, profitant de l'absence de Bélisaire, acheva de soumettre l'Italie. Alors Justinien chercha parmi ses eunuques un conquérant, & fut assez heureux pour le trouver. Narsès, c'est ainſi que ſe nommoit ce capitaine, mit fin à la domination des Goths, environ ſoixante ans après que Théodoric l'avoit fondée.

Voilà le côté brillant du regne de Juſtinien. Ses ſuccès étoient dûs aux talents de deux grands généraux, & à la foibleſſe des Vandales & des Goths, mal gouvernés. L'empire étoit ſans force dans les provinces où Béliſaire & Narsès ne ſe trouvoient pas. Les Perſes ravagerent l'orient à quatre repriſes ; & les Sclavons, ayant paſſé le Danube, pénétrerent juſques dans la Grece : d'autres barbares firent auſſi des irruptions.

L'empire étoit ſans force par tout où Béliſaire & Narsès ne ſe trouvoient pas.

Il y avoit long-temps que dans les jeux du cirque, les cochers habillés, les uns de bleu & les autres de verd, partageoient le peuple en deux factions, qui portoient les noms de verte & de bleue. Ces factions en venoient aux mains, cauſoient ſouvent des émeutes, ſurtout, dans les grandes villes & à Conſtantinople. Ce déſordre étoit au comble. Juſtinien, ayant fait ſaiſir quelques mutins, ne fit qu'augmenter le ſoulevement. Les ſéditieux s'ameuterent, prirent pour nom de ralliement *vainquez*, rendirent la liberté aux priſonniers, & mirent le feu à la ville. L'empereur, n'oſant plus ſévir, n'oſant même ſe montrer, dépoſa du fond de ſon palais un préfet du prétoire & un queſteur, qui étoient odieux au peuple.

Les factions vertes & bleues cauſent des troubles.

mais les féditieux, enhardis par cette demarche pufillanime, fe déchaînerent en invectives contre un prince qui ne favoit pas fe faire craindre, & parloient déja de lui ôter l'empire. Juſtinien délibéra s'il ne fortiroit pas de Conſtantinople ; & je ne fais ce qu'il auroit fait, fi Bélifaire, Narsès & Mundus ne s'étoient pas trouves à propos pour diffiper les rebelles. On prétend qu'il périt en un jour plus de trente mille hommes. Comme l'empereur retira dans cette occafion de grands fervices de la faction bleue il crût devoir par reconnoiffance la fouftraire aux loix : dès lors ce fut affez d'en être, pour pouvoir commettre impunément toutes fortes de crimes. Vous pouvez donc juger ce que c'étoit que Conſtantinople, & le gouvernement de Juſtinien.

Juſtinien perſécuteur & hérétique. Ce prince, fi tolérant pour des factieux, exterminoit des nations entieres, parce qu'elles ne profeffoient pas la même religion que lui. La Paleſtine, par exemple, devint déferte par la deftruction des Samaritains. Cependant il toléroit dans fa femme, l'impératrice Théodora, qu'elle favorifât les Eutychéens, quoiqu'il fe fût lui-même déclaré pour le concile de Chalcédoine. Enfin il embraffa l'héréfie des Incorruptibles, qui penfoient que le corps de Jéfus-Chriſt avoit été impaffible, ce qui détruifoit le myſtère de la paffion. Il fit un édit pour ordonner de croire comme lui fur ce fujet, & il perfécuta : preuve que dans son zele indiscret, ce n'est pas à la vérité, mais à ses opinions, qu'il immoloit les peuples. Il mourut âgé de 84 ans, après un regne de 38. Des jurisconsultes ont fait, pendant ce regne, un code auquel on a donné de grands éloges, & qui, pour être meilleur que ceux qu'on avoit publiés jusqu'alors, n'en est pas moins vicieux par les fondements.

565

Le regne de Justin II, neveu & successeur de Justinien, n'est remarquable que par la révolution qui fit tomber une partie de l'Italie sous la domination des Lombards en 570. On ne sait pas trop qu'elle est l'origine de ces barbares : mais alors ils étoient établis en Pannonie, où Justinien leur avoit accordé des terres. Ils furent invités à cette conquête par Narsès, qui étoit offensé de ce que l'empereur lui avoit ôté le gouvernement de cette province, & de ce que l'impératrice Sophie avoit dit qu'elle le destinoit à filer avec ses femmes.

Sous Justin II les Lombards s'établissent en Italie.

570

Longin, qui commandoit alors en Italie, avoit changé toute la forme du gouvernement. Le sénat ne subsistoit plus : les consuls étoient tout-à-fait supprimés : les principales villes étoient gouvernées par des ducs ; & il y avoit à Ravenne un exarque, duquel relevoient les magistrats des autres villes. L'Italie, ainsi divisée, fut moins capable de résister, & Al-

Longin avoit alors changé la forme du gouvernement.

boin, roi des Lombards, conquit, non feulement, ce qu'on nomme aujourd'hui Lombardie mais encore l'Ombrie & la Tofcane.

Juftin mourut après un regne de treize ans.
Ce qu'il fit de plus agréable au peuple, fut de
rétablir le confulat, que Juftinien avoit aboli,
& que le peuple regrettoit à caufe des fpecta-
cles, dont il étoit privé par la fuppreffion de
cette magiftrature. Ce prince régla cependant que les feuls empereurs pourroient être
confuls.

Tibere, qui
avoit été col-
legue de Juf-
tin, s'affocie
Maurice.

Toute l'autorité fe trouva entre les mains
de Tibere, que Juftin avoit affocié à l'empire
quelques années avant fa mort. Cet empereur, voyant la foibleffe de fa fanté, fe hâta
de prendre pour collegue Maurice, qui avoit
acquis de la réputation dans la guerre contre les Perfes; & il mourut dans la quatrieme année de fon regne, étant fort regretté, parce qu'il travailloit au bonheur des
peuples.

L'empire a la
guerre avec
les Perfes &
avec les Aba-
res.

Maurice ne répondit point à l'idée qu'on
avoit conçue de lui. L'empire avoit alors la
guerre avec la Perfe & avec les Avares ou Aba-
res, dont on prétend que le vrai nom étoit
Ogors. Ce peuple, Tartare d'origine, parut
pour la premiere fois fur les frontieres de l'empire pendant le regne de Juftinien; il obtint
enfuite des terres en Pannonie, força les em-

pereurs à lui payer un tribut, & se rendit redoutable à Sigebert I, roi d'Austrasie.

La guerre avec les Perses duroit depuis près
de vingt ans, lorsque Cosroés II fut forcé, non-
seulement, à faire la paix, mais encore à demander des secours contre un sujet rebelle, qui
l'avoit détrôné. L'armée de l'empire le rétablit,
& ce fut le seul succès de Maurice dans le cours
d'un regne de vingt ans. Il périt avec toute sa
famille par la cruauté de Phocas, simple cen-
turion, à qui l'armée qu'on avoit opposée aux
Avares donna l'empire.

*Phocas usur-
pe l'empire.*

602

Les Lombards avoient été dix ans sans
chefs; & le pays qu'ils avoient conquis étoit
divisé en plusieurs petits états, dont les ducs
avoient fait autant de souverainetés indépendantes. Maurice négligea de profiter d'une conjoncture aussi favorable; ou du moins il parut
ne songer à l'Italie, que pour donner occasion
aux Lombards de se réunir. Ils choisirent pour
roi Autharis, qui soumit par sa conduite tous
les ducs à sa souveraineté, fit repasser trois fois
les Alpes à Childébert II, roi d'Austrasie, allié
de Maurice, & agrandit son royaume par de
nouvelles conquêtes.

*Autharis, roi
des Lombards
fait de nou-
velles conquê-
tes.*

Cosroés prit les armes sous prétexte de
venger la mort de Maurice. Il remporta plusieurs victoires, ravagea la Mésopotamie, la
Syrie, l'Arménie, la Cappadoce, la Galatie,

*Cosroés a de
grands avan-
tages sur Pho-
cas.*

la Paphlagonie, & vint jufqu'auprès de Chalcédoine.

Cependant Phocas répandoit le fang, & la
cruauté n'étoit qu'un des vices de ce monftre.
Le peuple attendoit avec impatience qu'un
nouveau maître vint le délivrer de ce tyran, lorfque la flotte du patrice Héraclius,
gouverneur d'Afrique, parut à la vue de
Conftantinople. Phocas fut auffitôt livré &
perdit la tête.

Maurice étoit vengé, mais Cofroés ne
quitta pas les armes. Il ne trouvoit point de réfiftance. Un de fes généraux prit Alexandrie,
foumit toute l'Egypte; & après avoir parcouru
tout l'orient, vint mettre le fiege devant
Chalcédoine.

L'empire a
encore d'au-
tres guerres.

Vers le même temps les Goths d'Efpagne
enlevoient ce que les Romains avoient confervé jufqu'alors dans la Lufitanie, dans l'An-
daloufie & fur le détroit de Gibraltar. Enfin
les Avares faifoient des courfes jufqu'aux portes de Conftantinople.

Grands avan-
tages d'Héra-
clius fur les
Perfes.

Héraclius, ne pouvant faire face de tous
côtés, abandonna l'Efpagne, acheta la paix
des Avares, & marcha contre les Perfes. Il
les défit dans plufieurs combats, ravagea leurs
provin..s, reconquit tout ce que l'empire avoit
perdu, & fit une paix glorieufe. Mais l'orient
& la Perfe étoient également ruinés.

Pendant qu'Héraclius remportoit de si grands succès, Constantinople n'échappa qu'avec peine aux Avares, qui, ayant repris les armes contre la foi des traités, profiterent de l'absence de l'empereur, & assiégerent cette capitale.

Peu d'années après, en 633, les Sarrasins, qui servoient depuis long-temps dans les armées de l'empire, se révolterent sur le refus qu'on fit de leur donner leur paye; & ce soulevement fut le commencement d'une révolution aussi grande que rapide.

Les succès & les pertes se balançoient de part & d'autre, lorsqu'Aboubecre, beau - pere & successeur de Mahomet, prit le parti des Sarrasins. Mahomet venoit de mourir en 632, après avoir fondé dans l'Arabie sa religion & son empire. Il avoit d'abord formé son projet par hasard; il le soutint par la hardiesse de ses impostures; il l'acheva, parce que les circonstances lui furent favorables. Comme il étoit sujet aux attaques d'un mal épileptique, Cadhige, sa femme, l'ayant surpris en cet état, s'imagina qu'il étoit en extase. Mahomet profita de cette crédulité, assura qu'il avoit des visions, & que dans ses extases Dieu l'entretenoit par le ministère de l'Ange Gabriel. Cadhige confia bientôt à d'autres femmes que son mari étoit prophete: le bruit s'en répandit: les prophéties se multiplierent, à mesure qu'on en parla davantage ; & la populace suivit l'homme inspiré, qui acheva de la convaincre par des largesses.

Il fait de ses profélites autant de soldats

Cependant les magistrats de la Mecque ayant résolu de le faire arrêter, il s'enfuit ; (*) & vint avec plusieurs de ses disciples à Yatreb, nommé depuis *Nedina Alnabi*, c'est-à-dire, ville du prophete. Là, le nombre de ses sectateurs étant considérablement augmenté, il imagina que ce n'étoit pas assez d'avoir des visions, & il fit de ses profélites autant de soldats. Il essaya leur courage contre une caravane : le butin, qu'il leur abandonna, les affermit dans leur foi : ce succès grossit son armée d'une partie des brigands, dont l'Arabie étoit pleine : & il se rendit maître de la Mecque.

Il devient souverain de l'Arabie. Maximes qu'il inculque à ses disciples.

Ayant ensuite fait une trevo avec les Arabes, qui s'opposoient encore à ses desseins, il tourna ses armes contre les Grecs. Khaled, son général, étonna par sa valeur, battit vingt mille hommes avec trois mille, & prouva de la sorte, aux yeux des Arabes, la vérité de la doctrine de Mahomet. Ce prophete fut alors souverain de toute l'Arabie. Sa religion n'est

---

(*) C'est au temps de cette fuite que les Mahometans fixent leur époque, qu'ils nomment *hégire*, c'est-à-dire, *fuite ou retraite*.

qu'un monstrueux assemblage de judaïsme & de christianisme défigurés. Mais il eut soin de persuader à ses disciples, que quiconque refuse de la recevoir est digne de mort; qu'on obtient le paradis en égorgant les incrédules; qu'on gagne la couronne du martyre, en mourant de leur main; & qu'enfin on éviteroit envain de combattre dans l'espérance de prolonger ses jours, parce que la durée de notre vie & le moment de notre mort sont arrétés de toute éternité.

Le brigandage, auquel les Arabes avoient été adonnés de tout temps devint alors pour eux un prétexte de religion. Or, vous pouvez juger quels seront les effets, d'un fanatisme, qui va concourir avec les mœurs de ces barbares; si vous considerez que l'empire & la Perse sont épuisés, que l'Egypte & l'Afrique ont toujours été faciles à conquérir, & que les Goths d'Espagne étoient déja régardés du temps de Clovis comme les plus lâches des hommes.

Combien il étoit facile aux Sarrafins de faire des conquêtes.

Aboubecre entra dans la Palestine que Justinien avoit dépeuplée, & s'empara de Bostra & de Damas. Ce khalif (c'est ainsi que se nommoient les successeurs de Mahomet, d'un mot qui signifie héritier ou successeur, parce qu'en effet ils succédoient au sacerdoce & à

Conquêtes d'Aboubecre, & d'Omar.

l'empire) ce khalif, dis-je, mourut en 634, après un regne de deux ans. Omar qu'il avoit fait reconnoître, continua d'avancer dans la Syrie, qui étant divisée par les sectes des Ariens, des Nestoriens & des Manichéens, fit peu de résistance : Jerusalem, Antioche & d'autres villes ouvrirent leurs portes au vainqueur, qui bientôt après joignit la conquête de l'Egypte à celle de la Syrie.

Cependant Héraclius s'occupe du Monothélisme, & pour protéger cette hérésie il abandonne des provinces aux Mahométans.

Cependant Héraclius, dont les armées avoient été taillées en piéces, & qui avoit inutilement tenté de faire assassiner Omar, s'occupoit à Constantinople des disputes des Monothélites. C'étoient de nouveaux hérétiques, qui n'admettoient dans Jesus-Christ qu'une seule volonté, & qu'une seule opération. L'empereur donna un édit, connu sous le nom d'Ecthese, dans lequel il se déclara pour cette hérésie, & ordonna à tout l'empire d'être Monothélite. A la vérité il se rétracta, lorsqu'il vit cette erreur condamnée par les papes : mais les patriarches de Constantinople ayant continué de la soutenir, il en nâquit bien des troubles dans l'église.

*641
Court regne de ses deux fils. Constant. son petit fils. se rend odieux.*

Héraclius, après un regne de trente ans, mourut dans la soixante-sixieme année de son âge, laissant l'empire à deux de ses fils, Constantin surnommé Héraclius, & Héracléonas. Le regne de ces princes ne fut pas long : car le premier mourut dans le cours du quatrieme mois, & le second fut déposé après neuf. Une sédition fit passer l'empire à Constant, fils de Constantin - Héraclius. Ce prince protégea les Monothélites, se rendit odieux par sa tyrannie, abandonna Constantinople, vint à Rome, d'où il enleva tous les bronzes; passa en Sicile, où il vouloit fixer son séjour, & fut assassiné à Syracuse. Il laissa trois fils. Constantin Pogonat, associé à l'empire depuis plusieurs années, regna seul.

668

Omar étoit mort comme il venoit d'achever la conquête de l'Egypte, peu d'années après Héraclius; ce fut lui qui ordonna de brûler la bibliotheque d'Alexandrie; décidant que tous ces livres étoient inutiles, s'ils ne renfermoient que la doctrine de Mahomet; & qu'il ne les falloit pas conserver, s'ils en renfermoient une contraire.

Omar fait brûler la bibliotheque d'Alexandrie.

Pendant le regne de Constant, les Sarrasins soumirent l'Afrique depuis l'Egypte jusqu'aux détroit de Gibraltar, se rendirent maîtres des îles de Chipre & de Rhodes, & mirent fin à la monarchie des Perses, qui avoit duré 416 ans. Alors leurs progrès furent quelque temps suspendus par des guerres civiles.

Les Sarrasins mettent fin à la domination des Perses.

Cependant dès le commencement du regne de Constantin, il firent une descente en Sicile, pillerent Syracuse, & vinrent assiéger Constan-

Constantinople, qu'ils assiegent, doit

son salut au feu grégeois.

tinople par terre & par mer. Cette capitale dut son salut au feu grégeois, trouvé par le célebre Callinique, né à Héliopolis en Syrie. On fit une treve de trente ans, & les Sarrasins s'obligerent à payer un tribut de trois mille livres d'or chaque année. Ce traité glorieux intimida les autres barbares, ils demanderent la paix, & ils furent quelque temps sans oser remuer, jugeant de la puissance de l'empire par un succès passager.

Sous Constantin Pogonat le Monothélisme est condamné.
680

Constantin Pogonat ne pensant pas comme son pere, profita de cet intervalle de tranquillité pour pacifier l'église. Le Monothélisme fut condamné dans un concile, qu'il fit tenir à Constantinople en 680, & qui est le sixieme des œcumeniques.

Des séditieux demandent qu'il y ait trois empereurs parce qu'il y a trois personnes dans la trinité.

685

Tout étoit encore tranquille, lorsque des séditieux s'assemblerent tumultuairement aux environs de Chalcédoine, & demanderent qu'il y eût trois empereurs, parce qu'il y a trois personnes dans la trinité. L'empereur se rendit maître des chefs par ruse; les fit pendre, & fit couper le nez à ses deux freres, qu'il soupçonna d'avoir part à cette révolte. Il mourut quelques années après.

Léonce fait couper le nez à Justinien II; & Tibere Absimare le fait

Justinien II, son fils & son successeur, perdit l'Arménie & ce que l'empire possédoit encore en Afrique, pour avoir rompu sous des prétextes frivoles le traité fait avec les Sarrasins.
Devenu

Devenu ensuite odieux par ses cruautés & par les vexations de ses ministres, il fut détrôné par Léonce, qui lui fit couper le nez, & le relégua dans la Chersonese : mais Léonce eut aussi le nez coupé, & Tibere Absimare, qui s'étoit emparé du trône, l'enferma dans un monastère.

couper à Léonce.

Cependant Justinien recouvra l'empire, parut dans l'Hippodrome, foulant aux pieds Léonce & Tibere, se vengea cruellement de tous ses ennemis, perdit une seconde fois l'empire, & eut la tête tranchée.

Justinien II les foule aux pieds l'un & l'autre ; & a la tête tranchée.

Bardane, surnommé Philippique, qui avoit été le chef de la révolte, regna en dissipant les revenus de l'empire, pendant que les Bulgares & les Sarrasins le devastoient. On lui creva les yeux.

On creve les yeux à Bardane Philippique.

Son successeur Artémius, qui prit le nom d'Anastase, se fit moine ; ayant été forcé de céder le trône à Théodose, receveur des impôts publics, qui avoit été forcé par des soldats à y monter lui-même, & qui se fit moine encore, ou du moins prêtre, pour le céder à son tour à Léon, dit l'Isaurien. Vous pouvez juger des désordres, que causoient ces révolutions, & de ceux qu'elles préparoient.

Artémius se fait moine. Théodose se fait prêtre. Léon l'Isaurien commence à regner.

Nous sommes en 717. Il ne s'étoit écoulé que trente-deux ans depuis la mort de Constantin Pogonat, & quatre-vingt cinq depuis

717 Etendue des conquêtes des

Tom. XI.   H

Sarrasins.

celle de Mahomet. Cependant les Sarrasins, quoique souvent divisés par des guerres civiles, avoient déja poussé leurs conquêtes d'un côté jusqu'au Gange, & de l'autre jusqu'aux Pyrénées.

Constantinople est encore sauvée par le feu grégeois.

Profitant des troubl.. de l'empire, ils s'étoient avancés jusqu'à Constantinople, & ils en firent le siege la premiere année même du regne de Léon. Mais le feu grégeois ruina leur flotte, qui étoit de dix-huit-cents vaisseaux; & ils furent obligés de se retirer. Ce siege dura un an. Peu après, Basile surnommé Tibere, que le gouverneur de Sicile avoit fait proclamer empereur, & Artémius Anastase, qui avoit tenté de remonter sur le trône, eurent l'un & l'autre la tête tranchée.

Léon veut détruire le culte des images, ce qui cause de grands troubles.

Léon, n'ayant plus d'ennemis, entreprit de détruire le culte des images, qu'il regardoit comme un reste d'idolatrie, & il causa de nouveaux soulévements. Cosmas, proclamé empereur par les peuples de la Grece & des Cyclades, arma une flotte, & s'avança jusqu'à la vue de Constantinople; & Tibere prit la pourpre en Toscane: mais l'un & l'autre furent vaincus & décapités. Les troubles cependant ne cesserent pas; parce que Léon s'irritoit par les contradictions, & que le zele des peuples pour le culte des images croissoit à proportion qu'on étoit plus scandalisé & plus persécuté. Le soulévement qui fut, fur-tout, grand en Italie, devint favorable à Luitprand, roi des Lombards, qui fut en profiter.

Le pape Grégoire II ne négligea rien pour engager Léon à changer de fentiment & de conduite. Mais ce prince lui répondit qu'il étoit empereur & pontife, continua de févir, & tenta de le faire affaffiner. Gregoire néanmoins fit tout fes efforts pour empêcher l'Italie de fe fouftraire à l'empereur & de tomber fous la puiffance des Lombards. Car alors les papes ne penfoient pas que la fouveraineté fût incompatible avec l'héréfie, & qu'un prince perdît fes droits auffitôt qu'il embraffoit l'erreur. Mais fes efforts ayant été rendus inutiles par l'obftination de Léon, il confentit enfin que les Romains priffent le parti auquel il s'étoit jufqu'alors fortement oppofé. Ils déclarerent, dit-on, qu'ils ne dépendroient plus de l'empereur, qu'ils ne lui payeroient plus aucun tribut, & qu'ils fe gouverneroient eux-mêmes. Rome en ce cas feroit redevenue une république indépendante: cependant la suite de l'hiftoire démontre que l'empereur continua d'en avoir la fouveraineté. Nous ne favons pas exactement quel fut le parti que prirent les Romains. Nous voyons bien que dès-lors ils fongeoient à fe fouftraire aux empereurs: mais nous voyons auffi qu'ils les ménageoient encore, parce qu'ils craignoient les Lombards.

H 2

Grégoire II tente inutilement d'empêcher les Romains de fe fouftraire à l'empereur.

Grégoire III implore la protection de Charles Martel contre Léon, & contre les Lombards.

Léon se proposoit de passer en Italie pour punir les Romains, & pour se venger du pape. Ce fut alors que Grégoire III, successeur de Grégoire II, implora la protection de la France contre les persécutions de l'empereur & contre l'ambition des Lombards. Mais Charles-Martel, Léon & Grégoire moururent tous trois la même année.

CHAPITRE IX.

Pepin surnommé le Bref, premier Roi de la seconde race.

CARLOMAN, avec le seul titre de duc, gouverna souverainement l'Austrasie : il ne craignit pas que son autorité lui fût contestée, parce que les Austrasiens avoient oublié depuis long-temps les droits que les fils de Clovis pouvoient avoir sur eux. Pepin étoit dans une position toute différente. Les cinq années, pendant lesquelles le trône avoit été vacant, n'avoient pas fait perdre aux Neustriens le souvenir de leurs rois. Le despotisme de Charles-Martel avoit rendu la mairie odieuse : l'esprit du peuple étoit disposé à se tourner du côté des Mérovingiens, parce qu'ils étoient malheureux : & les grands du royaume auroient voulu pour maîtres des princes foibles, sous qui l'on pouvoit tout oser. Ils voyoient à regret qu'au lieu de détruire la puissance royale, ils avoient eu l'imprudence de la conférer toute entiere aux maires.

Pepin ne trouve pas dans les Neustriens des dispositions aussi favorables que Carloman dans les Austrasiens.

H 3

Le clergé
damnoit
Charles Mar-
tel.

Le clergé, qui avant Charles-Martel, pof-
fédoit la plus grande partie des biens de l'état,
avoit des raifons particulieres pour haïr le
nouveau gouvernement. Charles n'ayant pas
craint de le dépouiller pour enrichir fes foldats, on publioit qu'il étoit damné. On difoit
même que fa damnation avoit été révélée à
plufieurs faints de ce temps-là; & on ajoutoit
qu'il étoit puni pour avoir pris les biens du clergé: mais on ne lui faifoit pas un auffi grand
crime des ufurpations faites fur les Mérovingiens.

Pepin s'ap-
plique à ga-
gner les diffé-
rens ordres.

Pepin contenta le peuple, en lui donnant
dans Childéric III un fantome de roi. Il ca-
reffa la nobleffe : il donna des efpérances au
clergé : en un mot, il parut s'éloigner tout-à-fait
du defpotifme de Charles-Martel. Mais il n'eut
garde d'aliéner les foldats, en les forçant de
rendre ce qui avoit été pris aux églifes : il crut
que c'étoit affez pour fon falut de défapprouver
en cela la conduite de fon pere.

Guerre à l'oc-
cafion de
Grippon, que
Pepin & Car-
loman ont dé-
pouillé.

Carloman & Pepin fe réunirent contre
Grippon leur frere, & lui enleverent des états
que Charles-Martel lui avoit laiffés, & qui
étoient un démembrement de l'Auftrafie & de
la Neuftrie. Les ducs de Baviere, d'Allemagne, de Saxe & d'Aquitaine fe liguerent en
faveur de ce prince, charmés de trouver un
prétexte, pour fe fouftraire au joug de la Fran-

te: mais Carloman & Pepin, sortirent vainqueurs de cette guerre; quoique Sergius, prêtre envoyé du pape auprès du duc de Baviere, leur eût ordonné de la part du souverain pontife, & au nom même de St. Pierre, de mettre bas les armes. Cette entreprise de Sergius, la premiere de cette espece, mérite d'être remarquée, parce qu'elle ne sera pas la derniere: il en naîtra des abus, qu'on auroit de la peine à comprendre, si l'on ne savoit pas comment ils ont commencé. Vous vous rappellez l'insolence de Léonce, évêque Arien, avec l'impératrice Eusébie; la menace que faisoit S. Ambroise à Théodose le Grand, s'il ne pardonnoit pas à des incendiaires qu'il devoit punir; les espions qu'il avoit dans le conseil de ce prince; les soulévements que causoient les moines pour empêcher l'exécution des sentences portées contre les criminels; le moine qui excommunie Théodose le jeune; Nestorius qui lui dit, *j'exterminerai les Perses avec vous*; Eupheme qui s'oppose à l'élection d'Anastase; & le sénat, qui ne croit pas pouvoir faire un empereur sans le consentement de l'évêque de Constantinople. Vous voyez que le sacerdoce forme peu à peu des prétentions: toujours moins contredit, il en formera toujours de nouvelles; & il se fondera des droits sur l'ignorance des peuples, & sur l'aveuglement des souverains.

Le pape ordonne de mettre bas les armes; entreprise qui aura des suites.

Au milieu des succès, Carloman prit le parti de renoncer au monde, & de s'enfermer dans un cloître, après avoir regné cinq à six ans. Il bâtit d'abord un monastère près de Rome sur le mont Soracte, aujourd'hui S. Oreste; & quelque temps après, il le retira dans celui du mont Cassin, de l'ordre de S. Benoît. Quant à Grippon, il eut un apanage : mais n'en étant pas content, il fit des tentatives, qui lui coûterent enfin la vie.

Je ne m'arrêterai point sur les guerres qu'eut Pepin contre les Bretons, les Sarrasins, le duc d'Aquitaine & les Saxons; il suffit de dire qu'il fut toujours vainqueur, & que ces guerres étoient nécessaires pour porter l'attention des François hors du royaume. Je vous prie même de vous souvenir que, dans la suite, je ne remarquerai les événemens, qu'autant qu'ils doivent avoir quelque influence sur l'avenir; ou qu'autant qu'ils seront nécessaires pour vous faire saisir le fil de l'histoire.

Après la retraite de Carloman, Pepin avoit joint l'Austrasie à ses états. il ne lui manquoit que le titre de roi : il l'ambitionnoit. La maniere dont il l'acquit va nous faire voir quel étoit l'esprit de ce siecle, & nous préparer à l'esprit des siecles suivants.

On demanda qui de Childéric ou de Pepin avoit des droits au trône? & on proposa cette

Marginalia:
- Carloman se fait moine.
- Guerres.
- Pepin veut être roi.
- Décision du

queftion au pape Zacharie, comme un problê-
me à réfoudre. On favoit bien quelle feroit la
réponfe: car Zacharie, fuccetfeur de Grégoire
III, étoit dans la même pofition que fes prédéceffeurs. Dans le befoin qu'il avoit de la
France, il attendoit tout de Pepin, & rien de
Childéric. Il décida donc que le maire pouvoit prendre le titre de roi, puifqu'il en faifoit
les fonctions. Si cette décifion eût paffé en
principe, elle eût dans la fuite fait perdre la
couronne à bien des fouverains. Pepin étoit un
ufurpateur; & Zacharie, au lieu de confulter
la juftice, n'a confulté que fes intérêts. Le pere Daniel voudroit excufer le pape & S. Boniface, évêque de Mayence, furnommé l'apôtre
d'Allemagne, & qu'on prétend avoir été chargé de cette négociation.

Toutes les grandes affaires, dit-il, ont
toujours deux faces; & de tout temps on
a vu, même dans les fchifmes de l'églife,
des faints prendre différents partis, felon les
diverfes manieres dont ils envifageoient les
chofes.

Cette réflexion, qui tend à faire d'un abus
une maxime, eft vague, fauffe, & capable d'autorifer les plus grands défordres. Les affaires
n'ont qu'une face pour quiconque veut éviter
l'erreur & l'injuftice. Si de faints perfonnages
fe font trompés, il faut les excufer, parce qu'ils

font hommes. Mais ce n'eſt pas un titre pour
nous tromper nous-mêmes , & pour nous autoriſer à ne conſidérer les choſes que par les
côtés qui nous intéreſſent. Cependant ce jéſui-
te continue ainſi.

Le danger où Rome étoit de ſuccomber
ſous la puiſſance des Lombards ; le déchaînement de l'empereur de Conſtantinople contre
la religion catholique ; les Sarraſins maîtres de
l'Eſpagne , & ſur la frontiere de France , où
Charles-Martel les avoit arrêtés ; les égliſes de
Germanie expoſées de toutes parts aux incur-
ſions des nations voiſines , qui étoient encore
idolâtres ; la puiſſance & la réputation de Pepin , qui ſeul pouvoit éloigner ou prévenir
tant de maux , dont l'égliſe étoit ménacée;
les ſuites fâcheuſes de ſon mécontentement ;
les grands biens que produiroit encore dans la
ſuite la bonne intelligence entre lui & le ſaint
Siege ; le peu qu'on ôtoit à un roi , indigne
de l'être , & à une famille qui, depuis près de
cent ans , n'en poſſédoit plus que le nom , tout
cela repréſenté au ſaint prélat (Boniface) d'une
maniere auſſi forte & auſſi perſuaſive, que celle dont Pepin ſavoit ſe ſervir quand il le vouloit , l'ébranla & le mit dans ſon parti. Il
crut y voir par toutes ces raiſons le bien de
l'égliſe, celui de l'état & la plus grande gloire de Dieu.

La plus grande gloire de Dieu, dans une injustice; il se trompa. Il ne pouvoit pas craindre pour la religion: car il savoit bien que ni les empereurs, ni les Sarrasins, ni les idolâtres ne pouvoient la détruire. Il est vrai que les biens temporels des papes étoient en danger: c'est aussi ce qui les touchoit; & nous verrons bientôt comment ils confondront ce vil intérêt avec l'intérêt sacré de la religion. Il me semble que le pere Daniel eût mieux fait, de ne pas chercher à justifier Boniface.

Childéric fut conduit dans le monastère de Sithieu, aujourd'hui S. Bertin à S. Omer; & Thiéri son fils dans celui de Fontenelle, à présent S. Vandrille en Normandie. C'est ainsi que la race de Clovis perdit tout-à-fait la couronne, après plus de deux cents cinquante ans.

Les derniers Mérovingiens sont renfermés dans des cloîtres.

Jusqu'alors l'inauguration de rois de France n'avoit été qu'une cérémonie purement civile. Le prince élevé sur un bouclier recevoit l'hommage de son armée, & étoit ainsi revêtu de toute l'autorité de ses peres. Cette cérémonie prouvoit que le peuple donnoit lui-même la couronne: mais Pepin, qui vouloit paroître la tenir immédiatement de Dieu, n'omit rien pour faire regarder son élection comme un ordre du ciel. Il voulut être sacré par Boniface, & recevoir de sa main l'onction royale, com-

Pepin, au lieu d'être élevé sur un bouclier, veut être sacré comme David.

me David l'avoit reçue de Samuel, lorsqu'il fut choisi de Dieu à la place de Saül. Cette comparaison lui plaisoit, & on s'en servit alors, pour lui faire sa cour : ce sont les expressions même du pere Daniel.

Cette cérémonie trompe le peuple.

Une comparaison est une démonstration pour le peuple, qui ne raisonne pas. Ce fut donc assez de lui représenter Samuel dans Boniface & David dans Pepin. Il ne distingua pas les choses, que la flatterie confondoit : & il reçut comme un principe incontestable, que les rois sont comme David, immédiatement établis par l'ordre exprès de Dieu.

Pendant que Constantin Copronyme favorise les Iconoclastes, Astolphe s'empare de l'exarchat de Ravenne.

Cependant Constantin Copronyme, fils & successeur de Léon l'Isaurien, continuoit de favoriser les Iconoclastes, c'est ainsi qu'on nommoit ceux qui brisoient les images ; & ce prince persécutoit les catholiques avec plus de violence encore que son pere. Astolphe, alors roi de Lombardie, profita des troubles, pour s'emparer de l'exarchat de Ravenne, & entreprit de faire valoir les droits que cette conquête lui donnoit sur Rome : car cette ville dépendoit de cet exarchat.

Etienne II,

Etienne II, (*) successeur de Zacharie, avoit

(*) Quelques uns le nomment Etienne III ; mais l'Etienne, qui l'avoit précédé peut n'être pas compté ; parce qu'il ne vécut pas assez long-temps pour être sacré.

en vain demandé du secours à l'empereur. Constantin se contentoit de négocier avec un roi qui marchoit à la tête d'une armée ; & Rome étoit en danger de tomber sous la puissance des Lombards : le pape, voyant que Pepin seul pouvoit le défendre, vint en France implorer sa protection.

vient implorer la protection de Pepin.

Pepin lui rendit les plus grands honneurs : car il lui devoit des respects comme au chef de l'église, & il lui en devoit encore par politique. Ce prince, qui ne négligeoit rien pour autoriser son usurpation, quoique déja sacré, vouloit l'être encore par les mains du vicaire de Jesus-Christ; & dans cette vue, il lui importoit d'inspirer au peuple la plus grande vénération pour le souverain pontife.

On lui rend en France de grands honneurs.

Etienne se prêta volontiers aux desseins de l'usurpateur. Le sacre se fit dans l'église de S. Denis. La reine Bertrade, & les deux fils de Pepin, Charles & Carloman, reçurent aussi l'onction royale. Le pape, au nom de S. Pierre, conjura les François de maintenir la couronne dans la famille de Pepin, & les menaça de toutes les censures de l'église, s'ils se départoient jamais de la fidélité qu'ils devoient à des princes que Dieu, par une providence toute particuliere, avoit choisis pour la défense de l'église & du saint siege apostolique.

Etienne II sacre Pepin, sa femme & ses deux fils.

Quoiqu'on ne puisse pas justifier cette intrigue, l'ignorance du siecle peut l'excuser en par-

Cette intrigue qu'on ne peut

tie : car je suis persuadé qu'on ne sentoit pas combien on abusoit de la religion. On ne prévoyoit pas non plus de quelle conséquence cet exemple pouvoit être un jour ; & qu'il viendroit un temps où les papes prétendroient avoir le droit de disposer des couronnes au nom de S. Pierre. Etienne conféra encore à Pepin & à ses deux fils le titre de patrice de Rome : je ne vois pas de quel droit ; car cette ville étoit encore sous la puissance de l'empereur, & le pape étoit un sujet de l'empire.

Le roi de France passe en Italie. Astolphe, forcé d'entrer en négociation, promet par serment d'évacuer l'exarchat, & d'abandonner toutes ses prétentions sur Rome. Néanmoins à peine ses ennemis se sont retirés, que bien loin de remplir ses engagements, il met le siege devant cette capitale. Il falloit que Pepin fut bien pressé, puisqu'il n'avoit point pris de mesures, pour assurer l'exécution du traité ; mais nous savons très-mal l'histoire de ce temps.

Etienne écrivit au roi pour l'instruire de ce qui se passoit, & pour l'inviter à venir au secours de Rome. Je rapporterai le précis de ses lettres, d'après l'abbé Fleuri, & j'y joindrai les réflexions de ce sage écrivain.

Je vous conjure par le Seigneur notre Dieu, sa glorieuse Mere, toutes les vertus célestes, &

S. Pierre qui vous a sacrés rois (car la lettre est aussi adressée aux princes ses enfants) *de faire tout rendre à la sainte église de Dieu, suivant la donation que vous avez faite à S. Pierre votre protecteur; & de ne vous plus fier aux paroles trompeuses de ce roi & de ses grands. Car nous avons remis entre vos mains les intérêts de la sainte église; & vous rendrez compte à Dieu & à S. Pierre, au jour du terrible jugement, comment vous les aurez défendus. C'est à vous que cette bonne œuvre a été réservée depuis tant de temps: aucun de vos peres n'a été honoré d'un telle grace. C'est vous que Dieu a choisis pour cet effet, par sa préscience, de toute éternité. Car ceux qu'il a prédestinés, il les a appellés; & ceux qu'il a appellés, il les a justifiés.* C'est ainsi que le pape Etienne applique les paroles de S. Paul à des affaires temporelles.

Dans une autre lettre il ajoute de nouveaux tours d'éloquence, en disant *c'est pour cela que le roi des rois vous a soumis tant de peuples, afin que vous releviez la sainte église. Car il pouvoit la défendre d'une autre maniere, s'il lui eût plu: il a voulu éprouver votre cœur. C'est pourquoi il nous a commandé d'aller vers vous, & de faire un si grand voyage au travers de tant de fatigues & de périls. Et ensuite: sachez que le prince des apôtres garde votre promesse; & si vous ne l'accomplissez, il la représentera au jour*

Seconde lettre.

du jugement. *Là , feront inutiles les excufes les plus ingénieufes.*

Lettre de S.
Pierre dans la
quelle la vierge , les anges
les martyrs &
tous les faints
parlent.

Enfin le pape ufant en cette extrémité d'un artifice fans exemple , écrivit au roi & aux François une lettre au nom de S. Pierre , le faifant parler lui-même , comme s'il eût encore été fur la terre. Le titre imité des épitres canoniques , commence ainfi : *Pierre apellé à l'apoftolat par Jefus-Chrift , fils du Dieu vivant.* Il fait parler avec lui la vierge , les anges , les martyrs & tous les autres faints , afin que les François viennent promptement au fecours de leur régénération , & de leur mere fpirituelle. *Je vous conjure,* dit-il, *par le Dieu vivant, de ne pas permettre que ma ville de Rome & mon peuple foient plus long-temps déchirés par les Lombards , afin que vos corps & vos ames ne foient pas déchirés dans le feu éternel : ni que les brebis du troupeau , que Dieu m'a confié , foient difperfées ; de peur qu'il ne vous rejette , & ne vous difperfe , comme le peuple d'Ifrael.* Et enfuite : *Si vous m'obéiffez promptement , vous en recevrez une grande récompenfe en cette vie ; vous furmonterez tous vos ennemis , vous vivrez long-temps , mangeant les biens de la terre , & vous aurez , fans doute , la vie éternelle. Autrement fachez que par l'autorité de la fainte trinité , & la grace de mon apoftolat , vous ferez privés du royaume de Dieu & de la vie éternelle.* Cette lettre eft importante pour connoître le génie
de

de ce siecle là, & jusques où les hommes les plus graves savoient pousser la fiction, quand ils la croyoient utile. Au reste, elle est pleine d'équivoques, comme les précédentes. L'église y signifie, non l'assemblée des fideles, mais les biens temporels, consacrés à Dieu : le troupeau de Jésus-Christ sont les corps, & non pas les ames. Les promesses temporelles de l'ancienne loi, sont mêlées avec les spirituelles de l'évangile; & les motifs les plus saints de la religion, employés pour une affaire d'état.

Voilà les reflexions judicieuses de l'abbé Fleuri ; & voici le jugement que le pere Daniel porte de la lettre de S. Pierre. Rien n'étoit plus pressant, dit-il, plus pathétique & plus glorieux à la nation. En effet, il étoit bien glorieux pour les François d'être traités comme les plus simples, les plus ignorants & les plus crédules des hommes.

Jugement que le pere Daniel porte de cette derniere lettre.

Quoiqu'il en soit, Pepin repassa les Alpes, & força le roi des Lombards à tenir le traité qui avoit été fait. Mais on demande s'il donna l'exarchat en souveraineté au saint siege. On le dit communément sur la seule autorité d'Anastasius, qui écrivoit plus de cent ans après. Cependant il est plus vraisemblable qu'il ne donna que le domaine utile, & qu'il réserva la souveraineté pour lui. Mais cette question nous meneroit trop loin.

Pepin donne l'exarchat de Ravenne au saint siege.

Ses précau-
tions pour af-
furer la cou-
ronne dans fa
maifon.

Les enfants de Pepin pouvoient être un jour
humiliés. Un grand, élevé fur leur ruine,
pouvoit être facré, comme un nouveau David,
par un nouveau Samuël: car les biens temporels des papes pouvoient encore être confondus
avec les biens fpirituels de l'églife, & avoir
plus befoin des fecours d'un ufurpateur, que
de ceux d'un prince légitime. Auffi Pepin ne fe
fervit-il de Zacharie, de Boniface & d'Etienne
que pour couvrir fon ufurpation d'un titre ref-
pectable; d'ailleurs, il ne négligea rien pour
faire aimer fon gouvernement. Il convoqua fouvent les affemblées des évêques & des feigneurs,
les confultant fur les chofes qui intéreffoient le
corps de la nation, corrigeant les abus qu'on
chériffoit, & écartant jufqu'aux apparences du
defpotifme. Il l'affecta fi peu, que voyant ap-
procher fa fin, il affembla les grands, & demanda leur confentement pour partager fes
états entre fes fils, Charles & Carloman. Il reconnut par là que c'étoit au moins aux grands
du royaume à difpofer de la couronne; & il fit
voir qu'il ne comptoit pas beaucoup fur les
droits que lui avoient donnés les papes Zacharie & Étienne. Ce qui fe paffa dans cette affemblée parut arrêter, que le trône feroit hérédi-
tare dans la famille de Pepin, mais électif par
rapport aux princes de cette maifon. C'eft ainfi
que les ménagements d'un fouverain, qui ne
fe fent pas affez affermi, décident fouvent d:

la nature du gouvernement. Vous vous rappellez Auguste. Pepin mourut âgé de cinquante-trois ans, après en avoir regné vingt-sept, en comptant depuis la mort de Charles-Martel.

CHAPITRE X.

Charlemagne.

Ce n'eſt pas comme conquérant qu'il faut admirer Charlemagne

CARLOMAN, jaloux de ſon frere, eût cauſé une guerre civile : mais il mourut quatre ans après Pepin ; & Charles fut reconnu ſeul roi des François. Dans le cours d'un regne de quarante cinq ans, ce prince recula ſes frontieres bien au de-là du Danube & de la Theiſſe, ſoumit la Dace, la Dalmatie & l'Iſtrie, rendit tributaires les nations barbares juſqu'à la Viſtule, conquit une partie de l'Italie, & ſe rendit redoutable aux Sarraſins.

La guerre la plus longue, & la plus opiniâtre fut celle qu'il fit aux Saxons. Elle dura trente ans. Ces peuples avoient pour général le fameux Vitikind, d'où les principales maiſons de l'empire prétendent tirer leur origine. Ils étoient idolâtres, comme tous les peuples du Nord, & formoient une multitude de petites républiques, dont les forces ſe réuniſſoient au beſoin.

Charlemagne, car le nom de grand devoit être inséparable de celui de Charles, mérite d'être compté parmi les plus grands hommes: mais ce n'est pas dans ses conquêtes que vous devez l'admirer davantage. S'il les a dues à ses talents, il les a dues encore plus à l'ignorance & à la foiblesse des peuples conquis. Il a même besoin de quelque indulgence; car faisant servir la religion à son ambition, il a cru pouvoir étendre la foi par la voie des armes; & il a quelquefois traité ses ennemis avec une barbarie dont un prince cruel useroit à peine envers des sujets rebelles. Mais écartons de ce grand homme les défauts des temps où il vivoit; & considérons-le dans les choses où il est supérieur à son siecle.

Il est arrivé que les desordres ont fait sentir le besoin des loix, & vous avez vu les peuples de la Grece en demander à l'envi aux citoyens les plus sages. Ce spectacle ne pouvoit pas se produire dans un empire tel que la France: il étoit trop vaste; les grands avoient trop d'intérêt à maintenir les troubles; les foibles, abrutis par l'oppression, ne savoient pas former des desirs; en un mot, les François étoient trop barbares & trop vicieux. Il falloit donc qu'il nâquît sur le trône un roi législateur? Devoit on s'y attendre?

Etat de la France lors de l'avénement de Charlemagne.

Le peuple étoit également opprimé par le clergé & par la noblesse, deux corps qui ne tendoient 'qu'à leur ruine mutuelle. Il n'y avoit ni loi ni coutume fixées. Chacun se conduisoit d'après les conjonctures, ne consultant que sa force ou sa foiblesse.

Il convoque les assemblées deux fois l'année.

Pepin avoit commencé la réforme, en se faisant une regle de convoquer tous les ans, au mois de mai, les évêques, les abbés & les chefs de la noblesse, pour conférer sur la situation & les besoins de l'état ; Charlemagne voulut que ces assemblées fussent convoquées deux fois l'an, au printems & à la fin de l'automne; & la premiere loi qu'on publia, fut de s'y rendre avec exactitude.

Objet de celle qui se tenoit en automne.

L'assemblée, qui se tenoit à la fin de l'automne, étoit composée des hommes les plus expérimentés dans les affaires. Elle discutoit les intérêts du royaume relativement aux puissances voisines, recherchoit les causes des abus, proposoit des remedes, & préparoit les matieres sur lesquelles l'assemblée suivante devoit délibérer.

Objet de celle qui se tenoit au mois de mai.

Celle ci qu'on nommoit le champ de mai, faisoit seule les loix. Elle n'étoit pas seulement composée des grands. Charlemagne y fit entrer le peuple: persuadé que la puissance du prince ne se mesure pas par le nombre des esclaves, il vouloit que ses sujets fussent tous citoyens.

Comment elles se te-

Cependant comme il n'étoit pas possible de rassembler toute la nation, que d'ailleurs une assemblée trop nombreuse peut difficilement se passer sans trouble ; il fut réglé que chaque comté députeroit douze représentants du peuple. noient.

Comme l'assemblée étoit composée de trois corps, le clergé, la noblesse & le peuple, elle étoit aussi divisée en trois chambres. Ces chambres discutoient chacune séparément les affaires qui la concernoient ; & elles se réunissoient, lorsqu'elles vouloient se communiquer leurs réglements, ou délibérer sur des affaires communes. Le prince ne paroissoit qu'autant qu'elles l'appelloient ; c'étoit toujours ou pour servir de médiateur, lorsque les contestations étoient trop vives, ou pour donner son consentement aux arrêtés de l'assemblée. Quelquefois il proposoit ce qu'il jugeoit avantageux : mais il ne commandoit pas, & la nation faisoit les loix. Il est beau de voir un souverain, qui a toute la puissance, se prescrire des bornes à lui-même, & respecter la liberté publique, au point de ne pas se trouver aux délibérations de ses sujets.

Il est vrai que, par le ministère des hommes les plus éclairés & les mieux intentionnés, il étoit l'ame de ces assemblées. Mais les François auroient-ils pu se conduire d'eux-mêmes ? Il les guidoit, en leur faisant connoître le prix de l'union, & en apprenant à chacun

Comment Charlemagne étoit l'ame des assemblées.

I 4

en particulier que son avantage se trouvoit dans le bien de tous.

Nécessité de donner des lumieres aux François.

Ce n'étoit pas assez que le champ de mai fît des loix, il falloit les faire respecter. Or, comment la multitude les respectera-t-elle, si elle ne connoit pas le besoin qu'elle en a? Et comment connoîtra-t-elle ce besoin, si elle est trop peu éclairée, pour juger de ses vrais intérêts? Il étoit donc nécessaire de répandre des lumieres. C'est à quoi ne suffisoient pas les assemblées générales, parce qu'on n'y pouvoit pas examiner en détail tout ce qui concernoit chaque province.

Changements à cet effet dans l'administration.

Charlemagne partagea tout le pays de sa domination en différents districts ou légations, dont chacun contenoit plusieurs comtés; & renonçant à l'usage ancien, il n'en confia pas l'administration à un duc. Il sentit qu'un magistrat unique, à la tête de chaque province, négligeroit ses devoirs, ou abuseroit de son autorité. Des officiers au nombre de trois ou quatre, choisis dans l'ordre des prélats & de la noblesse, & qu'on nomma *envoyés royaux*, furent chargés du gouvernement de chaque légation, & obligés de la visiter exactement de trois en trois mois.

Assemblées provinciales dans la même vue.

Outre les assises, qui ne regardoient que l'administration de la justice entre les citoyens, ces especes de censeurs tenoient tous les ans dans leurs provinces des états particuliers, où les évêques, les abbés, les comtes, les seigneurs, les avoués des églises, les vicaires des comtes, les centeniers, & les rachimbourgs étoient obligés de se trouver en personne, ou par leurs représentants, si quelque cause légitime les retenoit ailleurs. On traitoit dans ces assemblées de toutes les affaires de la province : tous les objets y étoient vus dans leur juste proportion : on examinoit la conduite des magistrats, & les besoins des particuliers. Quelque loi avoit-elle été violée ou négligée ? On punissoit les coupables. Les abus en naissant étoient réprimés, ou dù moins ils n'avoient jamais le temps d'acquérir assez de force, pour lutter avec avantage contre les loix. Les envoyés faisant leur rapport au prince & à l'assemblée générale de tout ce qu'ils avoient vu, l'attention publique, quelque vaste que fût l'empire François, se fixoit en quelque sorte sur chacune de ses parties. Rien n'étoit oublié, rien n'étoit négligé. La nation entiere avoit les yeux continuellement ouverts sur chaque homme public. Les magistrats, qu'on observoit, apprirent à se respecter eux-memes : les mœurs, sans lesquelles la liberté dégénére toujours en une licence dangereuse, se corrigèrent; & l'amour du bien public, uni à la liberté, la rendit de jour en jour plus agissante & plus salutaire.

Ces assemblées particulieres rapprochoient les citoyens : elles faisoient connoître l'ordre : Combien elles étoient u

elles le faisoient aimer, & dissipoient peu à peu cet esprit d'anarchie, qui avoit été la source de tant de maux.　　Elles avoient encore un autre avantage.　Quoique Charlemagne, peu jaloux d'être le maître de ses sujets, n'ambitionnât que l'honneur de rendre la justice à tous, il n'étoit pas possible que ceux qui avoient été lésés, pussent toujours avoir recours à lui : mais par les assemblées provinciales, auxquelles ses envoyés présidoient, il étoit présent par tout ; la justice se rendoit promptement & facilement, & les citoyens apprenoient à se juger eux - mêmes.

　　C'est sous ce grand roi que les François connurent la liberté, eux qui jusqu'alors n'avoient connu que la licence. Ils eurent une patrie, ils devinrent citoyens, & parurent presque dignes d'être gouvernés par un Charlemagne. Rien ne prouve mieux l'étendue & la sagesse des vues de ce prince, que les changements qui se firent dans les mœurs : car la noblesse & le clergé cesserent de se haïr, le peuple cessa d'être foulé, & tous les ordres concoururent au bien général. Vous verrez dans l'ouvrage qui m'a été communiqué, & d'où j'ai tiré ces détails, comment les assemblées produisoient cette révolution surprenante.

　　Mais ce bonheur n'étoit que passager.　Le regne de Charlemagne, quoique long, ne le fut pas assez pour apprendre aux François à se

gouverner. Ses succeſſeurs auront trop peu de
génie pour ſentir, comme lui, qu'un prince
n'eſt puiſſant, qu'autant qu'il ſait modérer ſon
autorité. En voulant commander en maîtres,
ils ruineront l'édifice que Charlemagne avoit
fondé ; & vous verrez ce qu'ils deviendront
eux-mêmes.

neront cet
édifice.

Quand on ſe repréſente l'étendue qu'avoit
alors l'empire François, & la confuſion dans
laquelle Charlemagne trouva tous les ordres
de l'état, on eſt étonné qu'il ait oſé former le
projet d'une réforme générale, & d'apprendre
à un peuple qui n'avoit jamais connu de loix,
non-ſeulement, à obéir à des loix, mais à s'en
donner lui-même. On eſt encore plus étonné
qu'il ait exécuté ce projet dans le cours d'un
regne, qui n'eſt qu'une ſuite de guerres, & où
on le voit toujours à la tête de ſes armées.

Combien
l'entrepriſe
de ce prince
étoit au deſ-
ſus de ſon
ſiecle.

Après cette expoſition ſuperficielle, qui
n'eſt propre qu'à vous donner la curioſité
d'étudier le gouvernement de Charlemagne,
je vais paſſer aux révolutions, qui ſe ſont faites
en Italie.

Aſtolphe étoit mort en 756 : mais l'exarchat
& Rome, ayant dans Didier ſon ſucceſſeur, un
ennemi tout auſſi redoutable, le Pape Adrien I,
invita Charlemagne à la conquête de l'Italie.
Ce prince paſſa les Alpes en 773, vainquit,
ſoumit toute la Lombardie, à la réſerve de Pavie où Didier ſe renferma ; & après avoir mis

Il ſoumet
toute la Lom-
bardie.

756

773

le fiege devant cette place , il fe rendit à Rome pour la fête de pâque.

Il fit fon entrée au milieu des acclamations du peuple, fut falué roi de France & des Lombards, & reçut les hommages qu'on devoit au patrice de Rome. En reconnoiffance, il confirma la donation faite au fouverain pontife par Pepin. Il revint enfuite au fiege de Pavie, mit Didier dans la néceffité de fe livrer à fa difcrétion, le fit conduire en France avec fa femme & fes enfants, & les enferma dans l'abbaye de Corbie, où ils finirent leurs jours. Ce fut la fin de la domination des Lombards. Elle a duré 206 ans, à compter de 568 qu'ils entrerent en Italie fous la conduite d'Alboin.

Cependant Adalgife, un des fils de Didier, s'étoit retiré à la cour de Conftantinople. Il avoit dans fon parti les ducs de Frioul, de Spolete & de Bénévent ; Conftantin Copronyme lui promettoit des fecours; & il fe flattoit d'autant plus de réuffir, que Charlemagne, qui s'étoit éloigné, paroiffoit devoir être arrêté par la guerre qu'il faifoit alors aux Saxons. Mais Adrien découvrit la confpiration, & en inftruifit le roi de France, qui, après quelques ravages, fe hâta de faire la paix avec les Saxons, & reparut en Italie plutôt qu'on ne l'attendoit. Il en coûta la tête au duc de Frioul: les deux autres obtinrent leur grace.

Sur ces entrefaites mourut Conftantin Copronyme. Léon Chazare, fon fils, parut d'abord promettre un regne plus heureux que celui de Conftantin, qui par fon avarice avoit ruiné l'empire, & qui l'avoit troublé par fes perfécutions. Il gagna fi fort l'affection des peuples, qu'ils voulurent que fon fils fût affocié à l'empire, quoiqu'il n'eût encore que cinq ans. Mais bientôt il ceffa de diffimuler, perfécuta les catholiques, & mourut odieux.

775
Regne de
Léon Chazare

Conftantin fon fils n'ayant que neuf ans, Irene, mere de ce prince, gouverna, non, comme régente, mais comme impératrice. Elle diffipa des confpirations, qui fe formerent contre elle: cependant, lorfqu'elle fe voyoit tranquille au dedans, elle étoit alarmée de la puiffance de Charlemagne. Elle entreprit donc de la contenir par une négociation, en faifant propofer au roi le mariage de l'empereur avec la princeffe Rotrude, fille aînée de France. Mais ce mariage ne fe fit point, parce qu'Irene jaloufe de commander, craignit que Conftantinne trouvât dans un beau-pere tel que Charlemagne, un protecteur trop puiffant.

780
Irene demande pour
fon fils Rotrude,
fille aînée de France.

Le roi de France accepta la propofition. Il étoit alors en Italie, où il étoit revenu pour foumettre le duc de Bénévent, qui avoit encore remué. Il avoit amené avec lui fes fils Pe-

Charlemagne
fait facrer Pepin roi de
Lombardie,

& Louis roi d'Aquitaine.

pin & Louis ; & dans ce voyage, il déclara le premier roi de Lombardie, le second roi d'Aquitaine, & les fit sacrer par le pape.

Il est blâmable de ne s'être pas borné à policer les François.

786

Cependant le duc de Bénévent ayant repris les armes, Charlemagne revint en Italie pour la quatrieme fois. Ce prince traversoit continuellement ses états : car il portoit à peine la guerre d'un côté, qu'on se soulevoit de l'autre. On pouvoit déja prévoir que ce vaste empire ne subsisteroit pas après lui. L'ambition aveugle les plus grands princes. Falloit-il répandre des flots de sang pour avoir la gloire d'assujettir des barbares, qui ne se soumettoient pas, & qu'il falloit toujours conquérir de nouveau ? Quel avantage revenoit-il au roi de France de compter les Saxons parmi ses sujets ? Le projet de policer les François étoit un objet plus grand & plus digne de lui : il eût dû s'y borner.

Il est couronné empereur.

Charlemagne fit encore en 800 un cinquieme & dernier voyage en Italie, pour défendre le pape Léon III, contre des ennemis qui le calomnioient. Léon lui en témoigna bientôt sa reconnoissance ; car le roi étant le jour de noël dans la basilique de S. Pierre, le pape lui mit une couronne sur la tête, & le peuple s'écria : *vive Charles-Auguste, couronné de la main de Dieu, vie & victoire au grand & pacifique empereur des Romains.* De ce jour Charlemagne se crut empereur, lui qui jusqu'alors n'avoit osé

prendre que le titre de patrice de Rome. Ceci
demande quelques réflexions.

Les Romains ne voulant pas tomber sous
la puissance des Lombards, & ne recevant
point de secours de Constantinople, avoient
certainement le droit de se donner à Charlemagne. Ainsi c'est à des titres légitimes que ce
roi acquit la souveraineté sur Rome, & c'est
aussi tout ce que les Romains pouvoient donner.

Les Romains pouvoient donner la souveraineté sur Rome.

Charlemagne pouvoit se faire appeller Auguste ou empereur par ses sujets : mais pour
jouïr véritablement de ces titres, il falloit encore qu'ils lui fussent accordés par les puissances étrangeres, & que, sur-tout, Constantinople ne les lui refusât pas. Ni le pape, ni ceux
qui étoient dans l'église de S. Pierre, ne pouvoient les lui donner ; car enfin, quels
qu'aient été les cris du peuple, ce n'est
pas Dieu, c'est le pape qui mettoit la
couronne impériale sur la tête du roi de
France.

Ils ne pouvoient pas donner l'empire.

D'ailleurs qu'acquéroit Charlemagne ? Une
nouvelle dénomination, & rien de plus. Il est
vrai qu'une dénomination est quelque chose
aux yeux du vulgaire, qui ne juge que par les
noms. Le peuple voyoit confusément dans le
titre d'Auguste, quelque chose de plus que dans
celui de roi ; & comme la grandeur des princes
est souvent moins dans la réalité que dans l'o-

Charlemagne n'acquiert qu'une dénomination : mais elle paroît lui transférer des droits.

pinion, Charlemagne devenoit lui-même quelque chose de plus. De ces idées confuses, il
naissoit même des droits : car pour peu qu'on
raisonnât conséquemment, on voyoit bien que
dès que le roi de France étoit Auguste, il devoit au moins posséder tout ce qui avoit appartenu aux empereurs d'occident. Voilà vraisemblablement pourquoi Charlemagne ambition-
na ce titre. Il savoit bien qu'on ne demanderoit pas, si le pape pouvoit ou ne pouvoit pas
le donner ; & il savoit aussi que dès qu'il l'auroit reçu, il paroîtroit autorisé à faire valoir les
prétentions que ce titre portoit avec lui. Aussi
jugea t-il dès lors que toute l'Italie lui appartenoit ; & il crut devoir songer aux moyens d'en
achever la conquête.

On ne raisonnoit pas mieux à Constantinople qu'à Rome ! Mais on avoit intérêt de
raisonner différemment, & le nouvel empereur d'occident ne fut pas reconnu. Irene alors
regnoit seule. Cette femme ambitieuse, dena-
turée & dévote aux images jusqu'à la superfti-
tion, avoit ôté la vie à l'empereur son fils
unique. Trop foible pour résister à Charlemagne, elle négocia. Elle lui fit proposer de
l'épouser : mais pendant qu'elle faisoit traîner
cette négociation, dans la crainte de se donner un maître ; elle fut déposée & reléguée, dans
l'île de Lesbos, où elle mourut l'année suivante.

Irene qui
feint de le
vouloir épou-
ser est détrô-
née.

Les

Les ambaſſadeurs de Charlemagne étoient alors à Conſtantinople. Nicéphore, qui avoit détrôné Irene, eſſaya de ſe juſtifier auprès d'eux; & lorſqu'ils partirent, il envoya des ambaſſadeurs pour faire alliance avec leur maître. On régla les limites des deux empires. Charlemagne mourut à Aix-la-Chapelle dans la ſoixante-douzieme année de ſon âge.

Charlemagne regle les limites des deux empires avec Nicéphore.

814

LIVRE SECOND.

CHAPITRE PREMIER.

Confidérations fur le clergé.

Défordre dans toute la Chrétienté. Tous les peuples connus étoient dans un défordre qu'on a peine à fe repréfenter. On ne refpectoit aucune puiffance, on ne connoiffoit aucunes loix, tout étoit ufurpation, & on obéiffoit feulement à la force.

Vous avez vu comment l'empire Grec étoit gouverné, quelle a été la rapidité des conquêtes des Sarrafins, & les défordres que l'anarchie a produits en France fous les fucceffeurs de Clovis. La même confufion avoit regné en Efpagne, en Afrique, en Italie, fous la domination des Vifigots, des Hérules, des Oftrogots, des Grecs & des Lombards. Quant aux nations

de Germanie , elles ne nous sont connues que
par les guerres qu'elles ont eues avec la France
ou avec l'empire : mais nous pouvons bien
ignorer sans regret ce qu'une histoire plus dé-
taillée auroit pu nous apprendre. Nous savons
même en général ce qui leur est arrivé : il suffit
d'imaginer des troupes de barbares , qui se
poussent, qui s'égorgent & qui ne s'établissent
jamais solidement.

C'est dans ces temps de troubles que parut Charlemagne : mais lorsque ce grand homme ne fut plus , les loix cessèrent de regner ,
& les désordres furent plus grands que jamais.

Pendant que les chrétiens devenoient tous
les jours plus ignorants & plus barbares , les
Sarrasins s'éclairoient & se poliçoient, les Abbassides ayant enlevé le Khalifat aux Ommiades en 749, avoient établi le siege de leur empire à Bagdad au de-là de l'Euphrate. Le khalife Haroun-Raschild , contemporain de Charlemagne , & respecté dans toute l'étendue de
sa domination , avoit fait fleurir les arts & les
sciences , pendant que ses généraux conqué-
roient de nouvelles provinces. Ses successeurs
continuerent de protéger les lettres : mais je
parlerai des progrès des Arabes en ce genre ,
lorsque je traiterai du renouvellement des
sciences en Europe , & j'en aurai occasion ,

Les Sarrasins cherchent à s'éclairer.

K 2

puisqu'ils feront nos maîtres : nous a-
vons encore plufieurs fiecles d'ignorance à
étudier.

Nécessité de
connoître le
clergé vers le
temps de
Charlemagne

Comme le clergé aura déformais une grande
influence dans la plupart des révolutions, il
faut connoître quel étoit ce corps vers le temps
de Charlemagne. Sans cela, nous verrions arriver bien des événements, dont nous ne pour-
rions pas rendre raifon.

Au milieu des
vices qui font
ceux du
temps, &
dont le cler-
gé ne fe ga-
rantit pas, la
foi fe confer-
ve.

Il y auroit de l'injuftice à reprocher au clergé le relâchement de la difcipline, la corruption des mœurs, l'ignorance, les prétentions
& les ufurpations: ce feroit rejeter fur lui feul
des vices qui étoient ceux du temps, & qui appartenoient à tous les ordres. Il eût fallu des
miracles pour le garantir de la contagion générale ; car à mefure qu'il fe compofoit de barbares, il étoit naturel qu'il en prît les mœurs ; &
que jugeant que pour être chrétien, c'eft affez
de croire aux dogmes, il fit un mêlange
monftrueux de la foi & des vices. Jéfus-
Chrift qui a promis que les portes de l'enfer ne prévaudront pas contre fon églife, n'a
pas promis de ne la conduire jamais que par
des chefs éclairés & vertueux. Elle a été per-
fécutée, elle a été triomphante ; il falloit encore qu'elle fût humiliée, afin qu'elle fortît
victorieufe de toutes ces épreuves, qui l'auroient détruite, fi elle étoit l'ouvrage des

hommes. Elle subsiste au milieu des barbares, qui ont renversé l'empire d'occident : elle regne sur eux. Dans le même temps qu'elle fait des pertes en orient, elle fait des conquêtes dans le nord. Elle a toujours des saints, souvent même des martyrs ; & par une suite non interrompue de pasteurs, la foi se conserve au milieu des ténebres, & la tradition la transmet jusqu'à nous.

De tous temps on avoit reconnu que les évêques sont soumis aux princes dans le temporel, comme les princes sont soumis aux évêques pour le spirituel. C'étoit même encore la doctrine du huitieme siecle ; on la retrouve dans une lettre du pape Grégoire III à Léon l'Isaurien : cependant tout tendoit à confondre enfin les deux puissances, ce qui devoit produire un jour de grands maux.

Doctrine des huit premiers siecles sur les deux puissances.

En orient les évêques, que l'esprit de parti rendoit habiles dans les intrigues, influoient quelquefois, au moins indirectement, dans le choix des empereurs. On peut présumer que dans ces circonstances aucune secte n'oublioit ses intérêts ; & que chacune remuoit sourdement, à moins qu'elle ne fût dans l'impossibilité d'agir. Les évêques parurent avoir une influence plus directe, depuis que les empereurs eurent introduit l'usage de se faire couronner par le patriarche de Constanti-

Comment cette doctrine s'altere en orient.

nople. En effet, on voit dès-lors se répandre, comme une maxime, qu'un hérétique ne peut pas être élevé à l'empire.

On pouvoit conclure de-là, qu'un prince, qui persiste dans son hérésie, ne doit plus être reconnu pour empereur ; & que l'excommunication seule le prive de tous ses droits. Il est même vraisemblable que le peuple tiroit quelquefois cette conséquence, puisque la religion a servi de prétexte aux révoltes. Mais les évêques d'orient n'ont point enseigné cette doctrine, soit qu'ils aient vu le principe, sans appercevoir les conséquences ; soit qu'ils aient été retenus par la crainte.

En orient les empereurs avoient usurpé sur le sacerdoce : en occident les évêques devoient usurper sur l'empire.

Il y avoit long-temps que les deux puissances se confondoient en orient, parce que les empereurs usurpoient sur le sacerdoce : Constantin lui-même en avoit donné l'exemple. Elles, se confondront en occident, parce que les évêques usurperont sur l'empire. La raison de cette différence c'est, que chez les Grecs, les évêques n'ont jamais été que sujets, & que chez les Latins, au contraire, ils seront souverains.

Raison de la puissance du clergé dans les commencements de la monarchie Françoise.

En France le clergé étoit le premier corps. Les évêques & les abbés se trouvoient aux assemblées générales de la nation, & aux assemblées particulieres des provinces ; ils entroient dans le conseil du prince ; il y en avoit toujours un grand nombre à la suite de Charlemagne ; on ne nommoit jamais des envoyés royaux , sans mettre à la tête un ou deux prélats. Enfin ils avoient des seigneuries, & ils y jouissoient d'une jurisdiction fort étendue ; car les comtes, les juges subalternes & tout le peuple, avoient ordre d'obéir aux évêques.

Comme ministres de l'église , ils décidoient de tout ce qui concerne la religion : comme premiers citoyens , ils avoient la plus grande part à la souveraineté : comme seigneurs, ils commandoient dans leurs terres ; & ils étoient d'autant plus puissants, que leur caractère étoit plus respecté , & qu'ils passoient pour avoir des lumieres.

Les circonstances ayant réuni les deux puissances dans le clergé , les évêques & les abbés ne s'apperçurent pas combien ils s'étoient écartés de l'esprit de leur état : ils jouirent sans scrupule de l'autorité que l'opinion leur donnoit dans le temporel, comme ils jouissoient de l'autorité que leur caractère leur donnoit dans le spirituel, & ils ne songerent plus qu'à les faire valoir l'une par l'autre. L'usage les autorisoit , l'ignorance étoit leur excuse.

Le clergé parce qu'il est ignorant , jouit sans scrupule des deux puissances.

Le clergé , déja riche , avoit des moyens pour s'enrichir encore. Faut-il s'étonner, s'il

Il jouit de même des ri

n'a pas su se modérer dans des siecles, où le
pouvoir de se saisir d'une chose étoit un
droit pour se l'approprier? Pouvoit-il refuser
ce que la piété des fideles sacrifioit pour le
salut de leur ame? Laisser son église plus riche
qu'on ne l'avoit reçue, n'étoit-ce pas avoir
travaillé pour la plus grande gloire de Dieu?
Voilà les motifs qui séduisoient les plus simples, & les autorisoient à faire ce qu'ils voyoient faire aux autres. Aussi l'abbé Fleuri
remarque qu'il y avoit des évêques qui,
quoique saints, étoient trop occupés d'augmenter leur temporel.

Sans doute que le clergé acquéroit souvent
par des voies honnêtes : mais il est certain
qu'il acquéroit encore par toutes sortes de
moyens. On voit que, du temps de Charlemagne il persuadoit aux personnes simples
de renoncer au monde, & de priver leurs
héritiers de leurs biens pour les donner à des
églises.

Aux pénitences canoniques, dont l'usage
n'étoit plus si fréquent, on substitua des pseau-
mes, des génuflexions, des coups de discipline, des pélerinages, des aumônes ; toutes actions qu'on peut faire sans se convertir.
Mais les aumônes étoient, sur-tout, la pénitence des riches : ils effaçoient leurs péchés,
en augmentant les richesses d'une église, ou

en fondant un monaſtère. Lorſque Charlemagne donna l'exarchat de Ravenne au pape,
il crut travailler pour ſon ſalut. Il n'eſt pas
étonnant que cette façon de penſer ſe ſoit établie : car elle étoit conforme aux intérêts du
clergé, & au préjugé d'une nation, qui pendant long-temps n'ayant puni les plus grands
crimes que par une amende pécuniaire, devoit croire que Dieu pardonne les plus grands
péchés, lorſqu'on lui paye volontairement
une amende. Cette doctrine étoit même ancienne en orient, au moins parmi les évêques
Ariens, puiſque Léence faiſoit dire à l'impératrice Eudoxie, qu'en le comblant de biens,
& lui bâtiſſant une égliſe, elle ne travaille-
roit que pour le ſalut de ſon ame.

Une choſe plus ſingulière encore, c'eſt que
les autres pénitences devinrent un fond de
commerce pour les moines, qui ſe chargeoient de les faire moyennant une certaine
ſomme. Ainſi un riche péchoit, & un moine ſe donnoit la diſcipline.

Chez les Juifs, les Lévites avoient la dixieme partie des récoltes ; & cela étoit juſte,
puiſque la loi ne leur avoit point donné de
terres. Leur droit étoit donc fondé ſur ce
qu'ils n'avoient rien : mais le clergé de France demanda la dixme, quoiqu'il fût riche par
lui-même. Il ſe fondoit ſur ce qu'il étoit le

corps des prêtres de la nouvelle loi, comme les Lévites avoient été le corps des prêtres de l'ancienne. Il auroit rendu la comparaison plus exacte, s'il avoit commencé par abandonner ses possessions, mais il vouloit acquérir sans rien perdre. Il prêcha donc la dixme; il la prêcha au nom de S. Pierre; les moines firent même parler Jésus-Christ. Ils forgerent une lettre que le Sauveur écrivoit aux fideles, & par laquelle il menaçoit les payens, les forciers & ceux qui ne payent pas la dixme, de frapper leurs champs de stérilité, de les accabler d'infirmités, & d'envoyer dans leurs maisons des serpents aîlés, qui dévoreroient le sein de leurs femmes.

Comment il défend ce qu'il a acquis. Je vous laisse à juger des désordres que devoient produire la grossiéreté de ceux qui trompoient, & la simplicité de ceux qui étoient trompés. Cependant ces désordres croissoient encore, parce que le clergé défendoit ce qu'il avoit usurpé avec autant de passion que ce qu'il avoit acquis justement. Tantôt il représentoit comme patrimoine des pauvres, les richesses qu'il consumoit lui-même; & il persuadoit, parce qu'en effet les donations avoient d'ordinaire été faites aux églises à titre de charité, & pour le soulagement des pauvres. D'autres fois il parloit, non-seulement, comme s'il n'eût rien usurpé, mais encore comme s'il n'eût jamais rien reçu ni des citoyens ni de la nation. Ses biens, sa puissance temporelle étoient de droit divin ; y toucher, c'étoit un sacrilege, & l'on étoit excommunié. En conséquence, il prétendra jouir de toute sa puissance & de toutes ses richesses, sans toutefois contribuer aux charges de l'état : car peut-on mettre des impositions sur des choses consacrées à Dieu, & qui lui appartiennent ?

Cette doctrine dangereuse portoit uniquement sur la confusion des deux puissances. Comme le même homme étoit tout à la fois prêtre & seigneur, on paroissoit attaquer les droits du sacerdoce, lorsqu'on attaquoit ceux de la seigneurie. Les évêques & les abbés se prévaloient de cette erreur, ou même ils y tomboient de bonne foi. On auroit dit qu'ils affectoient de se montrer comme ministres de la religion, dans les choses où ils ne l'étoient pas.

Combien la confusion des deux puissances lui est favorable.

L'anarchie avoit tout confondu : les François conservoient encore des restes de cette avidité sans regles, avec laquelle ils s'étoient répandus dans les Gaules : c'est de-là que naissoient mille abus, sur lesquels l'ignorance ne permettoit pas d'ouvrir les yeux. En effet, le clergé de France ne savoit pas que, pendant trois siecles, les églises n'avoient subsisté que par la charité des fideles ; que c'étoit, par cette même charité, qu'elles s'étoient enrichies dans les trois siecles suivants ; que

Il croit avoir de droit Divin les terres qu'il possede & il le persuade.

les privileges dont le facerdoce avoit joui, étoient des bienfaits des empereurs chrétiens; que la plûpart de ces privileges étoient des exemptions, qui avoient été accordées aux prêtres, afin que n'étant pas diftraits par les foins des chofes temporelles, ils puffent vaquer uniquement aux devoirs de leur état; qu'après la ruine de l'empire d'occident, ils n'étoient devenus le premier corps de la nation, & n'avoient eu la plus grande influence dans le gouvernement, que parce que les barbares crurent devoir confidérer le clergé chrétien, comme ils avoient confidéré le clergé payen; qu'enfin ils devoient toute leur puiffance à l'anarchie, qui avoit confondu tous les droits, & à la fuperftition, qui avoit mis tout à leurs pieds. Le clergé ignoroit tout cela: voilà pourquoi un évêque & un abbé fe regardoient dans leurs terres comme des feigneurs de droit divin.

Mais la nobleffe fe fait de la force un droit contre lui.

Le peuple, encore plus ignorant, croyoit à ce droit divin, & le clergé en jouiffoit fans conteftation. Mais fi perfonne ne le lui difputoit, on fe faifoit de la force un autre droit contre lui. De là, naîtront des défordres fans nombre; le clergé & la nobleffe ufurperont tour-à-tour l'un fur l'autre. Ils feront des fiecles fans pouvoir fe faire des titres légitimes, & fans favoir juger fainement de leurs prétentions réciproques.

A l'exemple du clergé, Pe-

Pepin profita de cette ignorance. Il crut, ou feignit de croire que le pape & les évêques pouvoient lui donner un droit à la couronne; & il entreprit de perſuader que Dieu, par un ordre exprès & immédiat, l'établiſſoit ſur le trône, lui & ſa poſtérité. Charlemagne ſe fit des titres plus ſolides, lorſqu'il ne ſe montra que comme le premier magiſtrat de la nation: car ce que l'ignorance fait ſeule, elle le défait ſans ſcrupule; parce que ſe faiſant toujours des idées fauſſes de tout, elle ne reſpecte jamais rien. Nous en verrons bientôt la preuve.

pin veut acquérir un droit divin au trône qu'il uſurpe.

Je vois que depuis que le Chriſtianiſme étoit devenu la religion dominante, on a dit ſouvent que Dieu établit lui-même les empereurs & les rois; & cela eſt vrai, comme il eſt vrai qu'il m'a établi votre précepteur. Mais de prétendre qu'il les choiſit immédiatement lui-même, & de juger en conſéquence que les miniſtres de la religion ſont en cela les ſeuls interpretes de ſa volonté; c'eſt un principe abſurde, extravagant, & qui ne tend pas à moins qu'à la ruine des empires. On l'a répété cependant: & on la répété, ſur-tout, à tous les ſouverains qu'on invitoit au deſpotiſme: on leur perſuadoit qu'ils ſeroient plus abſolus, lorſqu'ils n'auroient à rendre compte qu'à Dieu; & on ne leur laiſſoit pas voir le compte qu'ils auroient à rendre aux miniſtres qui le font parler. Ces ſouverains auroient dû conſidérer que ces maximes ont été les ſeul titres d'un uſurpateur, & qu'elles pouvoient redevenir des titres contre eux.

Doctrine fauſſe & pernicieuſe qui s'établit alors en France.

En effet, c'est pour un usurpateur que cette doctrine a commencé en France; elle ne remonte pas plus haut que le huitieme siecle; & quoiqu'elle s'établisse rapidement, on remarque néanmoins que, pour y préparer les esprits, on l'introduit avec quelques précautions. D'abord Zacharie répond moins comme l'interprete des volontés du ciel, que comme un homme qui a été consulté. Il paroît même quelque embarras dans sa réponse: car au lieu de décider en juge, il se contente de dire que le maire peut prendre le titre de roi, puisqu'il en fait les fonctions. Maxime qui autoriseroit l'usurpation de tout ministre puissant. Boniface sacre ensuite Pepin & le compare à David: flatterie qui plaît au nouveau roi, & qui en impose au peuple. Enfin tous les esprits se trouvant bien disposés, Etienne déclare ouvertement au nom de S.Pierre, que Dieu, par une providence toute particuliere, a choisi Pepin & ses fils pour gouverner les François, & menace des censures de l'église, si l'on se départ jamais de la fidélité qui leur est due. Cette doctrine étoit si bien établie en 800 que le peuple crut voir Dieu donner l'empire à Charlemagne, lorsque le pape mettoit une couronne sur la tête de ce prince.

En Espagne, la même ignorance avoit produit de semblables abus dès le commencement du septieme siecle. Suintila monta sur le trône en 621: on l'appelloit le pere des pauvres, on

Un siecle auparavant cette doctrine avoir commencé en Espagne

eſtimoit ſon courage, & c'eſt lui qui acheva la conquête des pays que les Grecs avoient conſérvés juſqu'alors en Eſpagne. Cependant une conſpiration lui enleva la couronne, pour la mettre ſur la tête d'un de ſes fils, nommé Siſenand; & le quatrieme concile de Tolede, tenu en 633, le déclara déchu de ſa dignité & de ſes biens, lui, ſa femme, ſes autres enfants & ſon frere. où le clergé diſpoſoit ſouvent de la couronne.

En 635, les grands & les évêques donnerent Chintila pour ſucceſſeur à Siſenand: mais il fallut plus d'un ſynode pour examiner cette élection & pour la confirmer.

Wamba, couronné malgré lui en 672, ſoutint la réputation qu'il s'étoit faite, & qui avoit engagé les grands à lui faire violence. Mais après un regne de huit ans, ayant été empoiſonné par Ervige, & ſe voyant au moment de mourir, il ſe fit couper les cheveux, & prit l'habit monaſtique, ſelon une dévotion de ce temps-là qui ſubſiſte encore en Eſpagne. Il réchappa cependant; mais il ne recouvra pas la couronne, parce qu'une pareille cérémonie l'en avoit rendu incapable au jugement des évêques. Il fut donc dépoſé, & Ervige fut reconnu pour ſouverain dans le douzieme concile de Tolede en 681. Les évêques étoient ſeigneurs en Eſpagne comme en France; & ils y diſpoſerent de bonne heure de la couronne, parce qu'elle devint élective: ils faiſoient & défaiſoient les Rois, & cependant ils ne ceſſoient dans leurs conciles de recommander l'obéiſſance aux oints du ſeigneur. Mais voyons comment s'eſt formée la puiſſance des papes.

Si l'on vous diſoit que Conſtantin a donné aux papes en ſouveraineté la ville de Rome & toutes les provinces de l'empire d'occident, vous répondriez que Conſtantin n'a pas pu faire cette donation, & que d'ailleurs elle eſt démentie par toute l'hiſtoire. Vous vous rappelleriez que juſques bien avant dans le cinquieme ſiecle, l'occident a eu ſes empereurs; & que depuis, Rome a été ſucceſſivement ſous la domination des Hérules, des Oſtrogots, des empereurs Grecs & des rois de France. Il faut donc qu'on ait bien compté ſur l'ignorance des peuples, puiſqu'on a fabriqué l'acte de cette donation, & qu'on entrepris de le faire valoir. Tout en décele la ſuppoſition : mais je ne m'arrête pas ſur les marques de fauſſeté que les critiques y découvrent.

Il n'eſt pas douteux que l'égliſe de Rome n'ait été l'objet des libéralités de Conſtantin & de beaucoup de fideles, & qu'elle ne ſe ſoit enrichie en peu de temps. Il eſt également certain que ſous un prince nouvellement converti, le chef de l'égliſe triomphante devoit jouir d'un grand crédit. C'eſt ce qui faiſoit dire en 466 au conſul Prétextat : qu'on me faſſe évêque de Rome, & je me ferai chrétien !

Cepen-

Cependant tous les empereurs n'ont pas
été également favorables au saint siege : les
uns donnoient, les autres enlevoient, & le patrimoine de S. Pierre a souvent été saisi. La
personne même des papes n'étoit pas toujours
respectée : on en voit quelques-uns qui ont été
exilés, & d'autres qui ont été mis en prison.
Voilà comment ils ont été traités, non-seulement, par les rois barbares, mais encore par
les empereurs Grecs.

Les princes, qui les ont le plus comblés
de faveurs, ont été jaloux de conserver sur eux
toute leur autorité. Dans la primitive église,
le peuple & le clergé faisoient seuls les évêques :
mais les principaux sieges attirerent l'attention
du souverain, lorsque les évêques qui les occupoient, commencerent à devenir puissants. Alors
le prince, qui craignit les abus du pouvoir, voulut prendre connoissance des sujets qu'on donnoit pour chefs aux églises. Tantôt il les nomma lui-même : d'autres fois il laissa subsister
le droit de les élire : mais il se réserva le droit
de les rejeter, s'ils ne lui convenoient pas ; & il
ne permit de les ordonner qu'avec son consentement. Rome étant la premiere église de
l'empire, fut encore plus soumise à cet égard
qu'aucune autre. On ne pouvoit ordonner l'é-
vêque qu'après avoir reçu l'agrément du souverain: C'est ce qu'on voit sous les empereurs
Grecs, sous les rois Goths, & sous Charle-

magne. Jufqu'à ce Roi de France, les papes, tantôt refpectés, tantôt humiliés & toujours fujets, n'ont joui que d'une fortune mal affurée. Les bienfaits de ce prince ont commencé leur grandeur temporelle; les circonftances l'ont achevée; & fi de citoyens riches, ils font devenus fouverains, c'eft tout à la fois l'effet de leurs vertus, de leurs intrigues & de l'ignorance des peuples.

En orient le clergé a moins de facilité à s'éléver qu'en occident.

Les évêques Grecs ne pouvoient pas, comme les évêques Latins, s'élever à la fouveraineté: l'opinion feule y mettoit obftacle. Les deux puiffances, à la verité, fe confondoient de part & d'autre. Mais en orient, les peuples étoient plus difpofés à regarder la puiffance fpirituelle comme un attribut de l'autorité impériale, parce que les empereurs ayant été pontifes, lorfqu'ils étoient payens, & ayant confervé ce titre long-temps après leur converfion, on ne s'étoit pas encore fait une habitude de confidérer l'empire & le facerdoce comme deux chofes effentiellement différentes, ou du moins on n'étoit pas en état d'en marquer les limites. En occident, au contraire, les peuples étoient plus difpofés à regarder la puiffance temporelle comme un attribut du facerdoce, parce que parmi les barbares de Germanie, les prêtres avoient toujours été différents des chefs qui les conduifoient; & que tout à la fois craints & refpectés, ils avoient eu beaucoup d'influence dans les affaires civiles. Voilà

pourquoi d'un côté les empereurs ufurpoient
fur le clergé, & que de l'autre le clergé ufurpoit
fur les rois. Les évêques Grecs pouvoient s'enrichir, étendre plus ou moins leur jurifdiction,
& concourir, quelquefois directement ou indirectement, à l'élection des empereurs. Ils pouvoient briguer la faveur du prince par des complaifances ou par des flatteries ; fermer les yeux
fur fes entreprifes, lorfqu'il fe donnoit pour
juge en matiere de foi ; fe foumettre à fes dé-
cifions, l'inviter même à porter des jugements ;
& par une forte d'échange, lui céder le fpirituel
pour le temporel. Les circonftances ne leur
permettoient rien de plus.

Mais ces circonftances étoient bien favora- *L'ambition*
bles à l'ambition des évêques de Conftantinople. *du patriarche*
Vous avez vu comment ils étendirent leur jurif- *de Conftanti-*
diction, comment ils devinrent patriarches, & *nople trouve*
obtinrent enfin le fecond rang. La foibleffe *un obftacle*
des papes, depuis la décadence de l'empire d'oc- *dans l'agran-*
cident, fembloit leur promettre d'arriver au *diffement de*
premier. Ils y afpiroient : mais ils ne l'ont point *celui de Ro-*
obtenu, quoique Zénon en 477 eût entrepris *me.*
de le leur donner par une loi, dans laquelle il
parle de l'églife de Conftantinople, comme fi
elle étoit la mere de tous les chrétiens. Charlemagne mit lui-même un terme à l'ambition
de ces patriarches : car il ne leur étoit plus fi
facile de s'élever, depuis que la grandeur temporelle des papes s'étoit affermie. La foi-

L 2

blesse où l'empire tombera, leur sera encore plus funeste; parce que les empereurs feront dans la nécessité de ménager la cour de Rome.

Comme la rivalité entre l'église de Rome & celle de Constantinople doit enfin produire un schisme, je ne crois pas devoir passer sous silence les contestations, qui se sont élevées entre ces deux sieges.

Le titre d'œcuménique est le premier sujet de contestation entre le pape & le patriarche de Constantinople.

Sur la fin du sixieme siecle, Jean le jeûneur, évêque de Constantinople, prit le titre de patriarche œcuménique, & s'attira de vifs reproches de la part des papes, &, sur-tout, de Grégoire I, recommandable par sa sainteté, son humilité & son zele pour la discipline. L'empereur Maurice trouva qu'une dispute si frivole ne méritoit pas de troubler le repos des deux premieres églises: mais S. Grégoire insista, croyant voir, dans ce titre fastueux, l'orgueil du précurseur même de l'Antechrist: il invita les évêques à se joindre à lui pour la défense de l'épiscopat, & les exhorta à répandre leur sang, s'il le falloit.

C'étoit trop se passionner pour un titre, que les papes ont dans la suite souffert qu'on leur donnât, & qu'ils ont même pris d'eux-mêmes quelquefois. Mais il croyoit que le patriarche de Constantinople prétendoit par-là se donner pour le seul évêque: cependant les Grecs atta-

choient une idée toute différente au mot d'œcuménique. Aussi ne les trouva-t-il pas dans les
dispositions qu'il souhaitoit.

Il ne se rendit pas néanmoins: il sut si mauvais gré à Maurice de ne lui avoir pas été favorable, qu'il rendit gloire à Dieu de la révolution qui avoit placé Phocas sur le trône im-
périal. *Que les cieux se réjouissent*, écrivoit-il
à cet usurpateur: *que la terre tressaille d'allé-
gresse: que toute la république soit dans la joie
de vos bonnes actions: que les esprits acablés de
de vos sujets se consolent.* Il ne trouvoit point
de termes capables d'exprimer la reconnoissance qu'on devoit à Dieu d'avoir déchargé
l'empire du joug qui l'accabloit, pour en subs-
tituer un facile à porter, & d'avoir rendu à la
république affligée la consolation dont elle avoit
besoin. Il seroit à souhaiter pour l'honneur de
S. Grégoire, dit M. de Burigny, qu'il eût été
moins prodigue de louanges à l'égard d'un tyran, qui étoit parvenu à l'empire par les voies
les plus odieuses, & qui justifia si mal les idées
trop avantageuses, que ce grand pontife, d'ailleurs si judicieux, avoit si légérement conçues
de lui. Voilà comment dans ce siecle, les personnages les plus saints & les plus éclairés se
passionnoient pour un mal entendu, & se passionnoient jusqu'à louer Dieu des bonnes actions d'un monstre dont le moindre des crimes étoit d'avoir usurpé la couronne. La

question fur les images, plus funeste dans ses suites, ne fut encore qu'un mal entendu dans son origine.

C'est en orient que les images ont commencé vers la fin du quatrieme siecle, & elles devinrent fort communes dans le cinquieme. On voulut par-là contribuer à l'instruction de ceux qui ne savoient pas lire, & les exciter à l'émulation des actions édifiantes qu'on mettoit sous leurs yeux. En effet, les hommes à cette vue s'accoutumerent à témoigner par des signes extérieurs le respect qu'ils avoient pour les choses représentées, & le culte des images s'établit peu à peu. Il auroit été à craindre, dans les commencements du Christianisme, que cet usage n'eût été une occasion d'idolatrie pour les payens nouvellement convertis: mais ce danger n'étoit plus le même.

D'orient ce culte passa à Rome: mais la France, l'Allemagne & l'Angleterre ne le reçurent pas; il y avoit même plusieurs églises d'occident, où les évêques ne vouloient pas souffrir des images. Cette précaution étoit sage alors, parce qu'ils voyoient parmi les fideles beaucoup de chrétiens, qui sortoient à peine du paganisme.

A la fin du sixieme siecle, l'église même de Rome n'approuvoit pas encore le culte des images: car S. Grégoire loue Sérénus, évêque

de Marfeille, d'empêcher qu'on ne les adore,
quoique, jugeant qu'elles fervent à l'inftruction,
il le blâme de les avoir brifées.

La paix n'étoit point troublée par les différents ufages, que les églifes fuivoient à cet
égard, lorfqu'en 725 Léon l'Ifaurien entreprit
d'abolir tout-à-fait les images. Grégoire II en
prit vivement la défenfe; & les moines, fur-
tout, s'éleverent contre l'empereur, parce que
les images & les miracles, qu'on leur attribuoit,
excitoient la charité des perfonnes dévotes
envers leurs monaftères.

Il n'eft pas douteux que ce culte n'ait dé-
généré en abus parmi les Grecs, dont l'efprit
étoit de tout confondre à force de fubtilités, &
qui étoient tombés dans une grande ignorance.
Mais Léon, en ordonnant de brifer les images,
caufa des fcandales, fufcita des troubles, & ne
remédia à rien. Cependant cette queftion n'é-
toit qu'une pure difpute de mots. Il fuffifoit de
remarquer que le culte ne fe rend pas à l'image,
mais au faint; & qu'il eft tout différent de celui
qui n'eft dû qu'à Dieu. Mais il faut convenir
qu'un mot fuffit pour jeter dans l'erreur le peuple, qui eft peu accoutumé aux diftinctions, &
qui fe contente ordinairement d'idées vagues;
& les moines, peu éclairés eux-mêmes, a-
voient plus d'intérêt à profiter de la crédulité
qu'à prévenir la fuperftition.

L4

En 754 sous Constantin Copronyme, ce culte & les images mêmes furent condamnés dans un concile tenu à Constantinople, & composé de trois cents trente-huit évêques : il fut rétabli en 787, dans le second concile de Nicée, tenu par l'ordre d'Irene. Cependant l'orient resta divisé, & la conduite peu uniforme des empereurs ralluma souvent cette dispute.

L'église de France refusa de recevoir le concile de Nicée, & prit un milieu entre les deux opinions contraires : elle permit d'avoir des images pour l'instruction, mais elle défendit de leur rendre aucune sorte de culte. Charlemagne, qui se déclara pour ce sentiment, envoya le jugement de ses évêques au pape Adrien, & le pressa de déclarer hérétiques Constantin & Irene. Adrien tenta de rapprocher les peres de Nicée des évêques de France, pria le roi de lui permettre d'approuver ce qu'Irene & l'empereur avoient fait pour les images ; & lui promit de les déclarer hérétiques, s'ils ne restituoient pas le patrimoine de S. Pierre.

Les ouvrages qu'on écrivit sur cette question, sont un monument de l'ignorance du huitieme siecle ; & la conduite qu'on a tenue, decele bien des passions & bien des intérêts, qui ne se concilient pas avec l'amour de la vérité : mais enfin le culte des images a été dans la suite bien expliqué, & il est reçu dans toute l'église catholique.

Les abus que j'ai exposés seront la principale cause des révolutions dont je dois parler. C'est pourquoi j'en ai fait l'objet de ce chapitre. Vous acheverez de connoître ces temps malheureux, lorsque vous lirez le discours de l'abbé Fleuri sur l'Histoire ecclésiastique depuis l'an 600 jusqu'à l'an 1100.

CHAPITRE II.

Louis le Débonnaire.

Louis I, surnommé le Débonnaire, que Charlemagne, son pere, avoit associé à l'empire, fut reconnu de nouveau pour empereur & roi de France, par les seigneurs qui se trouverent à Aix-la-Chapelle. Deux ans après, 816, Etienne IV élevé sur la chaire de S. Pierre fit prêter le serment de fidélité aux Romains au nom de l'empereur, & se rendit à Rheims où il sacra Louis & sa femme Hermengarde,

En 806 Charlemagne avoit partagé ses états entre ses trois fils, Charles, Pepin & Louis; voulant prévenir les troubles, que ce partage auroit pu causer après sa mort. Lorsqu'il eut perdu les deux aînés, il donna le royaume d'Italie à Bernard fils de Pepin; & il s'associa Louis en 813.

Il faut remarquer que la puissance de Charlemagne étoit d'autant plus assurée, que toutes les volontés se réunissoient en lui, comme dans un chef, qui faisoit la gloire & le bonheur de la nation. Ses victoires le rendoient redoutable aux ennemis, & ses sujets respectoient en lui le protecteur des loix, qu'ils se donnoient eux-mêmes. Il pouvoit donc communiquer la souveraineté sans s'exposer au danger de la perdre: l'amour des peuples l'assuroit de l'obéissance de ses fils.

Louis se trouvoit dans des circonstances toutes différentes: cependant il crut pouvoir faire dès les premieres années, ce que Charlemagne n'avoit fait qu'après en avoir regné trente huit. Ayant déclaré dans l'assemblée d'Aix-la-Chapelle, qu'il vouloit associer à l'empire un de ses trois fils, il ordonna un jeûne de trois jours pour obtenir les lumieres du ciel. Après ce terme, il choisit pour collegue Lothaire, son aîné; il donna le royaume d'Aquitaine à Pepin, & celui de Baviere à Louis, son troisieme fils; les trois princes furent couronnés avec solemnité, & les deux rois partirent chacun pour leur royaume.

Louis se hâte trop de faire un pareil partage.

A cette nouvelle, Bernard se révolta, parce qu'étant roi d'Italie, & fils du frere aîné de Louis, il prétendoit avoir seul des droits à l'empire; mais ayant été abandonné de ses troupes, il mit toute sa ressource dans la clémence de celui qu'il avoit offensé. Louis le reçut avec sévérité, lui fit avouer ses complices: & ne voulant pas être seul juge dans cette affaire, il la renvoya à l'assemblée générale de la nation.

Sa conduite avec Bernard qui se révolte.

Il commua enfuite la peine de mort, à laquelle les rebelles furent condamnés; & il ordonna de dépofer ou de bannir les eccléfiaftiques, & de crever les yeux aux autres. Bernard mourut des fuites de cette opération.

Louis avoit trois freres encore jeunes, Drogon, Thiéri & Hugues. Pour prévenir toute révolte de leur part, il les fit rafer & enfermer dans des monaftères.

Ils'en repent pour ne montrer que de la foibleffe.

822

Cependant peu d'années après, revêtu d'un habit de pénitent, il parut dans l'affemblée d'Artigni-fur-Aifne, confeffant publiquement fes crimes; c'eft-à-dire, le jugement rendu contre Bernard & fes complices; la violence qu'il avoit faite à fes trois freres, en les reléguant dans des cloîtres; & la difgrace de quelques courtifans, qui avoient eu du crédit fous Charlemagne.

Un prince fe rend eftimable, lorfqu'il reconnoît fes fautes pour fe corriger: il devient l'objet du mépris, s'il ne les avoue que par foibleffe. Louis avoit encore l'imprudence de faire une injure à la nation, puifqu'il s'attribuoit comme un crime, le jugement qu'elle avoit porté.

Ce roi s'humilioit ainfi, lorfque les François, accoutumés à vaincre fous Charlemagne, avoient été défaits plufieurs fois par le duc de la baffe Pannonie, qui s'étoit révolté. Tout contribuoit donc à le faire méprifer.

Pieux, mais fans lumieres, ce prince n'eut des remords, que parce qu'on lui en donna. Il fut le jouet de quelques courtifans, qui vouloient faire rappeller des évêques & desfeigneurs exilés. Il les rappella donc, il leur rendit leurs biens, il demanda pardon à fes freres & il leur permit de revenir à la cour; ils aimerent mieux leur retraite.

Hermengarde étoit morte, & Louis avoit époufé Judith, fille de Guelfe, duc de Baviere. Il en eut un fils, connu depuis fous le nom de Charles le Chauve. Il vit alors qu'il s'étoit trop preffé de faire le partage de fes états; car la reine vouloit un royaume pour Charles, & il n'en pouvoit donner, fans démembrer ceux des autres princes. Ils ne s'y prêtoient pas; Lothaire, fur-tout, y étoit oppofé, parce qu'ayant comme fucceffeur à l'empire la plus grande partie des provinces en partage, les états de Charles devoient être pris fur les fiens.

Cependant Judith veut un royaume pour Charles fon fils.

Judith employa toute fon adreffe pour gagner ce prince. Elle lui fit tenir Charles fur les fonts: cérémonie qu'on regardoit alors comme un lien facré, & qui faifoit un devoir à Lothaire de protéger cet enfant: en un mot, elle fut fi bien le flatter, qu'il confentit au démembrement, & qu'il jura de lui affurer la poffeffion de ce que l'empereur lui donneroit.

Cependant il n'y avoit encore rien de spécifié. Louis pouvoit donner plus ou moins à Charles; & il étoit à préfumer que Judith, maîtreſſe de l'eſprit de ſon mari, feroit à ſon fils le ſort le plus avantageux. Lothaire ſe repentit du ſerment qu'il avoit fait; il trouva bientôt des perſonnes qui approuverent ſon repentir, & qui l'enhardirent à ſe croire libre de tout engagement. Il diſſimula néanmoins, & tout parut tranquille pendant trois ou quatre ans: mais les troubles ſe préparoient dans le ſilence.

Troubles qui naiſſent à cette occaſion.

Comme le roi étoit incapable de faire reſpecter ſon autorité, il y avoit quatre ſouverains qui formoient quatre partis différents. Aucun d'eux n'avoit ni aſſez de vues, ni aſſez de fermeté, pour ſuivre un plan ſoutenu. On s'attachoit aux uns, ou aux autres, ſuivant les intérêts particuliers que les conjonctures faiſoient naître. Les ſeigneurs aſſez puiſſants pour être ménagés, ne ſongeoient qu'à ſe faire craindre; & profitant de la foibleſſe du gouvernement, ils s'agrandiſſoient par de nouvelles uſurpations. En un mot, tous les ordres ſe déſuniſſoient: les factions ſe formoient de toutes parts: chacun ne ſongeoit qu'à ſoi; l'anarchie ſuccédoit au ſage gouvernement de Charlemagne.

Pendant que ce déſordre ſe formoit dans l'intérieur du royaume, les armées eurent de

mauvais succès en Espagne, & les Bulgares qui
ravagerent la haute Pannonie, s'établirent sur
les terres des François. Ces revers furent le si-
gnal des murmures. On se plaignit du gouvernement présent, qu'on ne cessoit de comparer
à celui de Charlemagne: on vit des prodiges
qui annonçoient de nouveaux désastres: on demanda la réforme de l'état. Les partisans de
Lothaire profiterent de ce mécontentement,
pour fortifier le parti de ce prince.

Le roi, touché des malheurs du peuple, ——— Foiblesse de
& encore plus frappé des prodiges, n'eut pas Louis.
de peine à reconnoître que sa mauvaise conduite étoit cause de tous les maux. Il nomma
des envoyés, qui visiterent les provinces, en
observerent les désordres, & vinrent en rendre ———
compte à l'assemblée générale, qui se tint à Aix- 828
la-Chapelle.

Vala, chef de cette commission, étoit un de ——— Insolence du
ceux que Louis avoit exilés & qu'il rappella, moine Vala.
lorsqu'il voulut faire pénitence de ses fautes.
Forcé à s'éloigner de la cour, il s'étoit fait moine
pour s'en rapprocher; & il étoit alors abbé de
Corbie. Cet homme, animé par un zele aveugle & par un esprit de faction, ne se contenta
pas de faire le rapport de ce qu'il avoit vu: il
déclama encore sur les devoirs des princes, il
apostropha plusieurs fois l'empereur, il l'accusa
d'être la cause de tous les maux, & il en prit
l'assemblée à témoin.

C'est ainsi que Vala jouoit insolemment le rôle d'un moine orgueilleux, tandis que Louis supportoit cette seconde pénitence avec l'humilité d'un chrétien, qui ne sait pas être prince. Il s'avoua coupable & il convoqua quatre conciles, invitant les évêques à convenir des choses qu'il falloit réformer dans l'état, dans sa conduite & dans celle de ses fils.

Cependant Judith lui donna de l'inquiétude sur la hardiesse avec laquelle on avoit parlé dans l'assemblée d'Aix-la-Chapelle; & elle lui fit craindre qu'on ne tramât quelque conspiration. En effet, Vala & les autres mécontents étoient de concert avec Lothaire, & formoient le projet de forcer Louis à confirmer le partage fait entre ses trois fils du premier lit, sans rien innover en faveur de Charles.

Le roi ouvrit les yeux, se défia de ses ministres, chassa Vala, & donna toute sa confiance à Bernard, duc de Languedoc, que Judith lui conseilla d'appeller à la cour.

Bernard, aussi ferme que son maître étoit foible, mit sa volonté à la place des loix, & publia un édit, par lequel le Roi donnoit à Charles le pays des Allemands; c'est-à-dire, ce qui est entre le Rhin, le Mein, le Nekre & le Danube, la Rhétie, aujourd'hui le pays des Grisons, & enfin la Bourgogne transjurane, maintenant le pays des Suisses & Geneve. Une
pareille

pareille entreprise ne pouvoit que soulever les évêques contre un prince qui venoit de les prendre pour juges. On murmura; le roi sévit; on en murmura davantage; & bientôt ce fut un déchaînement général contre le ministre, qu'on accusoit de troubler l'état, de mettre la division dans la famille royale & de plusieurs crimes vrais ou supposés.

Alors Vala sort de son monastère. Il se déclare pour les trois princes du premier lit : plusieurs évêques & plusieurs abbés se joignent à ce moine: ils s'assemblent, & ils protestent qu'ils tiendront pour rebelles à Dieu & à l'église quiconque ne les secondera pas dans le dessein qu'ils ont de rétablir l'ordre dans l'état, de procurer la sureté des peuples & de pourvoir à celle de l'empereur & de toute la famille royale: car ils prétendoient armer les sujets, pour défendre le roi contre le ministre. Ils paroissoient au reste d'autant plus redoutables, qu'ils étoient la plupart en réputation de probité, de sagesse & de doctrine: Vala, sur-tout, passoit pour un grand saint.

Lothaire & Pepin, que les factieux invitoient à se mettre à leur tête, prirent les armes contre leur pere, qui marchoit contre les Bretons révoltés; & Louis, roi de Baviere, s'étant échappé de la cour, vint à Corbie trouver l'abbé Vala. Le danger étoit grand pour l'empereur; car des troupes qui avoient refusé de le

Lothaire, & Pepin arment

830

suivre, s'étoient jointes à Pepin, & plusieurs seigneurs avoient abandonné son armée.

Judith prend le voile.

L'empereur crut arrêter la révolte en éloignant Bernard & Judith, qui en étoient les prétextes. Mais la reine ayant été enlevée, Pepin ne lui accorda la vie qu'à condition qu'elle prendroit le voile, & qu'elle persuaderoit à son mari de se retirer dans un monastère pour le reste de ses jours.

Louis assemble les seigneurs, & les évêques à Compiegne pour savoir d'eux s'il prendra le froc ou s'il conservera l'empire.

Louis consentit que sa femme se fît religieuse, & demanda qu'il lui fût au moins permis de prendre l'avis des seigneurs & des évêques avant de se faire moine lui-même. L'assemblée se tint dans le palais de Compiegne. Il y parut comme un criminel devant ses juges, n'osant monter sur le trône, ni même y porter seulement ses regards. Il avoua ses fautes, il se reprocha la trop grande complaisance qu'il avoit eue pour sa femme; il ratifia la permission qu'il lui avoit donnée de prendre le voile; il loua le zele de ceux qui l'obligeoient à corriger sa conduite, & promit que si on lui laissoit la couronne, il gouverneroit désormais, suivant les conseils de ses bons & fidéles sujets. Soit qu'on fût touché d'une humiliation, qui ne devoit causer que du mépris, soit qu'on voulût conserver un prince qu'on se flattoit de gouverner, on le fit remonter sur le trône. Mais il n'y fut pas long-temps : car ses troupes s'étant retirées dans le camp de Pepin, où Lothaire venoit d'arriver, il fut dans la néceffité de fe livrer à fes fils rebelles.

Lothaire, alors maître de l'empire, eût vou-lu que fon pere eût paru fe retirer de lui-même dans un monaftère. Il s'en ouvrit à des moi-nes, qui promirent de l'y déterminer. Mais comme Louis fous un froc leur devenoit tout à fait inutile, ils réfolurent de lui conferver la couronne ; après avoir pris cependant la pré-caution de traiter avec lui, & de lui impo-fer les conditions qu'ils jugerent à propos.

Lothaire fe faifir de l'em-pire que l'af-femblée avoit confervé à Louis.

Gombaud, un de ces moines, fut chef de cette intrigue. Il réveilla la jaloufie des rois de Baviere & d'Aquitaine. Il leur fit voir un maître dans Lothaire, & il leur fit efpérer un partage plus avantageux, s'ils rentroient dans le devoir. Ils fe foumirent, & Lothaire, dont le parti s'affoibliffoit tous les jours, fut enfin con-traint d'avoir recours à la clémence de l'empe-reur. On tint enfuite une affemblée à Nime-gue, dans laquelle les chefs de la rebellion fu-rent jugés & condamnés à mort: Louis, qui ne favoit ni commander ni punir, fe contenta de les reléguer dans des cloîtres.

Les moines rendent l'em-pire à Louis.

Judith, rapellée de fon monaftère, ne fon-gea qu'à fe venger de fes ennemis. Plufieurs furent exilés: Vala fut renfermé dans un châ-teau fur le bord du lac de Geneve; & Lothai-re fut déclaré déchu de fon affociation à l'empire.

Louis déclare Lothaire dé-chu de fon af-fociation à l'empire.

M 2

Plus Louis étoit foible, plus il étoit imprudent. Il n'y a qu'un moment qu'il avoit pris ses sujets pour juges, & actuellement il leur commande en maître. Il défait de sa pleine autorité ce qui avoit été arrêté dans une assemblée générale de la nation; & changeant continuellement au gré d'une femme, d'un moine & d'un ministre, il ne permet plus de connoître les loix auxquelles on doit obéir. Ce fut, surtout, en lui un attentat aux yeux des ecclésiastiques mécontents, que d'avoir voulu dispenser les François du serment de fidélité qu'ils avoient fait à Lothaire: c'étoit, selon eux, usurper sur les droits de l'église. Il fut troublé, quand il connut combien on murmuroit: il eut de nouveaux remords; &, malgré la reine, il suivit les conseils de quelques évêques & de quelques moines, qui lui persuaderent de pardonner à tous les rebelles & d'accorder une amnistie générale. Vala ne voulut pas profiter de cette amnistie, parce qu'il ne se jugeoit coupable d'aucun crime. Ce qu'il y a de plus singulier, c'est que l'empereur, qui venoit de dégrader Lothaire, crut devoir négocier avec ce moine rebelle, pour l'engager à souscrire au partage fait en faveur de Charles.

Bernard, qui revint alors à la cour, trouva que Gombaud avoit toute la confiance de l'empereur. Offensé de cette préférence, il engagea les princes dans une nouvelle révolte. Elle

On l'accuse d'usurper par cette déclaration sur les droits de l'église.

Révolte qui n'a pas de suite.

831

n'eut pas de suite cependant, parce qu'elle fut
découverte, avant qu'ils eussent réuni leurs forces. L'empereur leur pardonna, & dépouilla
Bernard de ses charges & de ses gouvernements.

Ils avoient juré d'être désormais fideles à
leur pere: mais ces fils dénaturés, incapables
de repentir, n'attendoient qu'une circonstance,
où ils pourroient violer leur serment. Pepin
ayant donc repris encore les armes, Louis le
déshérita, & donna l'Aquitaine à Charles; soit
qu'il fût irrité de tant d'ingratitude, soit qu'il
obéît aux désirs de Judith. Cependant quelque
justice qu'il y eût à punir un fils si souvent rebelle, ce coup d'autorité fut presque généralement désapprouvé, tant l'empereur connoissoit
peu l'art de disposer les esprits.

Lothaire & le Roi de Baviere vinrent au
secours de Pepin, & les armées de ces trois princes marcherent en Alsace, où elles se réunirent.
Le pape Grégoire IV, que Lothaire avoit amené, venoit, disoit-on, pour excommunier
l'empereur & les évêques de son parti, si l'on
ne satisfaisoit pas aux prétentions des princes.
Sa présence dans l'armée des rebelles donnoit
d'autant plus d'inquiétude, que le peuple pouvoit facilement se persuader que la justice étoit
où il voyoit le pontife, qui sacroit ses Rois au
nom de S. Pierre, & qu'il respectoit comme
interprete des volontés du ciel. Sujet rebelle

Autre révol-
te des fils de
Louis.

833

Grégoire IV
est dans leur
camp.

M 3

lui-même, il vient en France sans avoir en le consentement de son souverain. Il commande, il menace; en un mot, il parle en maître qui doit juger les rois, & qui ne connoît point de juges. C'est le premier pape qui ait osé de pareils attentats.

La plus saine partie du clergé ne reconnoît pas l'autorité qu'il s'arroge, & que Vala défend.

Il eut pour lui Vala, qui sortit encore de son monastère où il étoit revenu, beaucoup de moines & quelques évêques. Cependant la partie la plus saine du clergé lui répondit avec fermeté, lui faisant connoître ses devoirs, & menaçant de le renvoyer excommunié lui-même, s'il étoit venu pour excommunier les autres. Grégoire eût été embarassé de répondre, si Vala & d'autres savants de ce siecle ignorant n'eussent ramassé, avec aussi peu de jugement que de critique, des passages de l'écriture & des peres, pour prouver que la puissance des papes est celle de S. Pierre & de Dieu; qu'elle est, par conséquent, bien supérieure à celle des rois, & qu'ils sont faits pour juger les souverains comme les sujets.

Louis au pouvoir de ses fils.

Cependant les deux armées s'approchent. Elles étoient en présence lorsque les princes pour avoir le temps de débaucher les troupes de leur pere, entament une négociation, & Grégoire qui s'en charge passe dans le camp de Louis; j'ignore s'il fut le complice de leur mauvaise foi: je vois seulement au ton, dont il s'étoit annoncé, qu'il n'étoit pas fait pour être médiateur. Quoiqu'il en soit, l'empereur, abandonné, tombe entre les mains de ses ennemis, puisqu'enfin c'est ainsi qu'il faut nommer les fils de ce malheureux pere.

Aussitôt Vala, à la tête d'une assemblée tumultueuse, déclare le trône vacant: Lothaire est proclamé empereur: il s'assure de ses freres, en augmentant leurs domaines : & l'attentat qu'on vient de commettre, est ensuite approuvé dans une assemblée générale, tenue à Compiegne.

Il est déposé.

Cependant on pouvoit craindre encore quelque révolution. Il s'agissoit donc d'exclure Louis du trône, de maniere à lui ôter toute espérance d'y remonter. Des évêques en suggérerent les moyens à Lothaire. Ce fut de condamner le roi à la pénitence publique pour le reste de ses jours: car on pensoit alors que cette pénitence, tant qu'elle n'étoit pas finie, ne permettoit pas à celui qui la subissoit de se mêler des affaires civiles ; nouvelle opinion, qui certainement n'étoit pas connue du temps de Théodose le Grand.

Un concile s'assemble. On fait une liste des péchés que Louis a commis contre l'église ou contre l'état. On y fait entrer ceux qu'il avoit déja confessés la premiere fois, & dont il avoit bien fait pénitence. On ajoute qu'il a fait marcher une armée en carême jusqu'aux frontieres du royaume, & qu'il a tenu une assemblée le

On le condamne à faire pénitence dans un monastère.

jour même du jeudi faint. Sur ces accufations, on le juge fans l'entendre ; on lui fait notifier fa condamnation; & on l'exhorte à profiter de ce malheur temporel pour le falut de fon ame.

On le tranfporte enfuite à S Médard de Soiffons; les évêques s'y rendent: ils fe raffem-blent dans l'églife: Lothaire eft fur un trône: Louis paroît; il fe dépouille de fes habits: il jette fon épée & fon baudrier au pied de l'autel: il fe proflerne fur un cilice; il confeffe fes cri-mes: il tient à la main l'écrit, où ils font ren-fermés; il le préfente aux évêques, & il écoute leurs exhortations avec humilité. Enfin Ebbon, évêque de Rheims, qui préfide à ce conciliabu-le, le couvre d'une efpece de fac; on le con-duit en cérémonie dans une cellule du monaf-tère, pour y vivre en pénitence le refte de fes jours :

Et ceux qui le condamne. fent font ceux qui l'avoient déclaré l'oint du feigneur. Voilà cet oint du feigneur, ce roi donné aux François par l'ordre exprès de Dieu. Ceux qui ont établi cette doctrine, font ceux qui le dépofent ; & il ne faut pas s'en étonner, puif-qu'ils l'avoient introduite pour couronner un ufurpateur. Pepin ne prévoyoit pas que fon petit-fils en feroit la victime. C'eft ainfi que les fouverains fondent quelquefois leur puif-fance fur des maximes, qui doivent un jour la détruire. Les hommes font fort peu prévoyans, &, fur-tout, les princes, Monfeigneur.

Jamais prince, dit le pere Daniel, n'honora plus que Louis la dignité & la personne des évêques, ne prit plus volontiers & plus souvent leurs conseils, & ne déféra plus à leur autorité. Mais en y déférant beaucoup, ajoute-t il, il n'eut pas assez de soin de la sienne. Cela n'est que trop vrai. Cet Ebbon, qui l'exhorte au nom des évêques, qui lui donne l'habit de pénitent, étoit un homme qu'il avoit tiré de la condition servile, pour l'élever malgré les loix à la dignité épiscopale. Au milieu de toutes ces horreurs, on voit avec une sorte de plaisir, que Grégoire & Vala, peu considérés de ceux qu'ils ont servis, se retirent l'un à Rome & l'autre dans son monastère.

Lothaire est empereur; mais rien n'étoit moins assuré que cet empire usurpé par le plus noir des forfaits. Ignorant dans l'art de ménager les esprits, Lothaire offensa ses freres par ses hauteurs. Il aliéna ceux de son parti, qu'il ne put pas récompenser. Il entretint les désordres, ou même il en causa de nouveaux; parce que toujours embarrassé entre deux ministres jaloux, qui ne s'accordoient pas & qui le gouvernoient, il n'ordonnoit rien, ou il donnoit d'un jour à l'autre des ordres contraires. On se dégoûta donc bientôt du nouveau gouvernement. On plaignit le sort d'un prince trop humilié. Ce ne furent que murmures, qu'assemblées secretes dans toute la France; & chacun,

Lothaire aliene les esprits.

par des motifs différents, desiroit une révolution.

Louis recou-
vre la couron-
ne, ou plutôt
la reçoit des
évêques.

Les partisans que Louis avoit conservés, profitent de cette disposition des esprits. Le roi de Baviere & celui d'Aquitaine se joignent à eux: ils arment: ils rendent la liberté à leur pere: & Lothaire, après avoir soutenu la guerre pendant quelques mois, se soumet au roi, qui lui pardonne. Alors une assemblée tenue à Thionville rétablit Louis, déposa Ebbon & quelques autres évêques, & l'empereur accorda une amnistie générale. Mais la scene, qui se passa huit jours après, me paroît surprenante. Tous les évêques se transporterent à Metz, & Drogon, évêque de cette ville, lut, en présence du peuple, l'acte par lequel on rétablissoit l'empereur. Ensuite sept archevêques, tenant les mains sur la tête de ce prince, lurent les oraisons destinées pour la réconciliation des pénitents; & prenant la couronne impériale qu'on avoit mise sur l'autel, ils la lui mirent sur la tête. Pourquoi donc rétablir avec tant de cérémonie l'empereur, s'il n'a pas été déposé juridiquement? Pourquoi ces oraisons prononcées sur lui, comme sur un pénitent qui a besoin d'être réconcilié, si la pénitence à laquelle on l'a condamné, n'est que le crime de quelques rebelles? Pourquoi la couronne avoit-elle été mise sur l'autel? Louis n'auroit-il pas dû l'avoir, avant d'entrer dans l'église? A ces contradictions on jugeroit que les évêques se réservent encore le droit de disposer du trône.

Judith, qui avoit été envoyée à Tortone, recouvra sa liberté, reprit ses intrigues, & prépara de nouveaux troubles, en faisant ajouter la Neustrie aux états déja donnés à son fils. Les princes dissimuloient cependant, parce qu'ils pouvoient difficilement se réunir, & que les peuples étoient las de la guerre : mais ils attendoient une conjoncture favorable, lorsque Pepin mourut.

Judith revient à la cour & reprend ses intrigues.

Alors l'impératrice, assez simple pour compter sur la reconnoissance & sur les sermens de Lothaire, imagina de le faire rentrer dans une partie de ses droits, en le faisant jurer d'être fidele aux engagements qu'il auroit contractés avec Charles. En conséquence deux fils, que Pepin avoit laissés, furent exclus de la succession au royaume d'Aquitaine : on décida que les états du roi de Baviere ne feroient pas augmentés ; & on partagea le reste de l'empire entre Charles & Lothaire.

Charles à l'Aquitaine au préjudice des fils de Pepin.

Presque aussitôt le roi de Baviere prit les armes, & les quitta avec la même promptitude à l'approche de son pere qui lui pardonna. Cependant des mouvements, qui commençoient en Aquitaine en faveur des fils de Pepin, appellerent l'empereur d'un autre côté ; & le roi de Baviere profita de son éloignement pour se révolter encore. Louis retourna donc sur ses

Nouvelles révoltes & mort de Louis.

pas contre ce fils rebelle : mais il tomba malade & mourut dans une île du Rhin au deſſous de Mayence. Il étoit dans la vingt-ſeptieme année de ſon regne, & dans la ſoixante-troiſieme de ſon âge. Vous pouvez compter parmi les cauſes de ſes malheurs, ſa femme, ſes fils, des évêques, des moines, ou ſeulement ſon incapacité.

CHAPITRE III.

Charles le Chauve.

Louis le Débonnaire a préparé les guerres & les défordres, qui doivent enfin ruiner fa maifon. Lothaire qui étoit empereur, & le jeune Pepin fe hâterent d'armer contre Charles le Chauve & Louis de Baviere. Mais ayant été défaits à Fontenai en Bourgogne, ils furent réduits à prendre honteufement la fuite. Alors plufieurs évêques & plufieurs abbés s'étant affemblés à Aix-la-Chapelle, les deux rois les prierent de déclarer au nom de Dieu, que Lothaire méritoit d'être privé de la part que le dernier empereur lui avoit donnée dans fa fucceffion. Les prélats, fans balancer, déclarerent ce prince déchu de tous fes droits: mais ils déclarerent auffi qu'ils ne les transporteroient à Charles & à Louis, qu'après qu'ils auroient répondu en préfence du peuple à une demande qu'ils avoient à leur faire. Les deux rois comparurent donc. *Promettez-vous de mieux gouverner que Lothaire?* C'eft la queftion qu'on

Après la bataille de Fontenai les évêques difpofent des provinces de l'empire.

84.

voulut leur faire publiquement. Ils promirent;
sur quoi l'évêque qui préſidoit leur dit : *recevez*
le royaume par l'autorité de Dieu & gouvernez-
le ſelon ſa divine volonté ; nous vous en avertiſ-
ſons, nous vous y exhortons, nous vous le com-
mandons. Voilà les évêques qui, parlant au
nom de Dieu, donnent les royaumes & commandent aux rois.

Ce jugement n'eût fait qu'allumer encore
la guerre: c'eſt pourquoi Charles & Louis, qui
en craignoient les ſuites, préférerent de s'accom-
moder avec l'empereur. Les évêques mêmes, ac-
commodant les ordres du ciel aux conjonctures,
conſentirent qu'on laiſſât des états à Lothaire,
quoiqu'il ne promît pas de mieux gouverner. On négocia & on fit un nouveau partage.
Louis eut tout ce que les François poſſédoient
au de-là du Rhin, avec les villes de Spire, de
Worms & de Mayence, & fut appellé roi de
Germanie. Lothaire, outre l'Italie & ſa qualité d'empereur, eut tout ce qui eſt compris entre le Rhin & l'Eſcaut, le Hainaut & le Cam-
bréſis; quelques comtés en deçà de la Meuſe;
tout le pays qui s'étend depuis la ſource de cette
riviere juſqu'au confluent de la Saone & du
Rhône, & depuis le confluent, tout le Rhône
juſqu'à la mer. Charles, qui eut tout le reſte,
prit le nom de roi de France.

Bientôt ils ſont forcés de conſentir au partage que ſont les trois princes.

Lothaire, dépoſé par les évêques de France,
commandoit dans Rome parce qu'il étoit em-

Lothaire qui a été jugé en

pereur, ou plutôt parce qu'il étoit trop puiſſant en Italie pour que le pape pût ſe ſouſtraire
à ſa domination. Il ordonna qu'on ſuſpendroit
l'ordination des papes, juſqu'à ce qu'on lui eût
donné avis de la vacance du ſaint ſiege. Louis,
ſon fils, fut ſacré roi de Lombardie par Sergius II; & ce pontife comparut devant l'empereur, & répondit juridiquement aux accuſations
qu'on fit contre lui. Ainſi Lothaire étoit à Rome le juge du pape, lorſque les évêques venoient de le juger lui-même en France.

Nous voici aux temps où les peuples de
Scandinavie, connus ſous le nom de Normands,
portoient la terreur ſur toutes les côtes où ils ſe
répandoient. Ils enlevoient les hommes, les
femmes, les enfants, les beſtiaux, dévaſtoient
les campagnes, brûloient les villes & détrui-
ſoient ce qu'ils ne pouvoient pas emporter. Ils
avoient commencé leurs courſes ſur la fin du
regne de Charlemagne. Les ayant faites avec
plus de ſuccès ſous Louis le Débonnaire, ils
furent attirés, tout à la fois, par le butin & par
le peu de réſiſtance, & vinrent avec de nouvelles forces & à des repriſes fréquentes, pendant
celui de Charles le Chauve. Dès l'an 841, ils
remonterent la Seine, ravagerent tout le pays
juſqu'à Rouen, ſurprirent cette ville, & la pillerent. En 843, ils ſurprirent encore Nantes,
dévaſterent l'Anjou & la Touraine, commirent
de pareils déſordres en Guienne; & s'étant em-

France par les
évêques, juge
en Italie le pa-
pe Sergius II.

Ravages que
font les Nor-
mands, dont
Charles aché-
te la retraite.

parés d'une île, ils s'y établirent pour y paſſer l'hiver. L'année ſuivante, ils firent une deſcente en Angleterre où ils ne cauſerent pas de moindres maux; ils revinrent enſuite en France, entrerent par l'embouchure de la Garonne, & déſolerent tout le pays juſqu'aux environs de Toulouſe. De-là, ils entreprirent de ſe répandre ſur les côtes d'Eſpagne, mais ils furent repouſ-ſés par-tout.

En 845, ils remonterent l'Elbe, pillerent Hambourg; & leur chef, Eric roi de Danemarck, gagna deux batailles ſur les troupes germaniques. La même année Regnier, un des pirates de ce Roi, entra dans la Seine avec une flotte de cent-vingt voiles, pilla Rouen une ſeconde fois, vint juſqu'à Paris, trouva cette ville abandonnée, & la brûla. Charles, retranché à S. Denis, crut acheter la paix, en donnant à ces barbares mille livres peſant d'argent: mais il n'acheta pour le moment que leur retraite; & ils ne ſe retirerent que pour revenir. En effet, ils ne ceſſerent de porter la déſolation juſques dans l'intérieur de la France; ils s'établirent en pluſieurs endroits: & Pepin s'unit à eux pour ravager l'Aquitaine qu'il ne pouvoit pas conſerver. Je ne m'arrête pas ſur ces guerres. Il nous ſuffira de remarquer les principaux événements, & de chercher enſuite, dans la conduite de Charles, la cauſe de la foibleſſe & des malheurs de la France.

Charles

Charles éprouvoit encore d'autres revers ; car les Bretons secouerent le joug de sa domination, & il fut obligé de céder l'Aquitaine à Pepin. Tout contribuoit donc à rendre son gouvernement odieux au peuple, qu'il ne savoit pas défendre, & méprisable aux grands, qui pouvoient se faire craindre. Il étoit en quelque sorte sans puissance entre le clergé, qui s'étoit arrogé le droit de déposer les rois, & la noblesse qui devenoit tous les jours plus indépendante. Dans la nécessité de ménager ces deux corps, il ne pouvoit ni refuser aux évêques la restitution des biens usurpés sur l'église, ni l'ordonner aux seigneurs qui les avoient envahis, ou à qui lui-même il les avoit quelquefois donnés. C'étoit cependant là une source intarissable de plaintes & de murmures. Des conciles se tenoient, sans qu'on eût seulement daigné prendre son agrément ; & s'il convoquoit des assemblées, elles aigrissoient les esprits & ne terminoient rien.

Cependant les Normands continuoient leurs ravages, les Bretons eurent de nouveaux succès ; l'Aquitaine, qui s'étoit soumise, se souleva, & Charles se vit presqu'abandonné. Il semble que l'hommage, que les seigneurs rendoient encore, n'étoit plus qu'une formalité qui n'obligeoit à rien : ils s'éloignoient de la cour, ils dédaignoient de venir aux assemblées, & ils refusoient le service militaire.

Le roi fut réduit à s'humilier devant ses sujets. Il tint à Chiersi sur l'Oise une assemblée,
où il ne vint que des évêques, des abbés, &
quelques seigneurs du nombre de ceux qui
étoient opprimés : tout le fruit des délibérations
fut d'inviter la nation à conférer sur les changements à faire dans le gouvernement. Le Roi
s'engageoit à pardonner à ceux qui avoient
manqué à leur devoir, pourvu qu'ils eussent
la bonne foi de reconnoître leur faute. Que si
quelqu'un s'étoit révolté pour n'avoir pas été
récompensé, il s'offroit de le satisfaire. Il promettoit de réparer les injures qu'il pouvoit avoir
faites, & qui avoient engagé des seigneurs à se
retirer de la cour & du service : que s'il y en
avoit qui voulussent passer sous une autre domination, il le leur permettroit, pourvu qu'en
se retirant, ils ne causassent aucun trouble. Il
donnoit en son nom & au nom des évêques
toute sorte de sureté à ceux qui conservoient
encore quelque méfiance. En un mot, il exhortoit tout le monde à porter des plaintes contre lui, & il assignoit Verberie pour le lieu où
les conférences devoient se tenir.

L'assemblée de Verberie fut plus nombreuse que la précédente ; & ceux qui s'y trouverent,
parurent se réconcilier avec le roi. Mais on
ne doit pas s'attendre à une réconciliation véritable entre un souverain qui s'avilit de la sorte,

& des sujets puissants qui ne songent qu'à se rendre tout-à-fait indépendants.

Vers ce temps, Lothaire, frappé d'une maladie mortelle & de la terreur des jugements de Dieu, voulut mourir sous un froc, croyant ce vêtement propre à couvrir ses crimes. Il fut moine six jours, & laissa trois fils, Louis, Lothaire & Charles. Le premier fut empereur & roi de Lombardie. Lothaire eut tout ce que son pere possedoit entre le Rhin, l'Escaut, la Meuse & la mer; royaume qui prit de lui le nom de *Lotharingia*, & que j'appellerai Lorraine, quoique cette province ne soit aujourd'hui, qu'une petite partie des états de ce prince. Enfin Charles eut le royaume d'Arles ou de Provence, ce qui comprenoit la Savoye, le Dauphiné, la Provence, une partie du Lyonnois & du Languedoc.

Lothaire meurt dans un froc & laisse trois fils.

En 858, comme la France étoit toujours dévastée par des payens, Louis, roi de Germanie, crut devoir venir au secours de la religion, c'est-à-dire, envahir les états de son frere. Un concile d'Attigni auquel présidoit l'archevêque de Sens, déposa Charles, releva ses sujets du serment de fidélité, & déclara la couronne de France dévolue au Roi de Germanie. Les évêques, qui resterent fideles, excommunierent les peres de ce concile: mais la plus grande partie des troupes ayant passé dans le parti des

Louis de Baviere fait déposer Charles dans le concile d'Attigni.

N 2

excommuniés, Charles fut contraint de s'enfuir en Bourgogne.

Louis ne conserva pas long-temps sa conquête. Comptant sur l'affection de ses nouveaux sujets, & voulant gagner leur confiance,
il eut l'imprudence de renvoyer son armée en
Germanie : il la suivit bientôt lui-même, parce que Charles reparut avec de nouvelles
forces.

Charles re-
connoît les
droits que le
clergé s'arro-
ge.

Le Roi de France ayant recouvré ses états,
songea comment il pourroit les conserver. Les
évêques ne cessoient alors de s'attribuer dans
leurs lettres synodales toute autorité sur les rois,
& ils regardoient cette autorité comme attachée à leur qualité de Lieutenants de Dieu sur
terre. En effet, le mot seul de *Lieutenant* porte
l'idée d'une puissance temporelle ; tant les mots
ont de vertu, lorsque les peuples sont stupides ;
& quelle est même la nation éclairée où les mots
sont sans vertu ? Charles n'eut garde de rien
contester au clergé ; au contraire, il publia
contre l'archevêque de Sens un écrit, dans lequel il dit : *au moins cet archévêque ne devoit
pas me déposer, avant que j'eusse comparu devant les évêques qui m'avoient sacré roi, &
avec lesquels il m'avoit sacré lui-même; il falloit
auparavant que j'eusse subi le jugement de ces
prélats, qui sont appellés les trônes de Dieu,
dans lesquels Dieu est assis, & par lesquels il
prononce ses arrêts, ayant toujours été prêt*

*de me soumettre à leurs corrections paternel-
les & aux châtiments qu'ils voudroient m'imposer.*

Après cet aveu, Charles imagina de fonder son trône sur les trônes de Dieu, & d'engager les évêques à déclarer au roi de Germanie qu'il avoit encouru l'excommunication, &
qu'il demeuroit excommunié, s'il ne renon-
çoit à ses desseins sur la France. Le concile se
tint à Metz: il obéit aux inspirations du roi;
& il envoya des députés à Louis, pour lui si-
gnifier la sentence qu'il avoit portée.

Il fait excom-
munier Louis
dans le conci-
le de Metz.

859

Le roi de Germanie, qui n'étoit pas du
diocese de ces évêques, fut fort étonné de la
jurisdiction qu'ils s'arrogeoient sur lui. Si Charles avoit des évêques pour l'excommunier, il
en avoit aussi pour excommunier Charles; &
il répondit qu'il consulteroit les siens.

Cette sentence ridicule ayant été sans effet,
le roi de France fit tenir un autre concile à Sa-
vonieres près de Toul. Il s'y trouva avec les
rois de Lorraine & de Provence. Là, ces trois
princes firent un traité d'alliance en présence
des évêques: mais aussi les évêques en présence & du consentement des princes, s'obligerent à demeurer très unis entre eux, pour corriger les rois, les grands seigneurs & le peuple. Cependant un événement prépara dès lors
aux évêques un joug, sous lequel ils devoient
tôt ou tard fléchir.

Il s'allie des
rois de Lorrai-
ne & de Pro-
vence, & tous
trois recon-
noissoient que
les évêques
doivent s'unir
pour corriger
les rois.

N 3

Divorce de Lothaire roi de Lorraine.

Lothaire voulant époufer Valdrade dont il est amoureux, répudie Theutberge fa femme, qu'il fait accufer d'adultere. Gonthier, archevêque de Cologne, Teutgaud, archevêque de Tréves, deux évêques & deux abbés approuvent, ordonnent même ce divorce, & leur jugement est confirmé dans un concile tenu à Aix-la-Chapélle.

Autorité que le pape s'arroge à cette occafion.

Theutberge, qui s'étoit réfugiée en France, écrivit à Nicolas I pour fe plaindre de ce jugement. Ce pape prit fa défenfe, foit pour lui rendre justice, foit pour faifir l'occafion d'étendre fa puiffance fur les évêques & fur les rois. Il étoit déja bien convaincu que les empereurs tiennent du vicaire de S. Pierre la couronne & le glaive; & que la foumiffion commandée par l'apôtre, n'eft due aux rois qu'autant qu'ils font bons. Il ne confidéroit pas que Néron eft celui auquel S. Pierre commandoit d'obéir. Il caffa le concile, dépofa Gonthier & Teutgaud, & menaça d'excommunier Lothaire.

Elle révolte d'abord les évêques.

Alors Gonthier écrit aux évêques en ces termes. »Le feigneur Nicolas, que l'on nomme pape, qui fe compte apôtre entre les apôtres, & fe fait empereur de tout le monde, nous a voulu condamner: mais nous avons réfifté à fa folie.« S'adreffant enfuite au pape: »vous avez prétendu, dit-il, nous condamner à votre fantaifie; mais nous ne recevons point votre maudite sentence: nous la méprisons: nous vous rejetons nous-mêmes de notre communion: nous nous contentons de la communion de toute l'église.«

Cependant Lothaire craignoit l'excommunication, parce qu'il pensoit que ses oncles auroient la conscience trop délicate pour souffrir que les Lorrains fussent gouvernés par un excommunié. Bien loin donc de soutenir les évêques qui s'étoient prêtés à sa passion, il se soumit lui-même, & demanda qu'il lui fût permis d'aller à Rome, afin de se présenter devant le pape avec ses accusateurs. C'est une grace qui ne lui fut accordée que par Adrien II, successeur de Nicolas. Le roi de Lorraine comparut donc devant le pape, comme devant son juge; & Gonthier lui-même, se prosternant aux genoux de sa sainteté, lui-dit: *je déclare devant Dieu & devant ses saints, à vous, Monseigneur Adrien, souverain pontife, aux évêques qui vous sont soumis, & à toute l'assemblée, que je supporte humblement la sentence de déposition, donnée canoniquement contre moi par le pape Nicolas; que je ne ferai jamais aucune fonction sacrée, si vous ne me rétablissez par grace; & que je n'exciterai jamais aucun scandale contre l'église Romaine ou contre son évêque, à qui je proteste d'être toujours obéissant.* C'est ainsi que se termina cette affaire également honteuse pour Lothaire, pour les évêques &c.

Mais ils se soumettent à l'exemple de Lothaire.

N 4

pour le pape ; & c'est la premiere où un roi &
des évêques étrangers se soient soumis à la jurisdiction de la cour de Rome. Jusqu'alors les
papes ne s'étoient point encore mêlés des mariages, ni des divorces des princes. Ce premier
succès les enhardira à se porter pour juges dans
ces sortes d'affaires, & il en naîtra bien des
désordres.

Mort de Charles roi de Provence & de Lothaire roi de Lorraine.

Charles, roi de Provence, mourut, lorsque ce divorce occupoit toute l'Europe, &
qu'on disputoit sur les cas, où un mari pouvoit
répudier sa femme pour en prendre une autre.
Lothaire, par un traité fait avec Charles, devoit être son héritier. Mais il céda une partie
de ce royaume à l'empereur, parce que son
différent avec la cour de Rome, lui faisoit une
nécessité de le ménager. A peine eut-il terminé cette affaire qu'il mourut à Plaisance, lorsqu'il revenoit dans ses états.

860

Au préjudice de l'empereur frere de Lothaire, Louis le Germani-que &Charles I. Chauve partagent la Lorraine en-tre eux.

L'empereur, comme frere de Lothaire, pouvoit prétendre à la Lorraine: mais il étoit trop
éloigné pour faire valoir ses droits, & d'ailleurs
il avoit alors la guerre avec les Sarrasins. Ces
peuples, profitant des troubles qui désoloient
les duchés de Bénévent & de Naples, avoient
passé de Sicile en Italie, & s'y étoient établis.
Le roi de Germanie, alors malade à Ratisbon-
ne, avoit déja bien de la peine à se défendre
contre les Sclavons Vinides, qui avoient gagné

plufieurs batailles fur lui. Charles le Chauve faifit ces circonftances, qui lui étoient favorables, parut avec une armée, fut reconnu dans une affemblée qui fe tint à Metz, & facré roi de Lorraine. Cependant le roi de Germanie lui ayant déclaré la guerre, il confentit à lui céder une partie de ce royaume ; & le partage fut fait.

C'eft en vain qu'Adrien II, prenant les intérêts de l'empereur, avoit protefté contre les entreprifes de ces deux rois, & les avoit menacés d'excommunication, s'ils s'emparoient de la Lorraine ; ce fut tout auffi inutilement, que fes légats vinrent à S. Denis ; & que s'étant préfentés devant le roi lorfqu'il entendoit la meffe, ils lui défendirent de la part du pape de fe mêler déformais en aucune maniere de ce royaume. Adrien crut trouver bientôt l'occafion de fe venger du mépris qu'on faifoit de fes cenfures.

Ils méprifent les excommunications d'Adrien II qui fe déclare pour l'empereur.

Charles le Chauve avoit deux fils ; Louis qui ne lui avoit jamais été bien foumis, & Carloman qui fe révolta. Celui-ci mécontent d'avoir été fait diacre malgré lui, fe mit à la tête d'une troupe de bandits, & ravagea le royaume. Le roi, comme pour autorifer les prétentions du clergé, prit un concile pour juge, & fit excommunier fon fils, avec tous ceux qui l'avoient engagé, ou qui le fuivoient dans la révolte.

Charles fait excommunier Carloman fon fils qui s'étoit révolté.

Le pape qui se
déclare pour
Carloman,
veut s'établir
juge de cette
affaire, mais
sans succès.

Carloman implora la protection du pape, qui étoit empressé de saisir le plus léger prétexte pour étendre sa jurisdiction sur le roi & sur les évêques de France. Adrien, dans sa lettre à Charles, le traita de pere dénaturé, lui ordonna de cesser la persécution qu'il faisoit à son fils, & de lui rendre son amitié; ajoutant que quand il auroit obéi, il enverroit des légats en France pour régler tous les différents. Il écrivit encore aux évêques que toutes leurs excommunications seroient nulles, jusqu'à ce qu'il eût été instruit de cette affaire; & aux seigneurs qu'il les excommunieroit, s'ils prenoient les armes contre Carloman. Cette tentative n'eut pas l'effet qu'Adrien s'étoit promis, parce que les esprits n'étoient pas encore accoutumés à reconnoître l'autorité qu'il s'arrogeoit. Mais c'est à force de hazarder des prétentions aussi extraordinaires, que les papes s'éleveront enfin au dessus des rois, & disposeront des couronnes.

Il abandonne Carloman
pour Charles
dont il croit
avoir besoin.

Adrien fit ses réflexions, & changea de conduite. Considérant que si l'empereur, qui n'avoit point de fils, venoit à manquer, Charles pourroit être roi d'Italie; & que, par conséquent, il devoit le ménager pour lui, pour ses parents & pour ses amis; il lui écrivit peu après d'un style tout différent. Il le combla de louanges, & lui promit de ne jamais se départir de ses intérêts. Carloman abandonné du pape, fut pris après avoir troublé plusieurs provinces

pendant deux ans; & son pere lui fit crever les
yeux.

Le roi de Germanie ne trouvoit pas plus de
soumission dans sa famille. Car ses deux cadets
Louis & Charles avoient pris les armes; &
Carloman son aîné, alors soumis, s'étoit déja
révolté plusieurs fois.

Les fils du roi
de Germanie
n'étoient pas
plus fideles.

L'empereur étant mort sur ces entrefaites,
Charles le Chauve, qui avoit pris ses mesures
d'avance, ferma les passages des Alpes au roi
de Germanie, & vint à Rome, où il reçut la
couronne impériale des mains de Jean VIII,
successeur d'Adrien. Son frere, jaloux de se
venger, fit une irruption en France, pénétra
jusqu'en Champagne, ruina tous les lieux par
où il passa, & se retira.

875
Après la mort
de l'empereur
Charles ob-
tint de Jean
VIII la cou-
ronne impé-
riale.

On ne sait pas exactement ce que coûta le
titre d'empereur au roi de France : mais quelque marché qu'il ait fait, il a du moins donné
lieu de croire que le pape le conféroit; & on
ne peut pas douter qu'il n'ait contribué à l'avilissement de cette dignité & à l'accroissement de
la puissance des papes. Il revint en France l'année suivante 876, & il se hâta de faire tenir un
concile à Pont-Yon, où les légats se trouverent, & dans lequel il employa toute son autorité pour soumettre l'église de France à la jurisdiction du saint siege. Il oublia même sa dignité, jusqu'à dire que le pape lui avoit donné

la commiſſion de le repreſenter, & qu'il vouloit exécuter les ordres qu'il en avoit reçus. Cependant les entrepriſes du ſouverain pontife
étoient contraires aux canons, aux uſages de
l'égliſe gallicane, & aux intérêts mêmes du roi.
Entre autres choſes, il établiſſoit l'archevêque
de Sens, primat des Gaules & de Germanie,
comme ſon vicaire en ces provinces, ſoit pour
la convocation des conciles, ſoit pour
les autres affaires eccléſiaſtiques : ordonnant
qu'il notifieroit aux évêques les decrets du ſaint
ſiege, lui feroit le rapport de ce qui auroit été
fait en exécution, & le conſulteroit ſur les
cauſes majeures. Mais les évêques s'oppoſerent à cette nouveauté, & quoique l'archevêque de Sens ſe ſoit depuis prétendu primat des
Gaules & de Germanie, cette qualité ne fut
jamais en lui qu'un titre ſans juriſdiction. Le
deſſein de Charles étoit d'abaiſſer ſon clergé,
parce qu'il le craignoit : il reſſembloit au cheval de la fable, auquel bien d'autres princes
ont reſſemblé.

875
Mort de Louis
le Germani-
que qui laiſſe
trois fils.

Cette même année mourut Louis, roi de
Germanie. Il ſut défendre ſes etats contre ſes
voiſins, maintenir ſes ſujets dans l'obéiſſance,
faire rentrer ſes fils dans le devoir : en un mot,
il fit reſpecter ſon autorité. Mais j'ai peine à
croire, qu'il ait été un des plus vertueux & des
plus grands princes qui ait regné en Allemagne,
comme le dit Mr. le préſident Henault : Il n'y

avoit guere alors de véritable vertu ni de véritable grandeur parmi les souverains.

Quatre ans avant sa mort, il avoit partagé ses états entre ses fils. Carloman eut la Baviere, la Boheme, la Carinthie, l'Esclavonie, l'Autriche d'aujourd'hui & une partie de la Hongrie. Louis eut la Franconie, la Saxe, la Frise, la Thuringe, la basse Lorraine, Cologne & quelques autres villes sur le Rhin. Enfin Charles eut l'Allemagne, ce qui comprenoit tout ce qui est au de-là du Mein jusqu'aux Alpes, & avec cela quelques villes qui avoient été du royaume de Lorraine.

L'empereur voulant envahir quelques parties de ces états, arma contre lui ses trois neveux, Carloman roi de Baviere, Louis roi de Germanie & Charles roi d'Allemagne : c'est ainsi qu'on les désignoit. Il venoit d'être défait par le roi de Germanie, lorsqu'il apprit que les Normands, entrés par l'embouchure de la Seine, s'étoient rendus maîtres de Rouen ; & que les Sarrasins, les Grecs & le duc de Bénévent causoient de grands désordres en Italie. Il se hâta de passer les Alpes à la sollicitation du pape, laissant la régence du royaume de France à Louis son fils : mais Carloman, roi de Baviere, arriva presque aussitôt en Lombardie. Ces deux rois se firent peur mutuellement, & n'eurent rien de plus pressé que de retourner l'un & l'autre sur leurs pas : Carloman, parce qu'il

Charles qui ne peut se défendre contre les Normands & les Sarrasins fait la guerre à ses neveux & meurt.

crut que Charles étoit venu avec toutes ses forces; & Charles, parce qu'en effet une partie de son armée avoit refusé de le suivre. Celui-ci tomba malade en passant le Mont-Cénis, & mourut dans une chaumiere de paysan. Il étoit dans la cinquante-cinquieme année de son âge, & dans la trente-huitieme de son regne, comme roi de France.

877

Je vous ai montré par la suite des principaux événements, combien ce roi fut peu maître dans ses états, & combien il étoit foible pour les defendre, lors même qu'il acquéroit de nouvelles provinces. Il nous reste à considérer, dans sa conduite, quels sont les vices qui acheveront de perdre tout-à-fait le gouvernement.

Sage politique de Charlemagne.

Le roi se trouvant entre deux corps jaloux & ennemis, le clergé & la noblesse, étoit forcé à se déclarer, tantôt pour l'un, tantôt pour l'autre, & devoit enfin devenir la victime de l'un des deux, ou de tous deux ensemble. Si Charlemagne maintint son autorité, c'est qu'il fit entrer le peuple dans les assemblées de la nation; qu'il sut balancer par ce troisieme corps la puissance de la noblesse & du clergé; & qu'il entretint l'union entre ces trois ordres. Cette politique lui réussit: sur quoi vous remarquerez que le plan de gouvernement le plus équitable est le plus avantageux pour le souverain, comme pour les sujets. Si ce grand homme eût pu transmettre son génie à ses fils, l'empire François, tous les jours plus florissant, se fût affermi. Il devoit donc tomber en décadence sous Louis & sous Charles I; car les effets ne pouvoient plus être les mêmes, lorsque la conduite des souverains étoit toute différente.

Louis fut l'instrument de sa femme, de ses ministres & des moines. Il ne consultoit pas la nation, ou il changeoit de son autorité ce qu'il avoit réglé avec elle. Il lui commandoit en maître, il lui parloit en suppliant, passant de la soumission au despotisme, & toujours timide ou téméraire, suivant les impressions qu'il recevoit. Les assemblées de la nation devinrent moins fréquentes; le peuple n'y eut plus la même influence, & les dissentions recommencerent entre la noblesse & le clergé.

Les désordres ont commencé sous Louis le Débonnaire.

Sous Charles, les abus prirent de nouvelles forces. Il compta d'abord pour rien le clergé, la noblesse & le peuple; il dédaigna de convoquer le champ de mai, soit qu'il craignît de trouver de la résistance dans l'assemblée de la nation, soit que, d'après ses flatteurs, il crut n'avoir qu'à commander : mais on lui désobéit, & on lui désobéit impunément. Les grands, en lui refusant le service militaire, lui firent sentir toute sa foiblesse. Voilà pourquoi il fut

Ils s'accroissent sous Charles le Chauve.

toujours hors d'état de défendre ses provinces contre les Normands. Régnier, avec qui il fit un traité si honteux, n'avoit que cent-vingt bateaux, &, par conséquent, fort peu de troupes.

Charles s'humilia: son impuiſſance en fut plus manifeſte. Les ſeigneurs & les évêques, qu'il convoqua, en devinrent plus hardis. Le champ de mai, qui avoit fait toute la force du gouvernement ſous Charlemagne, n'offrit plus qu'une aſſemblée tumultuaire, dans laquelle des hommes qui n'y venoient que pour ſe plaindre, ou que parce qu'ils avoient encore quelques ménagements à garder, délibéroient toujours en déſordre, & ne terminoient jamais rien. D'ailleurs comme le peuple, de plus en plus avili, n'étoit point appellé, le roi ſeul, entre le clergé & la nobleſſe, étoit trop foible contre tous deux enſemble, & ne pouvoit ſans danger s'attacher à l'un plutôt qu'à l'autre. Les choſes étant réduites à ce point, il étoit difficile de ſe bien conduire; mais il n'étoit pas poſſible auſſi de ſe conduire plus mal que Charles le Chauve. Je ne veux pas ſeulement parler de la faute qu'il fit, en reconnoiſſant comme des droits, les prétentions des évêques; ni de l'imprudence qu'il eut enſuite de vouloir les ſoumettre au pape, afin de les abaiſſer: je veux parler de la conduite qu'il tint avec la nobleſſe,

&

& qui doit produire le gouvernement le plus monstrueux.

Charles-Martel, Pepin son fils & Charlemagne avoient donné des bénéfices aux grands qu'ils vouloient s'attacher; exigeant d'eux le serment de fidélité, l'hommage & le service militaire, quand ils seroient commandés. Cet établissement lia le bénéficier à celui qui conféroit le bénéfice, & mit entre eux un rapport qu'on exprimoit par les mots de *vassal* & de *suzerain*.

Origine du gouvernement féodal.

Cette politique étoit sage de la part de ces princes, assez puissants pour s'assurer de la reconnoissance, & qui d'ailleurs conservoient le droit de reprendre les bénéfices à ceux qui manqueroient à leurs engagemens. Mais Charles le Chauve, dans une position toute différente, fut assez simple pour croire s'attacher les seigneurs par des bienfaits; & comme il n'avoit plus rien à donner, il déclara tous les bénéfices & tous les comtés héréditaires.

Il faut considérer que la plupart des seigneurs & des comtes étoient si bien affermis, qu'il eût été dangereux d'entreprendre de les dépouiller. En acquérant donc un droit sur une chose, qu'ils étoient assez forts pour conserver, ils crurent qu'on ne leur donnoit que ce qu'on ne pouvoit pas leur ôter: & ne songeant qu'à jouir de ce qui ne pouvoit plus leur être contesté, ils devinrent plus indépendants que jamais. Tel fut le degré de puiſſance où s'éleverent les grands vaſſaux.

Comme on profitoit de la foibleſſe du gouvernement, il s'établiſſoit des multitudes de tyrans dans chaque province. Un homme étoit-il aſſez puiſſant pour ſe cantonner dans ſa terre? Il ceſſoit d'obéir: il ne permettoit plus aux envoyés royaux de faire aucune fonction chez lui : & il ne travailloit qu'à s'approprier les droits de la ſouveraineté. Ainſi les loix Saliques, Ripuaires, Romaines, Bourguignones, les Capitulaires de Charlemagne, en un mot, toutes les loix, en vigueur juſqu'alors, furent abſolument oubliées. A leur place, s'introduiſirent des coutumes bizarres, contradictoires, tyranniques ; telles que l'ignorance & l'avarice les établiſſent, quand la force regle tout : la volonté de chaque ſeigneur étoit devenue l'unique loi.

Il ſe forma néanmoins parmi tous ces ſeigneurs une ſorte de ſubordination. Ceux qui rendoient hommage à un ſupérieur, le recevoient d'un inférieur, & ſe trouvoient ſous différents rapports tout à la fois ſuzerains & vaſſaux. Le roi, qui ne relevoit de perſonne, & les petits ſeigneurs auxquels perſonne ne rendoit hommage, étoient les extrémités de cette chaîne. Cependant il n'y avoit rien de certain dans cette ſubordination : l'état de chaque ſeigneur pouvoit varier & varioit continuelle-

ment. Comme il n'y avoit point de puissance
publique, qui se fît respecter, le foible étoit
sans protection contre le fort qui l'opprimoit;
& le fort des armes donnoit des droits, ou les
enlevoit suivant les circonstances. Aujourd'hui
on étoit le vassal d'un seigneur, demain on l'é-
toit d'un autre; ou même on devenoit le suzerain de celui à qui on avoit rendu hommage.
Enfin quelques seigneurs s'affranchirent de tout
hommage, & ne relevèrent, comme on s'ex-
prima, que de Dieu & de leur épée. Leurs terres qui devinrent des principautés tout-à-fait
indépendantes, furent ce qu'on nomma des
alleux, ou des terres allodiales. Tel étoit l'é-
tat de la France: elle n'avoit plus de loi, & des
tyrans s'y formoient de toutes parts. On a
nommé gouvernement féodal cette anarchie,
où la fortune des grands se trouvoit toujours
chancelante, où les foibles gémissoient continuellement sous l'oppression, & d'où les plus
grands désordres devoient sans cesse naître les
uns des autres.

Les vassaux prêtoient foi & hommage à
leurs suzerains. Quoique quelques-uns s'y re-
fusassent, en général ils ne s'en dispensoient
pas, lors même qu'ils étoient assez forts pour
s'en affranchir. C'est que l'anarchie féodale s'é-
tant introduite peu-à-peu, il étoit naturel de
conserver par habitude quelque chose de l'ancien gouvernement, & de continuer de prêter

O 2

l'hommage, parce qu'on l'avoit toujours prêté.
On songeoit d'autant moins à secouer cet usage, que ce n'étoit plus un joug, mais seulement une formalité, qui n'obligeoit à rien celui qui étoit assez puissant pour ne pas obéir:
d'ailleurs un seigneur eût donné un mauvais
exemple à ses vassaux, s'il eût refusé lui-même ce devoir à son suzerain. Voilà pourquoi
le droit de la suzeraineté se conservoit presque
par-tout, dans les temps où chaque vassal travailloit à s'affranchir & à se rendre indépendant.

    Quant aux autres droits, vous pouvez juger
par la nature des fiefs, c'est ainsi qu'on nommoit les terres qui soumettoient à l'hommage,
vous pouvez juger, dis je, qu'ils n'avoient rien
de fixe. Ils ne pouvoient être uniformes, parce
qu'ils dépendoient uniquement de la puissance
du suzerain & de la foiblesse du vassal. Là, les
vassaux ne faisoient point difficulté de servir
à la guerre pendant soixante jours; ici, ils vouloient que leur service fût borné à quarante,
ailleurs à vingt-quatre, ou même à quinze:
les uns exigeoient une espece de solde; d'autres prétendoient pouvoir se racheter de leur
service, en payant quelque légere subvention:
tantôt on ne devoit marcher que jusqu'à une
certaine distance; d'autres fois on n'étoit obligé de marcher, que lorsque le suzerain coman-
doit lui-même ses troupes. Ceux-là ne devoient

que le service de leur personne ; ceux ci devoient se faire suivre d'un certain nombre de
chevaliers. En un mot, le joug des vassaux
étoit plus ou moins pesant, suivant leur foiblesse ou leur puissance. Tel est le gouvernement monstrueux, qui va subsister pendant plusieurs siecles, & dont la suite de l'histoire vous
fera connoître les abus.

CHAPITRE IV.

Jusqu'à Hugues Capet.

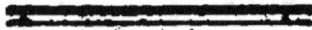

L'empire de
Charlemagne
tombe. Il suf-
fit de recon-
noître les cau-
ses de cette
révolution.

LA maison de Charlemagne se précipite vers sa ruine, & entraîne avec elle l'empire qu'il a fondé. Dès que nous connoissons cette révolution dans ses causes, nous la connoissons déja dans ses effets. Il est aisé de prévoir les guerres, qui vont déchirer l'Europe dans toutes ses parties; puisqué nous ne voyons par-tout que des tyrans sans mœurs, sans loix, sans subordination. Je crois encore inutile d'étudier ces guerres dans l'histoire, parce qu'il est tout aussi instructif de les imaginer, & beaucoup plus court. Passons donc rapidement, & n'observons la chûte de l'empire de Charlemagne, que pour remarquer ce qui se formera de ses débris.

Etat de l'em-
pire sous Louis
II.

Quoique Louis II, dit le Begue, eût reçu de son pere la régence du royaume, il paroît cependant n'avoir dû la couronne, qu'à la jalousie qui divisoit les grands. Aucun d'eux ne vouloit se donner pour maître celui qu'il avoit

jufqu'alors regardé comme fon égal : & ils trouvoient tous de l'avantage à fe réunir en faveur
de Louis, auquel ils pouvoient faire la loi.

L'Italie étoit comme la France, en proie à
une multitude de petits fouverains ; en forte
que le titre de roi de Lombardie n'avoit donné
à Charles le Chauve qu'une puiffance toujours
conteftée par les ducs Lombards, auxquels
Charlemagne avoit laiffé leurs domaines.

Les Sarrafins faifoient des courfes jufqu'aux
portes de Rome, qui fe racheta par un tribut
auquel elle fe foumit. Carloman, roi de Baviere, prétendoit à l'empire. Lambert, duc
de Spolete, foutenu d'Adelbert marquis de
Tofcane, y prétendoit encore. Tous deux le
demandoient au pape Jean VIII, qui le refufoit à l'un & à l'autre. Cependant Lambert entre dans Rome, fait arrêter Jean, & continue
de lui demander l'empire, fans pouvoir l'obtenir. Quelle idée fe formoit-on de cet empire,
dont le pape dans les fers difpofoit encore ?
Quoi qu'il en foit, le duc de Spolete fe defif-
ta, & exigea le ferment de fidélité au nom du
roi de Baviere dont il craignit d'être le concurrent. Si Carloman n'eût pas été retenu par une
maladie & par la guerre qu'il avoit avec les
Sclavons, il fe fût rendu maître de l'Italie &
de l'empire, c'eft-à-dire, du titre d'empereur &
de celui de roi de Lombardie : car alors ce
n'étoit guere là que des titres.

Le pape s'étant échappé de sa prison, vint en France, & tint un concile à Troyes, dans lequel il sacra le roi & excommunia Lambert, Adelbert, tous ceux qui s'emparoient des biens des églises, & tous ceux encore qui s'assieroient en présence des évêques, sans en avoir obtenu la permission.

Le pere Daniel pense que Louis fut seulement couronné roi de France, le pape ayant voulu qu'il vînt à Rome recevoir la couronne impériale ; & qu'il y vint avec une armée, pour secourir cette ville contre les Sarrasins, le duc de Spolete & le marquis de Toscane. Mais il importe peu de savoir quels ont été les titres d'un roi, qui n'a paru sur le trône que pour s'en montrer indigne. Il mourut après dix-huit mois de regne.

Il laissa deux fils encore fort jeunes, Louis & Carloman : & quelque temps après la reine accoucha d'un prince qui paroîtra sous le nom de Charles le Simple.

Les grands, profitant de la jeunesse des princes, formerent plusieurs factions. Louis de Germanie fut même appellé à la couronne de France : mais enfin ils se réunirent, & partagerent le royaume entre Louis & Carloman. Cependant Hugues, fils de Lothaire & de Valdrade, entreprend de faire valoir ses droits sur la Lorraine ; les Normands recommencent leurs courses ; & le duc Boson, dont Charles le

*879
État de l'empire sous Louis III & Carloman.*

Chauve avoit épousé la sœur, se fait reconnoître roi de Provence.

Pendant que ces mouvements se faisoient en France, Carloman, roi de Baviere, mourut. Louis de Germanie ajouta la Baviere à ses états, en cédant néanmoins la Carinthie à Arnoul, fils naturel de Carloman: & Charles, roi d'Allemagne, se fit reconnoître roi de Lombardie, & vint à Rome où le pape Jean le couronna empereur. L'année suivante, il réunit encore sous sa domination la Germanie & la Baviere; Louis, son frere, étant mort sans enfants.

880

Louis, roi de France, mourut en 882 & Carloman son frere en 884. La jeunesse de ces princes acheva d'affoiblir la puissance royale. Les grands auroient pu donner la couronne au fils posthume de Louis le Begue; mais comme les guerres civiles & les incursions des Normands, tous les jours plus redoutables, faisoient sentir le besoin d'un chef; qu'un enfant, qui n'avoit guere que quatre ans, ne pouvoit pas l'être; & qu'aucun d'eux ne fut allez puissant pour se saisir de la régence; ils appellerent au trône de France l'empereur Charles, que l'on surnommoit le Gros.

Etat de l'empire sous Charles le Gros.

882

884

La réunion de tant d'états, en paroissant former de nouveau le vaste empire de Charlemagne, n'en offroit cependant que le simulacre. Ce n'étoit plus ce corps dont toutes les parties se soutenoient: elles se détruisoient, au

contraire, & le souverain, incapable d'y rétablir l'ordre, n'en étoit que plus foible.

Il restoit encore quelque subordination dans
la Germanie; car les loix n'y étoient par tout-
à-fait oubliées.   Charles eût donc pu se faire
respecter dans toute l'étendue de sa domination,
s'il eût su faire usage de l'autorité qu'il conservoit encore sur les Germains : mais il parut
sans puissance en Germanie , parce qu'il en
avoit peu par-tout ailleurs.

Il venoit de faire en 882 une paix honteuse
avec les Normands, leur ayant cédé une partie
de la Frise & des pays compris aujourd'hui sous
le nom de Hollande; & dès 887, ces peuples
se répandirent dans la Flandre, passerent la
Somme, brûlerent Pontoise, & mirent le siege
devant Paris. Eudes ou Odon comte de Paris
fils de Robert le Fort, qui s'étoit distingué sous
Charles le Chauve, défendit cette place avec
beaucoup de courage pendant deux ans; l'empereur ne parut que pour faire encore une paix
honteuse , qui l'ayant rendu l'objet du mépris
du public , acheva de ruiner son autorité.

Les flatteurs lui disoient souvent qu'un
prince comme lui n'avoit qu'à commander: les
royaumes qu'il avoit acquis successivement par
la mort de plusieurs princes, sembloient prouver qu'il étoit né pour être le maître d'un vaste
empire : on le comparoit à Charlemagne , &
il croyoit en avoir toute la puissance , lorsque,

tout-à-coup déposé, il se vit sans empire, sans
sujets, & réduit à subsister des charités de l'archevêque de Mayence. Il mourut l'année
d'après.

Arnoul, duc de Carinthie, & qui étoit à
la tête d'une armée, fut proclamé roi de Germanie ; & le comte Eudes se fit reconnoître roi
de France, à l'exclusion de Charles le Simple,
âgé de huit ans. Cependant plusieurs seigneurs,
alliés à la maison Carlovingienne, ou qui en
descendoient par les femmes, formoient des
prétentions sur ce royaume, ou sur quelques
unes de ses parties. Tels étoient Gui duc de
Spolete & Bérenger duc de Frioul, qui causè-
rent une longue guerre en Italie, & qui prirent la couronne tour-à-tour. Rodolphe, neveu d'Eudes, se fit un royaume de la Bourgogne transjurane. Louis, fils de Boson, conserva celui de Provence. Les ducs & les comtes se regarderent tous comme indépendants.
Enfin les Normands se montrerent de toutes
parts.

888 Démembre-
ment de l'em-
pire après la
déposition de
Charles le
Gros.

Au milieu des guerres sans nombre que
se faisoient les grands & les petits vassaux, un
parti se déclara pour Charles le Simple, & lui
donna la couronne en 892. Les désordres, qui
en devinrent plus grands, durerent jusqu'en 897
que les deux rois partagerent la France. Eudes
mourut l'année suivante.

Charles régna seul. Ce prince foible n'eut

898
Charles le
Simple est
fans autorité.

aucune autorité, & l'anarchie se porta jusqu'aux derniers excès. C'est sous lui que Rolon, chef des Normands, s'établit dans cette province, qu'on nomme aujourd'hui Normandie. Il fallut la lui céder ; bientôt après, il fallut encore lui donner la Bretagne. Au reste Rolon eût été digne d'un plus grand état : car il sut donner des loix & des mœurs à des peuples, qui jusqu'alors n'avoient vécu que de brigandages.

Charles vit deux rebelles prendre successivement la couronne. Robert, frere d'Eudes & duc de France, la porta pendant une année;

923

& ayant été tué dans un combat, son gendre, Raoul ou Rodolphe, duc de Bourgogne, l'usurpa. Le roi qui tomba dans les fers par la trahison d'Herbert, comte de Vermandois, mourut dans

929

sa prison six ans après ; & Raoul, qui continua de regner parmi les guerres, & les revoltes,

936

laissa par sa mort la France dans l'état le plus déplorable.

Les derniers
Carlovin-
giens ne con-
servent plus
qu'un titre.

Louis IV, dit d'Outremer, s'étoit enfui en Angleterre lors de la prison de Charles son pere. Hugues le Grand, fils de Robert qui avoit été roi, le rappella pour le mettre sur le trône; se flattant de gouverner sous son nom, & ne se trouvant pas dans des circonstances à pouvoir se déclarer roi lui-même.

Louis IV, Lothaire son fils, & Louis V, son petit-fils, sont les derniers rois de la race

Carlovingienne. Ces princes n'avoient plus que le titre de souverains. Presque tous les domaines immédiats de la couronne avoient été aliénés; & Laon étoit la seule ville considérable qu'ils eussent conservée. Hugues le Grand, toujours puissant, se révolta plusieurs fois contre Louis d'Outremer; & Hugues Capet, son fils, usurpa le trône après la mort de Louis V arrivée en 987. La famille de Charlemagne a regné pendant 236 ans.

987

CHAPITRE V.

De l'état de l'Angleterre au neuvieme & au dixieme siecles.

Au commencement du neuvieme siecle Egbert réunit les sept royaumes sous sa domination.

VERS la fin du sixieme siecle, la grande Bretagne étoit enfin tombée sous le joug des Saxons & des Anglois, que les Bretons avoient appellés à leurs secours en 449; & le pays se trouvoit divisé entre sept chefs ou rois, ce qu'il a plu d'appeller *Heptarchie*. Mais après bien des guerres, tous ces petits états furent réunis en 828, sous la domination d'Egbert, roi de Wessex. Ce prince avoit passé quelque temps à la cour de Charlemagne, & pouvoit y avoir pris des leçons sur l'art de conquérir & de regner.

Quelle a été la cause de l'autorité du saint siege & de la puissance des moines en Angleterre.

L'Angleterre, que l'arrivée des Saxons avoit replongée dans l'idolatrie, étoit alors catholique, & dès l'an 597 l'évangile y avoit été prêché avec succès par le moine Augustin, que le pape S. Grégoire y avoit envoyé. La religion continua de s'y répandre précisément dans ces siecles, où le clergé augmentoit continuelle-

ment fa puiffance , & donnoit fes prétentions
pour des droits. Les Anglois, qui confondoient
les prétentions & les dogmes , parce qu'on les
leur prêchoit enfemble, fe foumirent au clergé
comme à la foi ; & , fur-tout, au pape qui
leur avoit envoyé des miffionnaires. Voilà
pourquoi ils furent de bonne heure plus dévoués à la cour de Rome qu'aucun autre peuple ; jufques-là que leurs rois fe rendirent tributaires du faint fiege. En 855 Ethelwolf publia un édit, par lequel il donna aux églifes la
dîme de tous les revenus du royaume. Il envoya
enfuite par dévotion fon fils à Rome : il y vint
lui-même deux ans après, fit de grandes libéralités, promit d'envoyer toutes les années une
certaine fomme, tant pour les befoins du pape
que pour ceux des églifes ; & à fon retour, il
affura des fonds à cet effet, en affujettiffant tout
fon royaume au *romefcot*, ou denier de S. Pierre, impôt qui jufqu'alors n'avoit été levé que
dans quelques provinces. Les Anglois d'aujourd'hui, à qui ce tribut déplaît, ne veulent
voir dans le denier de S. Pierre que la pure libéralité d'un prince pieux. Mais qui ne fait
que ces libéralités font tôt ou tard des tributs ?
Les fucceffeurs de ce prince n'ont pas oublié
d'ordonner la dîme & le romefcot ; les conciles
d'Angleterre ne l'ont pas oublié non plus : ils
prétendoient même que les églifes ne doivent
être chargées d'aucun impôt.

Sous Egbert
les Normands
aborderent en
Angleterre.

Egbert venoit de se rendre maître des sept royaumes, lorsque les Normands aborderent en Angleterre pour la premiere fois, & vainquirent. Ils revinrent deux ans après, & furent défaits; ils continuerent sous Ethelwolf, fils d'Egbert, gagnant & perdant des batailles, mais ruinant toujours les pays où ils pénétroient.

Ils sont chassés sous Alfred
qui gouverne
avec sagesse.

Alfred, le quatrieme des fils d'Ethelwolf, mérite de n'être pas passé sous silence. Il regna après ses trois freres, & se proposa de chasser les Normands, qui avoient déja envahi une partie du royaume. Cependant la fortune lui fut d'abord si contraire, qu'il fut réduit à se cacher dans la chaumiere d'un berger. Mais six mois après, s'étant couvert de haillons, il osa venir dans le camp des ennemis, & observer, en jouant de la harpe, ce qui s'y passoit. Lorsqu'il eut tout reconnu par ses yeux, il alla se mettre à la tête de quelque peu de troupes, qu'il avoit fait rassembler secrétement, tomba tout-à-coup sur les Normands, & remporta une victoire complete. Il n'eut plus que des succès. Ses ennemis devinrent ses sujets : ceux qui ne voulurent pas se soumettre, furent contraints de sortir d'Angleterre; & il assura la paix dans ses états. Ce temps de repos fut employé à veiller à la sûreté des peuples, à leur donner

des

des loix, & à faire fleurir le commerce, les arts
& les sciences. Une flotte croisoit continuellement sur les côtes : des corps de troupes étoient
disposés de maniere à pouvoir se porter facilement par-tout : & pendant que, par ces sages
mesures, Alfred écartoit les barbares, il appelloit les savants, il faisoit venir des livres, il
jetoit les fondements de l'académie d'Oxford,
& il policoit tout son royaume. Il connut un
art qui devroit être celui de tous les princes :
car il mit tous ses sujets dans la nécessité de
veiller les uns sur les autres ; & il se mit lui-
même en état de pouvoir être toujours instruit
de la conduite & de la profession de chaque
particulier ; voici par quel moyen. Il divisa son
royaume en shires ou provinces, les provinces
en centaines de familles, les centaines en dixaines; il ordonna que chacun se feroit inscrire dans
quelqu'une des dixaines, sous peine d'être poursuivi par les loix comme vagabond, & il voulut
que chaque pere répondît pour sa famille, chaque dixaine peur les peres, & chaque centaine
pour les dixaines. Par cet arrangement, l'ordre s'établit & se maintint. Ce grand prince
mourut en 900, à l'âge de cinquante-deux
ans, & après en avoir regné vingt-huit,
dont les douze dernieres avoient été paisi-
bles. Sa famille conserva la couronne, tant
qu'elle fournit des princes actifs & courageux:
elle la perdit par le long regne d'Ethelred tout

à la fois lâche, avare & cruel ; & l'Angleterre, en 1017, tomba sous la domination de Cannut, roi de Danemarck.

Il paroît que les rois Saxons étoient dans l'usage de convoquer le clergé & la noblesse, & de les consulter sur les loix qu'il convenoit de publier. C'est aussi dans ces assemblées qu'ils étoient reconnus ou même élus ; car quoiqu'on les prît toujours dans la même famille, on excluoit cependant l'héritier le plus prochain, lorsqu'il étoit trop jeune pour gouverner. Le clergé devoit être puissant, soit par l'influence qu'il avoit dans les assemblées ; soit par la piété libérale des princes, presque tous portés à faire du bien aux églises, & à donner leur confiance aux évêques. Edred, après avoir bien gouverné lui-même, crut, par principes de dévotion, devoir remettre le soin de ses états au moine Dunstan, abbé de Glaston. Edwy, son neveu qui lui succéda en 955, rendit aux ecclésiastiques séculiers les biens qu'on leur avoit enlevés pour les donner aux moines. Ceux-ci offensés d'avoir été forcés à cette restitution, se plaignirent avec si peu de modération, qu'ils obligerent le roi à sévir encore, & à les chasser de leurs monastères. Dunstan fut même banni. On se souleva: Edwy fut réduit à partager ses états avec Edgar, son frere, qui s'étoit mis à la tête des mécontents; & mourut bientôt après de chagrin.

Edgar rétablit les moines dans leurs monastères, leur en bâtit de nouveaux, & les combla de biens. Après la mort de ce prince, l'Angleterre fut menacée d'une guerre civile, parce qu'il y avoit un parti qui vouloit ramener les moines à l'esprit de leur premiere institution; & que d'ailleurs on étoit divisé sur le choix d'un successeur entre Edouard & Ethelred, tous deux fils d'Edgar. Les moines montrerent alors quelle étoit leur puissance: car, non-seulement, ils se maintinrent; mais encore ils mirent eux-mêmes la couronne sur la tête d'Edouard. Dunstan le sacra, s'empara de la régence, & profita de la minorité de ce roi, pour affermir les moines dans leurs possessions & dans leurs privileges. Vous voyez que l'Angleterre est le pays où les moines avoient alors le plus d'autorité. Ils jouissoient de la faveur des rois, ils parvenoient presque seuls aux dignités de l'église, & ils tenoient dans l'avilissement le clergé séculier. Ils n'avoient vraisemblablement une si grande puissance, que parce qu'ils avoient été les premiers missionnaires en Angleterre, & que le zele de la religion n'avoit pas étouffé en eux tout autre intérêt Je ne dois pas omettre un fait qui vous fera voir jusqu'où ils portoient leur audace. Edwy, prince très vicieux, celui-même dont j'ai déja parlé, vivoit avec une concubine. Odon, archevêque de Cantorberi & moine, essaya par ses exhortations de faire cesser ce scandale, & l'on ne peut jusques là qu'applaudir à son zele. Mais le roi ayant été sourd à ses remontrances, des gens armés enlevèrent cette femme par son ordre au milieu de la cour même : on la défigura, on la marqua d'un fer chaud, on l'exila en Irlande ; & comme elle osa reparoître quelque temps après, Odon la fit reprendre encore, & la fit mourir dans les tourments. Voilà ce que pouvoit un prélat en Angleterre.

Abus dans la discipline. Les conciles donnoient beaucoup d'attention à la discipline de l'église. Les rois eux-mêmes paroissoient en faire leur principal objet : & les loix qu'on multiplioit dans cette vue, & qu'on renouvelloit sans cesse, sont un monument des désordres qui regnoient dans le clergé : on ne cherche des remedes, que contre les maladies qui sont connues. Aussi les rois & les conciles se plaignent-ils souvent de ces désordres.

Pour un adultere, on ordonnoit sept années de jeûne dont trois étoient au pain & à l'eau. On appelloit pénitence profonde celle d'un laïque, qui quitte les armes, va en pélerinage au loin, marchant nus pieds, sans coucher deux fois en un même lieu, sans couper ses cheveux ni ses ongles, sans entrer dans un bain chaud, ni dans un lit moller, sans goûter de chair ni d'aucune boisson qui puisse enivrer ; allant à tous les lieux de dévotion, sans entrer

dans les églifes, &c. Dunftan, devenu évêque de Cantorberi après Odon, impofa une
pénitence de fept ans au roi Edgar; pendant
laquelle il lui défendit de porter la couronne,
lui ordonnant de jeûner deux jours de la femaine, de faire de grandes aumônes, de fonder
un monaftère de filles, de chaffer des églifes
les clercs mal vivants, & d'y mettre des moines en leur place.

Quelque féveres que paroiffent ces pénitences, elles devenoient commodes par la facilité de fe racheter des jeûnes auxquels on
étoit condamné. Un denier ou deux-cent-vingt
pfeaumes, ou encore foixante génuflexions &
foixante *pater* tenoient lieu d'un jour de jeûne.
Une meffe en valoit douze. Enfin un homme
riche pouvoit faire jeûner pour lui, & accomplir en trois jours les jeûnes de fept ans: il lui
fuffifoit de payer un certain nombre de moines, qui vouluffent fe charger en même temps
de fa pénitence. Le peu que je viens de dire,
fuffit pour vous faire connoître la puiffance,
l'ignorance & les mœurs du clergé d'Angleterre.

CHAPITRE VI.

Des Sarrasins dans les siecles huit, neuf
& dix; & de l'Espagne depuis le
septieme siecle jusqu'à la fin du quin-
zieme.

La puissance
temporelle,
que le clergé
s'est atrogée
& l'abus qu'il
en a fait est
une des prin-
cipales causes
des désordres
& de la foi-
blesse des
états de la
chrétienté.

La trop grande puissance du clergé ne tend qu'à produire l'anarchie; aussi a-t-elle été & sera-t-elle encore une source d'abus & de calamités. La France en est la preuve, & la raison en est sensible: car dès qu'il n'y a plus de limites entre la puissance spirituelle & la puissance temporelle, tous les droits sont confondus; la religion fournit des prétextes, pour se soustraire à l'obéissance due aux souverains; l'ambition se colore des motifs les plus respectables; & les ministres de l'autel deviennent les instruments de l'audace & de la tyrannie.

Plus on réfléchira sur l'histoire des temps barbares, plus on se convaincra de cette triste vérité. Les prêtres, qui se disoient les interprêtes des volontés du ciel, avoient à peine

choisi l'oint du Seigneur, qu'ils se sont hâtés de l'avilir, & ils ont les premiers violé le
serment qu'ils avoient fait prêter aux sujets.
A mesure qu'ils deviennent plus puissants,
l'autorité du roi s'affoiblit. Alors les loix sont
sans force : le souverain, tombé dans le mépris, ne les sauroit faire respecter ; & le clergé, quelle que soit sa puissance, est trop foible pour arrêter des abus, auxquels d'ailleurs
il s'intéresse : il faut donc que l'anarchie regne
avec le sacerdoce. Ces abus, déja trop sensi-
bles, s'accroîtront encore, & produiront de
nouveaux maux.

En orient, le clergé n'avoit pas pu s'élever à
la même puissance : mais il n'influoit encore
que trop dans le gouvernement. Les prêtres
Grecs, n'ayant pu entrer en part de la souveraineté, virent sans jalousie le prince entrer en
part du sacerdoce. C'est qu'il leur importoit
de confondre les deux puissances, même en
cédant. En effet, un empereur théologien devoit être gouverné par des prêtres, & donnoit
de l'importance aux controverses qui divisoient le clergé. Aussi l'invitoit-on à être juge
en matiere de doctrine ; & lorsqu'il abandonnoit le soin des provinces, pour s'occuper des
disputes que les moines ne cessoient d'élever,
on le louoit de préférer l'église à l'état. Voilà les désordres qui ont favorisé en orient les
conquêtes des Sarrasins, &, peut-être, que sans

La confusion des deux puissances est favorable au clergé.

Charles-Martel l'anarchie leur eût livré toute la chrétienté.

La France, qui se seroit trouvée sans défenseur, auroit succombé. La facilité avec laquelle les Sarrasins conquirent l'Espagne, en est la preuve ; or, cette facilité avoit entre autres pour cause les abus qui naîtront de la trop grande puissance du clergé.

Lorsque Wamba fut détrôné, la couronne étoit élective, c'est-à-dire, à la disposition de la noblesse & du clergé, qui opprimoient le peuple, & qui s'opprimoient tour-à-tour. Les évêques & les abbés mirent sur le trône Ervige, & cet usurpateur reconnoissant affermit leur puissance. Il eut en 607 Egiza, son gendre, pour successeur.

Egiza, qui regna jusqu'en 701, & qu'on met au nombre des meilleurs rois, laissa trois enfants : Witiza qui lui succéda, Oppas, archevêque de Seville, & une fille qui fut mariée au comte Julien. Ce comte avoit le gouvernement des côtes de Gibraltar & de tout ce que les Goths possédoient encore en Afrique.

Avec Witiza regnerent les vices, la tyrannie & les désordres. Ce prince, devenu odieux, ôta les armes à ses sujets, & abattit les murs de quantité de villes, croyant par-là se précautionner contre les révoltes. Mais la dixieme année de son regne il fut détrôné par

Roderigue, fils du frere de Récéfuinte, qui avoit occupé le trône avant Wamba.

Eba & Sizebut, fils de Witiza, fe réfugie-rent en Afrique, où de concert avec l'arche-vêque Oppas leur oncle, & avec le comte Ju-lien qui avoit époufé leur tante, ils inviterent les Maures à paffer en Efpagne. C'eft ainfi qu'on nommoit les Sarrafins, qui étoient alors maîtres de la Mauritanie. Cette conquête étoit facile pour les Mahométans, puifque depuis Witiza, l'Efpagne n'avoit ni armes, ni places fortes, & que d'ailleurs Julien leur en facili-toit l'entrée. Roderigue ne put leur oppofer que des troupes levées à la hâte & mal armées; trahi par Oppas & par Julien, qui tournerent leurs armes contre lui au moment de l'action, il fut entiérement défait à Xerès l'an 713 : il difparut & les Maures conquirent l'Efpagne en huit mois. Ainfi finit la monarchie des Vifigots, qui duroit depuis 419 qu'ils s'étoient établis à Touloufe.

Les Sarrafins font la con-quête de l'Ef-pagne.

Les chrétiens, qui purent échapper aux Maures, s'enfuirent dans les montagnes de l'Afturie; où ils eurent pour chef Pélage, fils de Favila qui étoit frere de Récéfuinte, &, par conféquent, oncle de Roderigue : à ces montagnes près, les Sarrafins conquirent toute l'Efpagne, malgré la méfintelligence qui divi-foit quelquefois ceux qui les commandoient.

Abdérame ayant su les réunir, ils franchirent encore les Pyrénées, subjuguerent une grande partie des Gaules, & furent toujours vainqueurs jusqu'à cette journée, qui coûta la vie & la bataille à leur général, & qui couvrit de gloire Charles-Martel.

731

Ils remportent des avantages sur les Grecs & sur les Turcs.

Vers ce temps, les Sarrasins remportoient de grands avantages sur les Grecs ainsi que sur les Turcs, qui cherchoient à se faire de nouveaux établissements. Les Turcs étoient des Tartares, qui descendoient des anciens Huns, & qui habitoient les monts Altai. Depuis long-temps, ils faisoient des incursions dans la Chine & dans la Perse, & ils s'étendoient alors depuis l'Altai jusqu'aux terres soumises aux empereurs Grecs. Ils avoient même déja fait quelque alliance avec la cour de Constantinople.

Les Abbassides enlevent le khalifat aux Ommiades.

Cependant les guerres civiles suspendoient souvent les succès des Sarrasins. La plus grande révolution fut celle qui fit perdre aux Ommiades le khalifat qu'ils possédoient depuis long-temps. Le khalife Mérouan perdit la vie en Egypte avec quatre-vingts personnes de sa famille ; & il n'échappa qu'Abdérame, que nous venons de voir en Espagne. Sous les Abbassides, qui se saisirent du khalifat, & qui protégerent les lettres, l'empire des Sarrasins s'affoiblit, se démembra, & il se forma plusieurs royaumes indépendants.

Au commencement du neuvieme siecle, le khalife Motazem avoit confié sa garde à des Turcs, qui devinrent dans la suite si puissants, qu'ils s'arrogerent le droit de donner l'empire: ce fut une source de guerres civiles. Les gouverneurs des provinces se rendirent indépendants; & le khalife se vit réduit au seul territoire de Bagdad. Les Emirs & Omaras, officiers qu'il créa pour remédier aux troubles, acquirent en effet beaucoup d'autorité: mais ainsi que nos maires du palais, ils s'en servirent pour assujettir les khalifes mêmes. Ils regnerent bientôt seuls, & à la fin du dixieme siecle le khalifat fut borné aux seules fonctions du sacerdoce. Ce fut alors simplement une dignité que les souverains croyoient devoir respecter dans l'ordre spirituel, parce qu'ils étoient Mahométans; & à laquelle ils ne croyoient pas devoir obéir dans l'ordre temporel, parce qu'ils étoient souverains.

Cependant tous les peuples étant mal gouvernés, les Sarrasins, malgré leurs divisions, étoient encore bien redoutables. En 823, ils se rendirent maîtres de plusieurs îles, & entre autres de celle de Crete, dans laquelle ils bâtirent la ville de Candax, qui donna dans la suite le nom de Candie à cette île. En 828, les Sarrasins d'Afrique s'emparerent de la Sicile, où ils furent appellés par Eupheme, qui s'étoit révolté contre l'empereur de Constanti-

Le khalife est réduit aux seules fonctions du sacerdoce.

934

Les Sarrasins quoique divisés sont toujours redoutables à la chrétienté.

nople. Enfin quelques années après, ils s'établirent en Italie, profitant des guerres civiles qui occupoient Lothaire, Charles le Chauve & Louis de Germanie. Ils ravagerent la Calabre & la Pouille, & ils s'emparerent de Bari, de Tarente & de plusieurs autres places. Les Sarrasins d'Espagne y combattoient contre les Sarrasins de Sicile, les uns pour Siconulfe prince de Salerne, les autres pour Aldégise duc de Bénévent; ensorte que les provinces méridionales de l'Italie étoient en proie à ces deux tyrans, & aux barbares qu'ils avoient fait venir à leur secours. L'empereur de Constantinople & celui d'occident étoient hors d'état de repousser les Sarrasins. L'Italie étoit menacée de passer sous le joug de ces infideles. Ils assiegerent Rome, ils battirent un général de l'empereur Lothaire, & ils se fussent rendus maîtres de cette capitale sans les sages mesures du pape Léon IV. Ce pontife étoit né Romain, dit Monsieur de Voltaire: le courage des premiers âges de la république revivoit en lui dans un temps de lâcheté & de corruption; tel qu'un des beaux monuments de l'ancienne Rome, qu'on trouve quelquefois dans les ruines de la nouvelle. Léon engagea les habitants de Naples & de Gaiete à venir défendre les côtes & le port d'Ostie; il visita lui-même tous les postes, & reçut les Sarrasins à leur descente, non pas en équipage de guerrier, mais com-

me un pontife qui exhortoit un peuple chrétien, & comme un roi qui veilloit à la sureté
de ses sujets. C'est en 849, que ce pape eut la
gloire d'avoir sauvé Rome.

Les Sarrasins eussent pu avoir de plus grands
succès en Italie, s'ils eussent été unis. Plus divisés en Espagne, leur puissance y étoit deja
considérablement diminuée. Les successeurs
d'Abdérame regnoient à Cordoue; une autre
famille de Mahométans regnoit à Tolede : les
émirs ou gouverneurs des provinces se rendoient indépendants : & nous voyons qu'un
d'eux fut soutenu dans sa révolte par Charlemagne.

Ils s'affoiblis-
sent en Espa-
gne où les
chrétiens fon-
denr plusieurs
royaumes.

La puissance des souverains Musulmans affoiblie par les révoltes & par les avantages que
les François remporterent sur eux jusqu'au regne de Louis le Débonnaire, fut une conjoncture heureuse pour les chrétiens retirés dans
les Asturies. Ils en profiterent pour assurer leur
liberté; & pour recouvrer une partie des provinces, que les Maures avoient conquises.
C'est alors qu'ils fonderent les royaumes des
Asturies, de Léon, de Navarre, & la principauté d'Arragon sous le gouvernement d'un
comte.

Il se forma beaucoup d'autres souverainetés tant parmi les chrétiens que parmi les Musulmans, & l'histoire d'Espagne n'offre plus

Guerres con-
tinuelles en
Espagne.

que des guerres continuelles où l'ambition fait oublier aux souverains les intérêts de la religion, où les chrétiens mêmes s'allient avec les Musulmans contre les chrétiens, & où les princes trop foibles pour prendre ouvertement les armes, ont recours aux surprises, aux trahisons, aux assassinats & aux empoisonnements. Mais parce que mon dessein est seulement de jeter un coup d'œil général sur les principaux peuples, je ne dois pas m'arrêter sur l'Espagne, dont les événements n'influent point sur le reste de l'Europe; & je laisse aux historiens à vous faire des tableaux plus tristes qu'instructifs. Afin même de n'être pas obligé de repasser si-tôt dans un pays aussi barbare, je vais parcourir les siecles qui se sont écoulés jusqu'à l'expulsion des Maures.

Révolutions fréquentes & précipitées. Les arts de luxe & les vices qu'ils traînent à leur suite, avoient amolli les rois Mahométans. Moins respectés, ils en furent moins craints, moins obéis, & les révolutions se multiplierent coup sur coup. Elles se succéderent avec tant de rapidité, qu'on croiroit lire l'histoire de plusieurs siecles; & cependant ce ne sont que les événements d'environ vingt ans. Telle étoit la situation des Maures au commencement du onzieme siecle.

Multitude de souverains toujours en guerre. Ces conjonctures auroient été favorables aux chrétiens, s'ils avoient été capables d'en profiter: mais toujours divisés, toujours en guerre les uns avec les autres, ils étoient eux-mêmes exposés à des révolutions continuelles. Il y avoit alors environ vingt rois en Espagne, quantité d'autres souverains, & beaucoup de chevaliers errants. Ceux-ci étoient des chevaliers, armés de toutes pieces, suivis de quelques écuyers, & qui étant indépendants, alloient de province en province, offrant leurs services aux princes ou aux princesses qui étoient en guerre.

Roderigue, surnommé le Cid, étoit un de ces chevaliers. Il servit d'abord dans les armées de Ferdinand, qui étant roi de Castille, de Léon, des Asturies, de Galice & de Portugal, étoit un ennemi redoutable pour les Maures; mais dont la puissance s'évanouit, parce qu'il partagea ses états entre ses trois fils & ses deux filles.

Roderigue ou le Cid.

Le Cid aida don Sanche, fils aîné de Ferdinand à dépouiller ses freres Alphonse & don Garcie, & ses sœurs Urraque & Elvire.

Après la mort de don Sanche, Alphonse recouvra le royaume de Léon, qui avoit été son partage, & auquel il réunit celui de Castille. Le Cid paroît s'être alors attaché à ce prince, & lui avoir fait remporter de grands avantages sur les Maures. Il prit Tolede & conquit toute la Castille neuve; ayant ensuite eu quelques dégoûts, il s'éloigna de la cour, porta la guerre aux infideles en son nom, & se rendit maître du royaume de Valence, qu'il conserva jusqu'en 1099 qu'il mourut. Au reste, l'histoire de ce chevalier est remplie de fables; mais Corneille ne me permettoit pas de la passer sous silence. C'étoit d'ailleurs une occasion de vous donner une idée des divisions, qui affoiblissoient les chrétiens. Sur la fin de ce siecle, de nouvelles armées de Maures vinrent encore d'Afrique en Espagne, & causerent de nouveaux désordres même parmi les Mahométans.

Etat de l'Espagne dans le douzieme siecle.

Au commencement du douzieme siecle, l'Andalousie, une partie de la Murcie & la Grenade appartenoient aux Maures : les royaumes d'Arragon & de Navarre étoient réunis sous un prince chrétien : Barcelone etoit une principauté, dont les souverains, sous le titre de comtes, rendoient hommage aux rois d'Arragon : le comte Henri, fils d'un duc de Bourgogne & descendant de Hugues Capet, étoit maître d'un partie du Portugal. Enfin Alphonse, dont je viens de parler, réunissoit sous sa domination les deux Castilles, Léon, la Galice & Valence.

Cet Alphonse ne laissa qu'une fille, nommée Urraque, qu'il avoit mariée au roi d'Arragon & de Navarre, & qu'il, déclara son héritiere. Par la réunion de tant d'états, le roi d'Arragon devenoit un monarque puissant : mais parce que sa femme voulut partager l'autorité, il la répudia sous prétexte qu'il étoit son cousin

fin iſſu de germain, & pour d'autres raiſons
qu'on en donne encore. Quoi qu'il en ſoit, les
ſeigneurs de Caſtille, de Léon & des Aſturies
prirent les armes pour conſerver ces royaumes
à la reine, & ils lui en conſerverent en effet
une partie. Cette princeſſe eut enſuite la guerre avec ſon fils, le roi de Galice, quelle avoit
eu du comte de Galice, ſon premier mari.
Elle l'eut encore avec ſa ſœur Thereſe, com-
teſſe de Portugal & femme du comte Henri :
enfin elle l'eut avec ſes ſujets.

Le roi d'Arragon, qui ne ceſſa preſque pas
de faire des conquêtes ſur les infideles, leur
enleva Saragoſſe dont il fit ſa capitale; & les
guerres qu'Urraque fit à Thereſe, n'empêche-
rent pas le comte Henri d'avoir auſſi de grands
ſuccès ſur eux, & de les chaſſer de pluſieurs
places. Il ſembloit donc que les chrétiens alloient enfin ſubjuguer les Maures: mais ils s'af-
foibliſſoient au moment qu'ils paroiſſoient plus
puiſſants. En effet, le roi d'Arragon étant
mort ſans enfants, les Arragonois élurent don
Ramire, ſon frere, moine & prêtre; les Na-
varrois proclamerent don Garcie Ramirez; &
cette diviſion cauſa des guerres continuelles
entre les deux royaumes.

Le comte de Galice, Alphonſe Raymond,
après la mort d'Urraque ſa mere, prit les armes, & fut reconnu dans les royaumes de
Léon, des Aſturies, de Tolede & de la plus

Tom. XI. Q

grande partie de la Castille. Se voyant alors le plus puissant monarque d'Espagne, il se fit proclamer empereur: titre fastueux que ses successeurs ne prirent pas. Il mérita mieux celui de conquérant: car il prit aux Maures Cordoue, Baëça, Almérie, Calatrava, Jaën, Andujar & Cadix. Il s'étoit allié avec le fils du comte Henri, qui s'étoit fait proclamer roi de Portugal ; & avec Raymond Bérenger comte de Barcelone, qui ayant épousé la fille de Ramire, gouvernoit l'Arragon. Ce comte étoit puissant: car, à l'exception de Lérida & de Tortose que les Sarrasins avoient conservées, il étoit souverain de toute la Catalogne, de Montpellier & du comté de Provence. Ces deux princes eurent aussi de grands succès. Le roi de Portugal enleva Lisbonne, Alanguez, Obsdos, Ebora, Elvas, Mura, Serpa, Béja, en un mot, presque tout le Portugal. Le comte de Barcelone ravit Lérida, Tortose, Fraga & plusieurs autres places. Les Maures ne se releverent jamais de ces pertes: mais l'empereur Alphonse, qui mourut en 1157, ayant divisé ses états entre ses deux fils, laissa deux rois moins puissants que lui, & donna lieu à de nouveaux troubles.

Cependant les Maures firent encore de grandes pertes dans l'intervalle de 1230 à 1252: Jacques, roi d'Arragon, conquit l'île de Majorque, celle de Minorque, Ivica, & le roi

Dans le treizieme Alphonse de Castille, sur-

yaume de Valence. Et Ferdinand III, roi de
Cordoue, celui de Murcie, Seville, la plus
grande partie de l'Andalousie, & mourut en
1252 lorsqu'il songeoit à porter ses armes en
Afrique. Ce prince ne fut pas seulement conquérant. Il s'occupa du soin de policer ses peuples, & fit de sages loix.

Alphonse X, son fils & son successeur, regna jusqu'en 1284. On l'a nommé l'Astrono-
me ou le Sage, parce qu'il protégoit les sciences, & qu'il les cultivoit avec succès. Il gouverna d'ailleurs sagement, & dans des temps
difficiles. Il eut le chagrin d'être forcé de vaincre son fils, qui se souleva contre lui, & la
gloire d'être appellé à l'empire d'Allemagne.

Pendant le quatorzieme siecle, l'Espagne
fut déchirée par les guerres, que se firent les
rois chrétiens, & par les troubles qui naissoient fréquemment dans leurs royaumes L'u-
sage qui faisoit passer la couronne aux femmes,
&, par conséquent, multiplioit les préten-
dants, étoit souvent la source des désordres.
La Castille fut à cette occasion le théâtre d'une
guerre, où l'Angleterre & la France prirent
part, & dont nous parlerons, lorsque nous se-
rons arrivés au regne de Charles V. Elle
continua d'être agitée jusqu'à la mort de Henri
IV, arrivée en 1472. Ce prince avoit été déposé par un parti puissant, qui avoit pour chef
l'archevêque de Tolede; & il n'étoit remonté

Q 2

nommé le Sa-
ge.

Dans le qua-
torzieme, &
dans le quin-
zieme, où les
Maures sont
chassés.

sur le trône , qu'après avoir exclus de sa succession sa propre fille Jeanne, & avoir reconnu sa sœur Isabelle pour sa seule héritiere.

Pour assurer la couronne à cette princesse , les rebelles lui firent épouser Ferdinand, qui étant héritier d'Arragon & de Sicile, étoit en état de soutenir les prétentions de sa femme. Par ce mariage, Ferdinand devint le roi le plus puissant qu'on eût encore vu en Espagne, depuis que les chrétiens s'y rétablissoient.

Les Mahométans n'y possédoient plus que le royaume de Grenade. Le roi de Maroc, qui étoit venu à leur secours en 1440, avoit été entiérement défait. Depuis ils s'étoient affoiblis de plus en plus ; & lorsqu'il s'élevoit contre eux un ennemi redoutable, ils s'affoiblirent encore par la révolte de Boabdilla contre Alboacen , son oncle & son roi.

Ferdinand fomenta cette guerre civile, en donnant des secours à Boabdilla : mais quand Alboacen fut mort , il attaqua son allié , conquit le royaume de Grenade , & mit fin à la domination des Maures , qui subsistoit depuis près de huit cents ans.

Ferdinand , qu'on regarda comme le vengeur de la religion , parce qu'il avoit fait des conquêtes sur les infideles, fut surnommé le Catholique , & prit le titre de roi d'Espagne, parce qu'il en possédoit tous les royaumes, à la Navarre près qu'il envahit dans la suite, & à l'exception du Portugal, qui continua d'être un royaume séparé. Il se hâta de chasser les Maures, pour leur ôter tout moyen de se rétablir; & il chassa encore les Juifs, qu'on regardoit comme des ennemis, parce qu'ils n'étoient pas chrétiens & qu'ils étoient riches. On prétend qu'il sortit d'Espagne cent-soixante-dix mille familles. Il y resta des provinces à moitié désertes, des chrétiens pauvres sans commerce, sans arts, & l'inquisition que Ferdinand lui-même avoit introduite en 1478.

On compte qu'il a fallu livrer aux Maures 3700 combats pour recouvrer l'Espagne, dont ils s'étoient rendus maîtres par une seule bataille. Si l'on eût compté les combats que se sont donnés les princes chrétiens, on en eût trouvé, sans-doute, un plus grand nombre. Jugez par-là de la multitude des révolutions, de la misere des peuples, & de la misere des souverains mêmes.

Combien cette expulsion a coûté de combats.

Les princes sont toujours malheureux, lorsqu'ils ne font pas regner les loix. Plus ils veulent être absolus, plus ils sont foibles; & les révoltes renaissent comme les têtes de l'hydre. *Nous qui sommes autant que vous, nous vous faisons notre roi, à condition que vous garderez nos loix, sinon.*

Combien le gouvernement des royaumes d'Espagne avoit été vicieux.

non, difoient les Arragonois, lorfqu'ils étoient affemblés pour couronner celui qu'ils élevoient au trône. Les Caftillans ne mettoient pas moins de bornes au pouvoir de leurs fouverains. Ce gouvernement eût été bon, fi les Arragonois & les Caftillans avoient en effet eu des loix : mais ce qu'ils appelloient de ce nom, n'étoit que les ufurpations ou les prétentions des vaffaux puiffants ; car eux feuls compofoient les affemblées ; le peuple en étoit exclus, & fes droits étoient comptés pour rien. Le ton de liberté que prenoient les affemblées, n'étoit donc que le langage d'une multitude de tyrans, qui craignoient de fe donner un tyran pour maître. Ceux qui parloient ainfi, étoient des évêques, des abbés, & des feigneurs laïques qui d'ordinaire n'obfervoient eux-mêmes aucunes loix dans leurs terres. Ils obéiffoient au fouverain, ils lui défobéiffoient, ou ils lui faifoient la guerre ; facrifiant tout à l'ambition, & ne cédant qu'à la force. Tantôt on marchoit à fes ordres, tantôt on refufoit de fe raffembler fous fes drapeaux, d'autres fois on l'abandonnoit au milieu d'une campagne, & les entreprifes les mieux concertées ne réuffiffoient pas, ou fe terminoient par des revers. Tant de combats entre les chrétiens & les mahométans font voir que de part & d'autre on ne favoit ni fe réunir

ni faire la guerre. Tel eſt le gouvernement ou plutôt l'anarchie que les barbares
avoient établie par-tout, & qui a été la premiere cauſe des malheurs de l'Eſpagne. Je
ne m'arrête pas ici ſur les vices de cette
anarchie: l'hiſtoire de France, qui vous en a
déja donné une idée, achévera de vous les
faire connoître.

CHAPITRE VII.

De l'Allemagne & de l'Italie depuis 888 jusques en 1073.

ARNOUL, reconnu roi d'Allemagne, portoit encore fes vues fur la France & fur l'Italie, & ambitionnoit, fur-tout, le titre d'empereur. Mais il étoit trop mal affermi, pour faire face aux obftacles, qui s'offroient de toutes parts ; il voyoit au dehors des concurrents déja établis, & au dedans des factions toutes prêtes à fe former. Comme les gouvernements étoient héréditaires, les ducs & les comtes ne fongeoient qu'à fe rendre indépendants fous un prince qu'ils venoient d'élire, & qui étoit forcé à les ménager. Le duc de Moravie, fur-tout, ne cachoit pas qu'il vouloit fe fouftraire à toute domination. Il fallut le careffer pour le gagner, il fallut même augmenter fa puiffance ; & encore ne fut-il pas poffible d'éviter la guerre. Dans ces conjonctures, Arnoul reconnut

Eudes pour roi de France; Rodolphe, pour roi de la Bourgogne transjurane ; & Louis, fils de Boson, pour roi de Provence.

Il fut défait par les Abodrites, peuple qu'on dit être Vandale d'origine, & qui habitoit sur les bords de l'Elbe. Il le fut encore par les Normands, qu'il vint cependant à bout de vaincre, & il gagna plusieurs batailles sur les Sclavons.

Cependant l'Italie & le titre d'empereur étcient toujours l'objet de l'ambition d'Arnoul. Il eût été plus sage à lui d'assurer son autorité en Allemagne, que de marcher à de nouvelles conquêtes. Qu'importe d'acquérir des provinces, quand on est si peu maître de celles qu'on a déja? C'est l'Allemagne qu'il falloit d'abord conquérir. Les factions commençoient à naître entre les seigneurs laïques & les seigneurs ecclésiastiques : c'étoit le moment de les étouffer. Il ne le fit pas ; & elles seront la source de bien des guerres sanglantes.

Gui, duc de Spolete, étoit maître de l'Italie, & Arnoul avoit déja envoyé un de ses fils au secours de Bérenger, duc de Frioul, qui ayant été défait, avoit eu recours à lui. Il y passa lui-même à la sollicitation du pape Formose, qui vouloit se soustraire à la domination de Gui & de quelques autres ducs.

889

894

Il prit Bergame, Milan, Pavie, Plaisance, repassa les Alpes, & fit reconnoître roi de Lorraine son fils Suentibold.

Cependant Gui étoit mort, & Lambert son fils avoit été couronné empereur par Formose. Ce pape n'étoit pas maître paisible de la chaire de S. Pierre. Il avoit eu pour concurrent Sergius, qui tentoit tout pour le chasser, & qui étoit soutenu d'Adalbert, marquis de Toscane. Il crut donc mettre Lambert dans ses intérêts: mais voyant que malgré ses ménagements, il ne pouvoit pas compter sur ce prince, il pressa le roi d'Allemagne de passer une seconde fois en Italie, & il lui offrit la couronne impériale.

Serment des Romains, lorsqu'il est couronné empereur.

Arnoul vint, assiégea Rome que le parti de Lambert défendoit, la força, fut couronné empereur par le pape, & reçut les noms de César & d'Auguste. Le serment que lui firent les Romains étoit conçu en ces termes. *Je jure par tous les divins mystères, que sauf mon honneur, ma foi, & ma fidélité pour le pape Formose, je suis fidele & le serai toujours à l'empereur Arnoul.* Cette clause, *sauf ma fidélité pour le pape*, est remarquable.

Mort d'Arnoul.

Après avoir sévi contre les ennemis de Formose, Arnoul poursuivit Lambert avec vigueur, mais inutilement. Il ne put lui enlever la couronne, & il revint en Allemagne où il mourut. Lambert, contre qui plusieurs conspirations s'étoient formées, périt la même année.

Louis IV, seul fils légitime d'Arnoul, fut élu roi d'Allemagne, quoiqu'il n'eût encore que sept ans, & bientôt après il fut proclamé roi de Lorraine à Thionville. Les Lorrains se donnerent eux-mêmes à ce prince. Suentibold, qui s'étoit rendu odieux par sa tyrannie, entreprit inutilement de défendre ses droits : il perdit la bataille & la vie.

Vers la fin du neuvieme siecle, une nouvelle nation de Scythes, qui habitoient à l'orient du Volga, se répandit en Europe. Ces barbares se jeterent d'abord sur les Russes ; ils traverserent ensuite la Russie Polonoise, vinrent jusqu'au bord du Danube, passerent ce fleuve & s'établirent dans une partie de la Pannonie, dont les limites étoient à peu-près les mêmes que celles qui bornent aujourd'hui le royaume de Hongrie. De-là, ils firent de nouvelles irruptions ; & au commencement du dixieme siecle, ils ravagerent plusieurs fois l'Allemagne, l'Italie & une partie de la France. Tous ces pays étoient ouverts, parce qu'ils manquoient de places fortes, & encore plus, parce qu'ils étoient mal gouvernés. On croit que les Hongrois,

899

Louis IV son fils dernier des Carlovingiens.

Les Hongrois, qui s'étoient établis en Pannonie, accroissent les troubles, qui durent jusqu'à la mort de Louis.

c'est ainsi qu'on nomme ces Scythes, ont la même origine que les Turcs.

911

Le regne de Louis ne fut qu'une suite de troubles jusqu'en 911 qu'il mourut. Il fit une paix honteuse avec les Hongrois; il en fit une autre tout aussi honteuse avec les Normands; & l'Allemagne fut déchirée par une guerre civile, si sanglante que presque tous les chefs y perdirent la vie.

L'Allemagne comprenoit alors la Franconie, la province de Bamberg, Constance, Bâle, Berne, Lausanne, la Bourgogne, Besançon, la Lorraine, Metz, Liege, Cambrai, Arras, la Flandre, la Hollande, la Zélande, Utrecht, Cologne, Treves, Mayence, Worms, Spire, Strasbourg, la Frise, la Saxe, la Hesse, la Westphalie, la Thuringe, la Wétéravie, la Misnie, la Marche de Brandebourg, la Poméranie, Rugen, Stétin, le Holstein, l'Autriche, la Carinthie, la Stirie, le Tirol, la Baviere, les Grisons & tous les pays qui dépendoient de ces provinces.

Conrad Roi d'Allemagne au refus d'Othon.

Louis IV est le dernier prince Allemand de la race Carlovingienne. Charles le Simple qui regnoit en France, étant trop foible pour faire valoir ses droits, la nation eut la liberté de se choisir un chef. Othon, duc de Saxe, refusa la couronne à cause de son grand âge; & conseilla de la donner à Con-

rad, duc de Franconie: action d'autant plus
généreuse que Conrad étoit son ennemi , &
avoit du mérite. Le duc de Franconie fut
élu. Ces élections se faisoient dans des af-
blées, où les évêques & les princes se trouvoient avec les députés des principales villes.

Arnoul, duc de Baviere, qui avoit as-
piré au trône, prit les armes, & fut défait.
Gisilbert, duc de Lorraine, & Burchard,
duc de Suabe, eurent le même sort. Mais
Conrad, moins heureux avec les Hongrois
qui profiterent de ces troubles, fut contraint
d'acheter la paix & de s'obliger à leur payer
un tribut. Il avoit régné sept ans ou environ lorsque s'appercevant qu'il avoit peu de
temps à vivre, il engagea les seigneurs à reconnoître pour souverain Henri, fils d'Othon,
se piquant d'être aussi généreux que son bien-
faiteur. En effet, il ne l'étoit pas moins :
car Henri n'avoit jamais cessé de le traver-
ser ; il avoit même tenté de le faire empoi-
sonner.

Henri, surnommé l'Oiseleur parce qu'il
se plaisoit à la chasse des oiseaux, fut élu
après la mort de Conrad. Le pape, voulant se soustraire à plusieurs petits princes qui
se disputoient en Italie le titre d'empereur,
se hâta de lui offrir la couronne impériale:

Sagesse d'Henri l'Oi-seleur de la maison de Saxe.

mais il la refufa , & répondit qu'il fe contentoit des titres que les états d'Allemagne
lui avoient donnés. Plus fage qu'Arnoul,
il ne fongea qu'à bien établir fa puiffance:
il foumit le duc de Suabe, qui refufoit de
le reconnoître ; s'affranchit par la victoire, du
tribut que les Hongrois vouloient exiger;
défit les Abodrites & les Danois, rendit tributaires les Sclavons , les Dalmates & les
Bohémiens ; & força Charles le fimple à renoncer aux droits qu'il vouloit faire valoir
fur l'Allemagne. Enfin il inftitua des mili-
ces, fit murer les villes , & mit fes états à
l'abri des incurfions des peuples voifins. Ce
qui fait le plus d'honneur à fon regne, c'eft
qu'il eut l'art de réunir les feigneurs Allemands, qui jufqu'alors avoient toujours été
défunis. Ils lui furent fi attachés qu'ils s'accorderent tous à lui donner pour fucceffeur
fon fils Othon.

Je ne m'arrêterai pas fur des guerres continuelles, qui furent pour Othon autant d'occafions d'acquérir de la gloire ; il réduifit des
rebelles, dompta les Hongrois , foumit à
l'hommage la Boheme & le Danemarck,
répandit la religion par les armes fuivant l'u-
fage de ces temps barbares , & devint l'arbitre des princes qui rechercherent à l'envi fon
amitié. Mais il faut le fuivre en Italie, &
voir dans quel état il la trouva.

936
Othon I a-
près avoir af-
furé fa puif-
fance en Alle-
magne , paffe
en Italie.

État de cette province.

Après la mort de Lambert, arrivée en 899, Bérenger, duc de Frioul, recouvra l'Italie pour la perdre presque aussitôt. Louis, roi d'Arles, appellé par une faction puissante, le chassa & prit la couronne impériale: celui-ci ayant été trahi par ceux-mêmes qui l'avoient servi, Bérenger se rendit encore une fois maître de l'Italie, lui fit crever les yeux, & se fit couronner empereur par le pape Jean X.

Quelques années après, il se forma un parti en faveur de Raoul ou Rodolphe II, roi de Bourgogne. Bérenger fut défait: il ne lui resta que Vérone, où il fut assassiné l'année suivante 924.

Raoul ne porta cette couronne que deux ans. Elle lui fut enlevée par Hugues, comte de Provence, à qui les Italiens l'offrirent, & qui après avoir regné près de vingt ans, crut s'affermir en s'associant Lothaire son fils: cette précaution fut inutile. Les Italiens éleverent sur le trône Bérenger fils d'Adalbert, marquis d'Ivrée, & de Giselle fille de Bérenger empereur; Hugues s'enfuit en Provence, & Lothaire mourut à Milan quelques années après.

950

Bérenger voulut marier son fils Adalbert avec Adélaïde veuve de Lothaire; & cette princesse s'y étant refusée, il l'assiégea dans Pavie, la prit & l'envoya prisonniere dans le château de Garde. Elle trouva le moyen de se sauver, & elle se retira dans la forteresse de Canosse ; où se voyant encore assiegée, elle implora le secours d'Othon, à qui elle offrit sa main & le royaume d'Italie. Othon vint, la délivra & l'épousa. Bérenger conserva toujours cependant son royaume, à la réserve du Véronois & du Frioul, qui furent donnés à Henri duc de Baviere, frere d'Othon : mais il rendit hommage, & prêta serment de fidélité au roi d'Allemagne,

Causes des désordres de l'Italie.

Pour comprendre la cause de tant de troubles, il faut considérer que l'Italie étoit partagée entre une multitude de petits souverains, dont aucun n'étoit assez puissant ou assez habile pour soumettre les autres. De-là, naissoient des factions, qui, variant comme les intérêts, transportoient la couronne d'une tête sur une autre ; & chaque prince se flattoit de trouver son avantage dans les guerres qui s'élevoient entre deux concurrents. Si tous ces tyrans s'étoient contentés de combattre entre eux, sans appeler l'étranger, il se seroit enfin formé une puissance qui auroit tout subjugué ; & l'Italie auroit pu devenir un royaume florissant. Vous connoîtrez quelque jour quel est aujourd'hui son état, vous verrez qu'il est la suite de bien

des

des défordres, de bien des révolutions & de
bien des calamités ; vous jugerez que c'eft,
fur-tout, la faute des Italiens, qui n'ont pas
ceffé d'ouvrir leur pays aux Allemands ou
aux François. Vous aurez auffi lieu de reconnoître que cette conquête ne pouvoit
qu'être funefte aux peuples, à qui elle paroiffoit deftinée.

Au dixieme fiecle, la politique des Romains étoit d'entretenir les factions dans
toute l'Italie, de les multiplier & de les
oppofer continuellement les unes aux autres:
ils efpéroient de trouver parmi les troubles
l'occafion de rétablir la république. Les papes employoient le même artifice, avec des
vues bien différentes. Ils ne vouloient,
comme les Romains, ni roi, ni empereur;
mais ils étoient encore plus éloignés de favorifer le gouvernement républicain, parce
qu'ils vouloient commander eux - mêmes.
C'eft à force de femer la divifion dans Rome, dans l'Italie & dans toute l'Europe,
qu'ils fe faifiront enfin de la fouveraineté.
Ils appelleront les Allemands, pour affoiblir
la puiffance des princes Italiens; & pour fe
fouftraire aux rois d'Allemagne, ils fouleve-
ront contre eux les peuples.

Il feroit difficile de vous donner une idée
des maux, que l'ambition des papes a pro-

scandales (is le faint fiege.

duits dans la chrétienté. Je laisse aux historiens à vous faire connoître les pontifes,
qui ont déshonoré le siege apostolique, dans
les temps que nous parcourons. Vous verrez au commencement du dixieme siecle une
femme nommée Théodora disposer de tout
dans Rome par ses intrigues & par ses ga-
lanteries, & mettre sur la chaire de S. Pierre un monstre connu sous le nom de Sergius
III. Cette femme fut mere de Marosie &
& d'une autre Théodora, toutes deux aussi
intriguantes, aussi galantes, aussi puissantes
qu'elle; & qui, comme elle, firent à leur
choix des souverains pontifes. Théodora, la
jeune, fit élire pape son amant Jean X, à
qui elle avoit successivement procuré l'évêché de Bologne & celui de Ravenne ; & quelque temps après, Marosie éleva sur la chaire pontificale Jean XI, son propre fils, qu'elle avoit eu d'un adultere avec Sergius III.
Tout réussissoit à celle-ci, lorsque Alberic,
son fils légitime, se mit à la tête des Romains contre elle, & la fit enfermer aussi
bien que Jean XI. En voilà assez pour vous
faire juger que dans Rome les désordres & la
corruption des mœurs étoient portés aux derniers excès. J'ajouterai seulement le jugement
que porte de ces temps le cardinal Baronius,
écrivain qu'on ne peut pas soupçonner d'a-
voir été peu favorable à la cour des souve-

rains pontifes. » Que la face de l'églife de Rome, dit il, étoit alors défigurée! Le faint fiege tombé fous la domination de deux femmes déréglées; leurs amants élevés fur la chaire de S. Pierre; les canons des conciles violés; les décrets des papes foulés aux pieds; les anciennes traditions méprifées; & le fiege apoftolique devenu la proie de la cupidité & de l'ambition. »

Pendant que l'Italie déchirée par des guerres civiles, étoit le théâtre des plus grands fcandales, elle avoit été ravagée plufieurs fois d'un côté par les Hongrois & de l'autre par les Sarrafins. Mais plus les défordres étoient grands, plus on étoit éloigné d'en voir la fin; & on ne pouvoit s'attendre qu'à de nouvelles calamités.

L'Italie ravagée par les Hongrois & par les Sarrafins.

Othon qui avoit repaffé les Alpes, étoit occupé à foumettre fon fils Ludolphe, qui, craignant que les enfants d'Adelaïde ne lui fuffent un jour préférés, s'étoit foulevé, & avoit entraîné dans la révolte plufieurs princes Allemands. Il venoit de rétablir la tranquillité en Allemagne, lorfque le pape Jean XII, qui vouloit fe fouftraire à la domination de Bérenger, le preffa de revenir en Italie. Tout fe foumit à fon arrivée. Il fut proclamé à Milan roi d'Italie dans une affemblée d'évêques où Bérenger fut dépofé;

Othon I appellé par Jean XII y fait refpecter fon autorité.

& l'année suivante il reçut à Rome la couronne impériale des mains de Jean XII. Il fit rendre à l'églife de S. Pierre les biens qui lui avoient été enlevés. Le pape & le peuple jurerent de lui être toujours fideles, & de ne donner aucun fecours à Bérenger. Il fut arrêté que la confécration des fouverains pontifes ne feroit canonique, qu'autant qu'elle auroit été faite du confentement de l'empereur; & le clergé de Rome, ainfi que la noblelle, s'engagea par ferment à fe conformer à tout ce qui fut réglé à ce fujet.

Jean XII, homme fans mœurs, & fans talents, étoit fils d'Alberic. Ayant fuccédé à l'autorité de fon pere, il étoit, en 954, patrice ou fouverain de Rome; & en 955, élevé fur le fiege apoftolique, il réuniffoit en lui les deux puiffances. Il fe repentit donc bientôt de s'être donné un maître dans Othon; il oublia tous les ferments qu'il venoit de prêter; & croyant pouvoir profiter de l'abfence de l'empereur, qui affiégeoit Mont-Léon, aujourdhui Mont-Feltro, où Bérenger s'étoit renfermé, il fe ligua avec Adalbert, fils de Bérenger, le fit venir à Rome, & follicita les Hongrois à faire une diverfion en Allemagne: mais fon plan avoit été fi mal concerté, qu'à l'approche d'Othon, il n'eut d'autre parti que la fuite, & encore eut-il à peine le temps de fe fauver.

L'empereur fit son entrée au milieu des acclamations du peuple. On lui renouvella tous les serments qui lui avoient été faits ; & on tint un concile qui déposa Jean, & mit en sa place Léon VIII. Othon ne fit, sans doute, condamner ce pontife, que parce qu'il avoit conspiré ; mais comme il crut devoir ménager ceux qui avoient eu part à la conspiration, on ne parla point de ce crime; & il ne fut question que des scandales que Jean avoit donnés. Othon n'ignoroit pas que les Romains souffroient impatiemment toute domination étrangere, & il craignoit de les porter à la révolte, s'il paroissoit sévir contre le pape, pour avoir voulu les soustraire à sa puissance. Malgré cette précaution, ils se souleverent cependant quelques jours après : il les fit rentrer dans le devoir.

Sur ces entrefaites, Mont-Léon ouvrit ses portes, & Bérenger, fait prisonnier, fut envoyé en Franconie, où il mourut deux ans après. Il ne restoit plus à soumettre que Camérino, où Adalbert s'étoit retiré. Othon alla lui-même en faire le siege. Léon VIII fut forcé à le suivre de près : car Jean rentra dans Rome, où il exerça toutes sortes de cruautés, & où il déposa Léon dans un concile, composé en bonne partie des évêques qui l'avoient condamné lui-même. Il fut tué quelques jours après.

Décret qui
donne à l'em-
pereur le
droit d'élire
les papes.

Les Romains fans demander l'agrément de
l'empereur, éleverent Benoît fur la chaire de
S. Pierre. Othon, ayant appris cette nouvelle, abandonna le fiege de Camérino, & vint à
Rome avec toute fon armée. Il pouvoit févir,
il pardonna. Benoît parut dans un concile,
où il fe reconnut coupable, & où Léon porta
ce décret. » A l'exemple du bienheureux Adri-
» en, pape du faint fiege apoftolique, qui a
» accordé la dignité de patrice, le pouvoir d'é-
» lire les papes, & l'inveftiture des évêques,
» au feigneur Charles très-victorieux, roi de
» France & des Lombards; moi auffi Léon,
» évêque, avec le clergé & le peuple Romain,
» reconnoiffons que le feigneur Othon premier,
» roi des Teutons, & fes fucceffeurs
» en ce royaume d'Italie ont le pouvoir
» d'élire ceux qu'ils croiront dignes de
» remplir le faint fiege apoftolique,
» de choifir les métropolitains & les fuffra-
» gants, de leur donner l'inveftiture de leur
» dignité & de commettre les évêques pour les
» ordonner. » Les empereurs rentrerent par ce
décret dans les droits dont ils avoient joui,
& qu'on leur enlevera cependant encore: c'eft
pourquoi je le rapporte. Mais Othon n'auroit pas dû fouffrir qu'on traitât fes droits comme des conceffions faites par le faint fiege; car
c'étoit reconnoître que les papes les lui pouvoient enlever. Il les avoit à meilleur titre,

c'est-à-dire, comme souverain du peuple Romain qui les lui cédoit.

L'empereur retourna en Allemagne, & fut obligé de revenir l'année suivante. Les Romains avoient rétabli la république, & s'étoient soulevés contre le pape qui refusoit d'entrer dans leur révolte. Les consuls furent exilés, les tribuns du peuple furent pendus, & le préfet de Rome fut promené sur un âne la tête tournée vers la queue, fouetté dans les différents quartiers de la ville, & jeté dans un cachot où il mourut.

966

Les dernieres années d'Othon, surnommé le Grand à juste titre, furent plus tranquilles; il mourut après un régne de 36 ans. On le loue d'avoir comblé de biens plusieurs églises. En effet, c'est à lui principalement que le clergé d'Allemagne doit ses richesses & sa puissance: car il lui abandonna des duchés & des comtés. Il est vrai que pour le tenir dans quelque dépendance, il établit des *avoués*, qui devoient gouverner conjointement avec les prélats, & qui étoient à la nomination des empereurs: mais dans la suite, le clergé secoua tout-à-fait ce joug.

971

Othon II, n'avoit que dix-huit ans, lorsqu'il succéda à son pere; & sa jeunesse fut l'occasion de bien des troubles, qui furent dissipés par ses victoires: il vainquit & soumit le duc

La jeunesse d'Othon II occasionne en Allemagne

R 4

des troubles
qu'il appaife.

de Baviere, les Danois & le roi de Boheme:
mais à peine avoit-il rendu le calme à l'Allemagne, qu'il se vit tout à la fois appellé en
Lorraine & en Italie. Pour opposer un obstacle aux entreprises de Lothaire roi de France,
il donna en fief la basse Lorraine à Charles,
frere de Lothaire; cherchant un appui dans la
division de ces deux princes. Le roi de France
entra néanmoins dans la Lorraine, & fut reconnu par les états assemblés à Metz. Othon
arma, chassa Lothaire, & parcourut la Champagne & l'Isle de France: cependant son arrie-
re-garde ayant été défaite dans sa retraite, il
abandonna la souveraineté de la Lorraine;
se hâtant de faire la paix avec Lothaire,
pour ne songer plus qu'à l'Italie.

Etat de l'Ita-
lie.

　　La puissance de princes Italiens s'étoit considérablement affoiblie par les partages qu'ils
avoient faits de leurs domaines, par les guerres qu'ils s'étoient faites les uns aux autres, &
par le séjour d'Othon le Grand en Italie. Ne
pouvant donc se soulever, ils obéissoient; &
l'empereur avoit sur eux un pouvoir presque
absolu.

　　Mais Rome, quoique foible, ne pouvoit
se soumettre. Plus les empereurs appesantis-
soient le joug, plus les citoyens faisoient d'efforts pour le secouer; & les papes qui vouloient commander eux-mêmes, étoient également ennemis & des Allemands & de la liber-

té. En un mot cette ville étoit un théâtre de diffentions, où les chefs de parti & les tyrans fe fuccédoient.

A la mort d'Othon I, circonſtance propre à renouveller tous les défordres, une faction étrangla le pape Benoît VI, & mit en fa place Boniface VII; & prefque auffitôt après, une autre faction chaffa Boniface pour élever Benoît VII fur le faint fiege.

Boniface s'enfuit à Conſtantinople avec les tréfors de l'églife de S. Pierre, & preffa les empereurs Bafile & Conſtantin de paffer en Italie. Ces princes ne balancerent pas : car fachant qu'Othon II étoit retenu par la guerre de Lorraine, ils jugerent pouvoir reprendre facilement la Pouille & la Calabre, qu'Othon le Grand avoit enlevées à Nicéphore Phocas; c'eſt ainfi que les Italiens fe livroient à ceux à qui ils s'étoient fouftraits, & cherchoient de tous côtés de nouveaux maîtres & de nouveaux ennemis.

Les Grecs invités par Boniface VII & foutenus par les Sarrafins fe rendent maîtres de la Pouille & de la Calabre.

Les Grecs, foutenus des Sarrafins d'Afrique, avoient déja foumis la Pouille & la Calabre, lorfqu'Othon parut, leur livra la bataille, & la perdit par la trahifon des Italiens. Il tomba même entre les mains des ennemis; mais ayant eu le bonheur de s'échapper, il leva une nouvelle armée, & revint à Rome où il mourut. Les Grecs auroient pu fe rendre

Othon II qui marche contre eux eſt défait par la trahifon des Italiens.

maîtres de cette ville, s'ils s'étoient hâtés d'y marcher.

Il eut, comme son pere, la fausse politique d'élever le clergé.

Othon fut aussi favorable au clergé, que son pere l'avoit été. C'est par les bienfaits de ces deux princes que les évêques de Treves, de Mayence, de Metz, de Strasbourg, de Spire & plusieurs autres sont devenus des vassaux trop puissants pour le suzerain qui les avoit faits. Les empereurs croyoient abaisser la noblesse en élevant le clergé; & se flattoient faussement d'être mieux obéis, placés entre deux puissances qu'ils opposoient l'une à l'autre. Mais, par cette politique, ils se donnoient de nouveaux maîtres & des maîtres plus redoutables; car les évêques croyoient même indigne d'eux de prêter le serment de fidélité. Est-il juste, disoient-ils, que des mains qui ont été consacrées par une onction céleste, & que la langue des évêques qui est devenue la clef du ciel, soient profanées par des serments qui ne conviennent tout au plus qu'à des laïques?

Nouveaux troubles à l'avénement d'Othon III.

Othon II eut pour successeur son fils Othon III, dont on ne sait pas exactement l'âge, mais qui étoit encore dans l'enfance. Ce regne commença donc encore par des troubles. Il suffit cependant d'imaginer à peu près ceux qui agitèrent l'Allemagne: car l'histoire que j'en donnerois, ne feroit que remettre sous vos yeux les vices déja connus d'un gouvernement monstrueux. Il n'en est pas de même des désordres de l'Italie : il faut les observer, parce qu'ils préparent de nouvelles révolutions.

Les troubles recommencerent à Rome à l'arrivée de Boniface. Ce pape fit enfermer dans le château S. Ange Jean XIV, qui avoit succédé à Benoît VII, & l'y laissa mourir de faim. Etant mort lui même quelques mois après, on mit en sa place un Romain qui mourut avant d'avoir été sacré, & après lequel on élut Jean XV.

Cependant Crescentius, ayant pris le titre de consul, regnoit à Rome, soulevoit le peuple contre la domination des Allemands, & profitoit de la jeunesse d'Othon, pour affermir son autorité. Jean XV, qui lui étoit opposé, fut d'abord obligé de se retirer en Toscane, & ayant ensuite été rappellé par le peuple, il ne fut ménagé que parce que Crescentius craignoit les Allemands, que le pape appelloit à son secours. Tel étoit l'état de Rome depuis 983 jusqu'en 996, qu'Othon passa les Alpes.

Tout se soumit à son approche, & le sénat lui envoya des députés pour prendre ses ordres touchant l'élection d'un nouveau pape : car Jean XV venoit de mourir. Brunon, Sa-

Les Romains se soumettent à son approche.

xon d'origine son parent, sur qui tomba
son choix, fut élu sous le nom de Gregoire
V, & le couronna empereur. Crescentius
obtint son pardon à la priere de Grégoire,
& le roi, ayant rétabli la tranquillité à Rome & dans d'autres villes, repassa en Allemagne.

La tranquillité n'étoit qu'apparente. Les
Romains, à la sollicitation de Crescentius,
s'étant soulevés contre un pape qu'ils n'avoient
pas choisi, éleverent sur le saint siege Jean
XVI. Grégoire qui s'étoit retiré à Pavie, tint
un concile dans lequel il excommunia l'antipape & Crescentius. Orhon revint en Italie.
Rome fut assiégée & prise. Crescentius &
l'antipape perdirent la vie.

999
Décret qu'il
porte sur l'é-
lection de
l'empereur.

Le roi dans ces circonstances fit un décret,
par lequel il arrêta que les Allemands auroient
seuls le pouvoir & le droit d'élire l'empereur
Romain; & que les papes n'auroient à cet
égard d'autres prérogatives que de le proclamer
solemnellement & de le couronner lorsqu'il
viendroit à Rome. Ce décret fut confirmé
par Grégoire, qui mourut quelque temps
après.

Idées fausses
qu'on se fai
soit à ce sujet.

Un prince peut prendre tels titres qu'il
veut, & ils lui appartiennent, dès qu'ils ne
lui sont pas contestés par les autres souverains.
Les Allemands pouvoient encore donner à leur
chef celui d'empereur d'Allemagne, sans que

les puissances voisines dussent en prendre ombrage, & pussent refuser de l'appeller aussi empereur d'Allemagne. Mais puisqu'ils n'avoient des prétentions sur Rome, que parce que les papes les y avoient appellés, ils n'y avoient certainement aucun droit de souveraineté : d'autant plus que les Romains ne s'étoient jamais donnés librement ; & que toutes les fois qu'ils avoient été libres, ils avoient révoqué les serments que la force leur avoit arrachés. Il étoit donc ridicule aux Allemands de prétendre élire un empereur Romain : ce qui étoit plus ridicule encore, c'est la prétention des papes, qui croyoient jouir du droit de donner l'empire.

Toutes ces prétentions étoient fondées sur des mots, auxquels on n'attachoit que des idées confuses. On voyoit que les Othons, les Charlemagne & les Césars avoient porté le titre d'empereur. On jugeoit donc qu'ils étoient tous empereurs de la même maniere, & que, par conséquent, ils avoient tous les mêmes droits sur Rome. On voyoit aussi les papes couronner les empereurs au nom de Dieu ; & quoique nous jugions avec raison que ce ne soit là qu'une cérémonie, il n'est pas bien sûr qu'alors on en jugeât comme nous. Au contraire, il est certain que Charlemagne voulut paroître tenir des papes la couronne de l'empire, comme Pepin avoit voulu

paroître tenir d'eux la couronne de France; &
s'ils ont voulu faire illusion aux peuples, ils
n'y ont que trop réussi. Aussi Louis le Begue ne prit-il point le titre d'empereur, parce que Jean VIII n'avoit pas voulu lui donner en France la couronne impériale. Si les
princes Italiens forcerent quelquefois le pape
à les couronner, ils ne se crurent jamais empereurs qu'après le couronnement. Enfin les
rois d'Allemagne attendirent d'ordinaire pour
se dire empereurs Romains d'avoir été couronnés par le pape. Cette conduite prouve
qu'au neuvieme siecle & au dixieme, on con-
testoit au moins foiblement les prétentions du
saint siege. C'est une chose bien singuliere;
certainement l'empire Romain ne subsistoit
plus; & cependant on croyoit le voir, on croyoit le donner, on croyoit le prendre, & on
répandoit des flots de sang.

    Othon donna pour successeur à Grégoire
V, Gerbert, évêque de Ravenne, qui prit le
nom de Silvestre II. Cet évêque avoit eu de
grands démêlés avec le saint siege, auquel il
avoit résisté avec fermeté; mais quand il fut
pape, il prit un autre langage, & jugea qu'aucune puissance n'étoit comparable à celle des
successeurs de S. Pierre. Il pouvoit facilement
prouver tout ce qu'il vouloit: car il étoit
l'homme le plus éclairé de son siecle.

Othon, malgré son décret, étoit si peu maître dans Rome, qu'il se vit tout-à-coup assiégé dans son palais. Il eut bien de la peine à s'échapper par des souterrains; & il songeoit à se venger, lorsqu'il mourut. On l'a surnommé d'abord l'Enfant, ensuite le Roux, enfin la Merveille du monde. Je vais rapporter quelques traits qui montreront sa simplicité, & feront connoître l'esprit de son siecle.

1002

Le moine S. Romuald lui conseilla d'aller par pénitence à pieds nus en pelerinage au Mont-Cassin, & ensuite à S. Michel du Mont-Gargan. Il le fit : mais il n'eut pas la complaisance d'embrasser l'état monastique, comme le lui conseilloit encore le même saint. Par une dévotion, que quelque moine, sans doute, lui avoit encore inspirée, il fit faire un habit sur lequel on avoit brodé l'apocalypse. Enfin un jour qu'il étoit avec un archevêque, ils s'entretinrent de ce qu'ils pourroient faire pour le salut de leur ame ; & après y avoir bien réfléchi, ils imaginerent de fonder un monastère. Vous jugez bien, sans que je le dise, que cet empereur a beaucoup contribué à augmenter la puissance & les richesses des ecclésiastiques. On remarque que les trois Othons ont donné aux églises les deux tiers des biens de l'Allemagne.

La superstition d'Othon III a contribué à l'agrandissement du clergé.

Henri II dernier de la maison de Saxe.

Othon n'ayant point laissé d'enfants, plusieurs princes prétendirent à l'empire : Henri, duc de Bavière & arriere-petit-fils de Henri l'Oiseleur, l'emporta sur ses concurrents. Il fut proclamé à Mayence dans le même temps que les Lombards élisoient à Pavie Hardouin, marquis d'Ivrée. Il eut presque toujours la guerre avec quelques-uns des princes Allemands. Il passa deux fois les Alpes pour marcher contre Hardouin, qui enfin n'ayant plus de ressource, prit le parti de se jeter dans un cloître. La Lombardie se soumit : Rome même le reconnut, & le pape le couronna ; mais le reste de l'Italie fut toujours troublé.

Il y avoit douze ans que Henri regnoit, lorsqu'il s'ouvrir à Richard, abbé de S. Vanne de Verdun, sur le projet qu'il formoit depuis long-temps d'embrasser la vie monastique. On s'imaginoit alors qu'on ne pouvoit servir Dieu que dans un cloître. Mais Richard, qui ne pensoit pas comme Romuald, lui fit abandonner ce dessein; & lui persuada qu'il serviroit Dieu en gouvernant l'empire, pourvu qu'il donnât tous ses soins à rendre la justice & à procurer le bonheur des peuples. Ce prince fut plus libéral envers les églises qu'aucun de ses prédécesseurs. Il promit dans son couronnement obéissance au pape, ce qui étoit sans exemple, & ce qui fait voir l'idée qu'il

qu'il se formoit du saint siege & de l'empire :
il contribua à la conversion d'Etienne, en faveur duquel il érigea la Hongrie en royaume;
il mourut & fut canonisé. Pendant son regne
il y eut un schisme à Rome : & vers le temps
de sa mort, le saint siege fut vendu à un simple laïque Jean XIX.

Henri II qui ne laissa point d'enfants, paroît être le dernier prince de la maison de Saxe : car le sentiment le plus vraisemblable est
que son successeur, Conrad, dit le Salique,
duc de Franconie, ne lui appartenoit que par
les femmes. Les troubles se multiplierent sous
ce nouvel empereur, & l'obligerent de passer
& de repasser bien des fois les Alpes, parce
qu'on se révoltoit par tout où il n'étoit pas.
Rome n'étoit pas la seule ville d'Italie qui vouloit se soustraire à sa domination. Il eut pour
successeur son fils Henri III.

L'Allemagne ne pouvoit presque pas être
sans guerre. C'étoit un effet du gouvernement
féodal, que tant de princes puissants armas-
sent les uns contre les autres, ou se soulevas-
sent contre l'empereur. Parmi ces troubles,
Henri III eut plus de succès qu'il n'essuya de
revers.

L'Italie plus épuisée & plus foible, ne
produisoit que des factieux plus faciles à soumettre. Henri est cependant le dernier roi

Tom. XI. S

1024 Conrad II duc de Franconie successeur de Henri II.

1039 Henri III fait respecter son autorité en Allemagne.

Et en Italie où il fait cesser les scan

d'Allemagne qui ait su y conserver son autorité. Il la fit si bien respecter, que les Romains s'accoutumerent à lui demander des papes, & à recevoir sans opposition ceux qu'il nommoit. C'étoit l'avantage du saint siege : car les papes que les empereurs y plaçoient de leur choix, devoient être meilleurs que ceux que les factions faisoient, & l'étoient en effet.

Lorsque Henri monta sur le trône, la simonie regnoit à Rome depuis long-temps. En 1033, Benoît IX avoit succédé à Jean XIX, & acheté, comme lui, le souverain pontificat, qu'il déshonora par ses débauches, par ses rapines & par ses meurtres. Les Romains le chasserent, & le saint siege fut vendu à Silvestre. Mais trois mois après, une faction rétablit Benoît, qui craignant, sans doute, d'être encore chassé de cette place, aima mieux en faire de l'argent, & la vendit à Grégoire VI.

1044

Henri vint en Italie, fit enfin cesser ce scandale. Les trois papes simoniaques furent déposés. Mais Clément II, qui leur avoit succédé, mourut neuf mois après en Allemagne, où il avoit accompagné l'empereur, & Benoît remonta sur le saint siege pour la troisieme fois. Henri envoya d'Allemagne, Damase II, qui mourut vingt trois jours après sa consécration, & qu'on soupçonna d'avoir été empoison-

1046

né. Alors l'emperéur fit élire dans une assemblée qui se tint à Worms, Brunon évêque de Toul, qui prit le nom de Léon IX, & Benoît se retira.

Léon avoit déclaré qu'il n'accepteroit, que lorsque le clergé & le peuple de Rome l'auroient élu, persuadé que sans cela son élection ne pouvoit être canonique ; & en effet, il ne se crut pape, qu'après que les suffrages des Romains se furent réunis en sa faveur. Ce scrupule étoit une nouveauté contraire aux prérogatives de l'empire. Il semble donc que Henri devoit le désaprouver, & nommer plutôt tout autre que Brunon. Il n'en fit rien, & fit une faute.

Le patrimoine de S. Pierre étoit alors ruiné par la mauvaise conduite des papes précédents, & par les usurpations que plusieurs seigneurs avoient faites sur l'église de Rome. Parmi les usurpateurs étoient des Normands, établis depuis quelque temps dans la Pouille & dans la Calabre : mais ceci demande que nous reprenions les choses d'un peu plus haut.

Lorsque les Lombards conquirent l'Italie les Grecs conserverent la plus grande partie des provinces, comprises aujourd'hui dans le royaume de Naples. Mais les ducs, qui les gouvernoient, profiterent de la foiblesse des

Etablissement des Normands dans le midi de l'Italie.

S 2

empereurs de Conftantinople, & chercherent parmi les troubles à fe rendre indépendants. Leurs divifions ouvrirent dans la fuite ce pays aux Sarrafins. Enfin les rois d'Allemagne, comme empereurs, y porterent encore les armes, pour faire valoir leurs prétentions. Telle étoit la fituation de ces provinces déchirées par leurs habitants, par les Grecs, par les Sarrafins, par les Allemands & par des princes defcendus des Lombards; Lorfque des François, venus de Normandie, entreprirent de s'y établir, & y cauferent de nouveaux défordres, que les papes accrurent.

Vers la fin du dixieme fiecle, une foixantaine de pélerins Normands, qui revenoient de la Terre Sainte, fe trouverent à Salerne dans le temps que cette ville, affiégée par les Sarrafins, fe rachetoit à prix d'argent. Cette petite troupe rendit le courage aux Salertins; & s'étant mife à leur tête, elle fondit au milieu de la nuit fur les infideles, les défit entiérement, les chaffa dans leurs vaiffeaux, & s'enrichit de leurs dépouilles.

Les vainqueurs retournerent dans leur patrie, avec la gloire d'avoir délivré Salerne; & bientôt d'autres Normands, voulant recueillir les fruits de la réputation que cet événement leur avoit acquife, vinrent chercher fortune dans cette partie de l'Italie: offrant leurs fer-

vices à tous les princes qui étoient en guerre,
& servant indifféremment dans les troupes des
Grecs, des Allemands, des papes & des ducs
du pays. Dès l'an 1030, ils fonderent près
de Naples la ville d'Averse; & Rainolfe, leur
chef, prit le titre de comte.

Au bruit des succès des Normands, les fils
aînés de Tancrede de Haute-Ville, Guillaume, surnommé Fier-à-Bras, Drogon & Hum-
froi, partirent de Coutance, & vinrent à Salerne. Ils se mirent à la tête de trois cents
Normands; & s'étant joints aux Grecs, qui
avoient recherché leur alliance, ils leur pro-
curerent en Sicile une victoire complette sur
les Sarrasins. Bientôt offensés des injustices
qu'on leur fit, ils s'embarquerent, descendi-
rent dans la Calabre; & ayant reçu quelques
secours de Rainolfe, ils se rendirent maîtres
de presque toute la Pouille qu'ils partagerent.
Chaque capitaine eut une ville en partage: ils
conserverent Melfi en commun, pour être le
lieu où ils se rassembleroient, & ils reconnurent Guillaume pour comte de la Pouille,
c'est-à-dire, qu'ils choisirent le gouvernement
féodal, parce qu'ils n'en connoissoient pas
d'autre.

Une conquête si rapide, faite par une poi-
gnée d'hommes, a de quoi étonner: mais il
faut remarquer qu'on avoit dégarni la Pouille,

pour porter la guerre en Sicile; & que d'ailleurs, les habitants de cette province, mécontents de la domination des Grecs, se joignoient aux François, & devenoient sous ces heros tout autant de soldats.

De plusieurs autres fils qu'avoit encore Tancrede, il eut bien de la peine à en retenir un auprès de lui. Robert Guiscard partit pour la Pouille avec deux de ses freres, & beaucoup d'autres gentilshommes. Ils traverserent l'Italie en habit de pélerin, voulant se déguiser aux yeux des Romains & des Grecs, qui n'auroient pas vu sans inquiétude l'accroissement de cette race de conquérants.

Henri III donne l'investiture aux Normands.

Henri III, ne pouvant pas s'opposer à leurs progrès, prit le parti de leur donner l'investiture de tout ce qu'ils avoient conquis; & les Normands devinrent feudataires de l'empire d'Allemagne. Ils possédoient alors toute la Pouille, le comté d'Averse & une grande partie du Bénéventin.

1047

Prétentions de Léon IX, qui les excommunie, & leur fait la guerre.

Léon IX les excommunia, parce qu'ils avoient envahi quelques terres de l'église de Rome. Cette excommunication ayant été sans effet, il eut recours à l'empereur Henri; & il en obtint des troupes auxquelles il joignit tous les aventuriers & tous les bannis qui le voulurent suivre. Il marcha à la tête d'une armée, dont celle des Normands n'auroit pas

fait le quart ; se flattant de recouvrer, non-
seulement, ce qu'ils avoient enlevé à son église : mais comptant avoir encore des droits sur
tout ce qu'ils avoient conquis. Les Normands
lui ayant offert de se rendre ses vassaux pour
les terres qu'il leur redemandoit, il rejeta
cette proposition, parce que, selon, lui toutes
les provinces dont ils s'étoient emparés, appartenoient au saint siege ; que les Grecs
iconoclastes avoient mérité de les perdre à
cause de leur hérésie ; & que la conquête
que les Normands en avoient faite, devoit
revenir au domaine de l'église, parce qu'ils
ne l'avoient pu faire que sous le bon plaisir
du pape.

Les Normands, qui ne s'attendoient pas
à ces raisons, comme en effet ils ne devoient
pas s'y attendre, défirent l'armée du pape,
le firent prisonnier, le garderent pendant près
d'un an, & le renvoyerent sans rançon après
l'avoir traité avec beaucoup de respect. Léon mourut peu de temps après. On a reproché à ce pape d'avoir porté les armes : mais il
n'étoit pas le premier ; il étoit d'ailleurs d'un
pays, où il avoit vu les évêques & les abbés
en faire autant, & il en avoit plusieurs dans
son armée.

Les Romains n'osant procéder à l'élection
d'un nouveau pape, députerent à l'empereur,

Il est fait pri-
sonnier.

Mort de Leon
III.

S 4

qui nomma l'évêque Gebhard, connu sous le
ne   de Victor II. C'est le quatrieme Allemand, qui ait été élevé sur la chaire de S.
Pierre. Henri mourut l'année suivante, & eut

pour successeur son fils Henri IV, qui avoit
été déclaré roi des Romains quelque temps
auparavant.   Ce titre désignoit celui que les
princes Allemands reconnoissoient devoir suc-
céder à l'empire.

Victor II étant mort, les Romains élurent Fréderic, abbé du Mont-Cassin, qui prit
le nom d'Etienne IX, & dont l'élection fut
confirmée par l'empereur. Il mourut l'année
suivante.

Les Romains divisés élurent alors deux papes : mais Nicolas II, ayant eu l'agrément de
la cour d'Allemagne, monta seul sur le saint
siege, & força son concurrent à se désister.
Ce pontife entreprit néanmoins d'ôter aux empereurs la part qu'ils devoient avoir dans ces
élections. Il tint un concile, où il fut décidé qu'on choisiroit, autant qu'il seroit possible, dans le clergé de Rome ceux qu'on éle-
veroit sur la chaire de S. Pierre ; qu'on les pré-
féreroit à ceux des autres églises ; que l'élection des papes se feroit par les cardinaux ; &
qu'enfin on demanderoit au clergé & au peuple la confirmation du choix qui auroit été
fait. On ajouta cependant une clause, pour

paroître refpecter les droits de l'empereur :
mais dans le vrai on vouloit les détruire. Elle étoit conçue en ces termes. *Sauf l'honneur
& le refpect dus à notre cher fils Henri, qui eft
maintenant roi & qui fera, s'il plaît à Dieu,
empereur, felon le droit que nous lui avons déja accordé; & on rendra le même honneur à fes
fucceffeurs, à qui le faint fiege aura perfon-
nellement accordé la même prérogative.* Tous
les mots de ce décret montrent fenfiblement
quelles étoient les prétentions & les vues de
la cour de Rome. On voit qu'elle s'arroge
le droit de faire les empereurs, & qu'elle
fe propofe de fe fouftraire tout-à-fait à leur
autorité.

Cependant les Normands continuoient
leurs conquêtes, malgré les excommunications des papes. Nicolas voyant la foibleffe
de fes armes fpirituelles, deftinées à tout autre ufage, changea tout-à coup de conduite,
& s'allia avec ces excommuniés, pour fe faire un appui contre les empereurs d'Allemagne, auxquels il vouloit fe fouftraire. Cette
alliance, vu la façon de penfer de ces temps,
n'étoit pas moins favorable aux Normands;
parce qu'ils étoient perfuadés que l'approbation du faint fiege donneroit un air de juftice
à tout ce qu'ils avoient conquis, & à tout ce
qu'ils conquerroient dans la fuite. D'un côté, par le traité qui fut fait, ils furent ab-

Il s'allie des Normands auxquels il donne l'invefticure.

fous de l'excommunication prononcée contre eux ; le pape confirma Richard dans la poffeffion de la principauté de Capoue, & Robert Guifcard dans celle de la Pouille & de la Calabre ; & il promit à celui-ci l'inveftiture de la Sicile à titre de duché, l'invitant à chaffer de cette île les Grecs & les Sarrafins. D'un autre côté, Robert, Richard & leurs fucceffeurs fe mirent fous la protection du pape, lui prêterent ferment de fidélité comme feudataires du faint fiege, & s'obligerent à payer chaque année un tribut de douze deniers de Pavie pour chaque paire de bœufs. Tel eft le fondement des prétentions de la cour de Rome fur les royaumes de Naples & de Sicile.

Auffitôt que le traité eut été figné, les Normands firent le dégât dans les terres de quelques feigneurs, qui jufqu'alors avoient commandé dans Rome, & arracherent cette ville & les papes à la domination de ces tyrans. Vous comprenez que s'ils continuent d'écarter tous ceux qui voudront faire valoir des droits fur cette capitale, les papes qui n'auront plus d'ennemis à redouter acquerront tous les jours plus d'autorité fur le peuple & deviendront enfin fonverains. Il eft affez fingulier que les fucceffeurs de S. Pierre aient eu des vaffaux fouverains, avant d'être fouverains eux-mêmes. Car quelles qu'aient été les donations de Charlemagne, il est aumoins certain que Nicolas II n'avoit de fait la souveraineté nulle part.

La mort de Nicolas, arrivée en 1061, fut suivie de grands troubles. Cadaloüs, évêque de Parme que l'empereur avoit fait élire, vint deux fois avec une armée pour se rendre maître du saint siege. Mais Alexandre II, soutenu par une faction puissante, le repoussa toujours, & fut enfin reconnu pour seul pape légitime.

Tout ce qui arrive en Italie peut vous faire juger que Henri IV étoit trop foible, pour y faire respecter son autorité. En effet, ce prince n'avoit que cinq à six ans, lorsqu'il monta sur le trône en 1056. L'impératrice Agnès, sa mere, s'étoit saisie de la régence. Environnée de seigneurs jaloux & puissants, qui conjuroient contre elle, elle ne pouvoit pas porter sa vue hors de l'Allemagne; elle ne put pas même se maintenir long-temps: car son fils lui fut enlevé en 1062, & elle se retira dans un monastère à Rome.

L'enfance de Henri IV favorise l'ambition des papes.

Henri, qui étoit alors dans la douzieme année de son âge, fut confié aux archevêques de Cologne & de Breme. Le premier ne négligea rien, pour lui donner l'amour de la vertu & des études convenables à son état: mais le second, voulant gagner la con-

Il a été mal élevé.

fiance de ce malheureux prince, ne chercha
qu'à flatter ses passions. Ce fut la première
source des maux qui l'accableront. Les historiens en ont parlé différemment, parce qu'ils
en ont parlé avec partialité : mais il a donné
des preuves de valeur, d'activité, de patience, de générosité, de clémence, d'amour
pour ses peuples ; & on voit avec regret
qu'il eût été capable de répondre aux soins
d'une bonne éducation. Sa passion pour les
femmes lui a été funeste.

La crainte d'une excom- munication l'empêche de répudier sa femme.

Henri étoit dans sa dix-neuvieme année,
lorsqu'il prit les rênes de l'état: mais trop livré à ses passions, pour donner assez de soins
au gouvernement, il s'occupa de ses plaisirs;
une de ses premieres démarches fut d'entreprendre de répudier sa femme, pour laquelle
il n'avoit jamais eu que de l'aversion. Il mit
dans ses intérêts l'archevêque de Mayence;
& la chose ayant été proposée dans une diete, on convint de la traiter dans un concile,
qui fut indiqué à Mayence même.

Il se flattoit de faire réussir son projet,
lorsqu'il indisposa contre lui l'archevêque de
Mayence. Ce prélat, qui changea tout-à-
coup, écrivit au pape pour l'inviter à prendre
connoissance de cette affaire. Alexandre
en avoit déja été instruit ; & son légat, qui
étoit parti avec ses ordres, se rendit au concile, où il menaça d'excommunication les

peres & l'empereur. Henri, que toute l'af-
semblée sollicitoit à se désister, reprit sa
femme, sans quitter son aversion. Il ne revint à elle que quelques années après, & il
en eut des enfants.

Depuis long-temps, les provinces d'Allemagne étoient troublées par une multitude de
seigneurs, qui se faisoient continuellement
la guerre, & qui commettoient toutes sortes
de vexations & de brigandages. Ce désordre
n'étoit nulle part plus grand que dans le duché de Saxe. Henri voulant veiller à la sureté publique, entreprit de l'arrêter. Les Saxons se souleverent, il vainquit, il pardonna.
Mais trop de clémence enhardit les rebelles,
& les troubles recommencerent.

Un empire aussi agité prenoit trop sur les
plaisirs de Henri. Il eût voulu bien gouverner, & il en eût été capable, s'il eût su se
gouverner lui-même. Il songea à se débarras-
ser entre les mains d'un autre, des soins du
gouvernement. Il eut au moins la sagesse de
jeter les yeux sur Hannon, cet archevêque
de Cologne qui avoit voulu faire de lui
un prince vertueux. L'ordre se rétablissoit
déja. Mais le ministre s'apperçut bientôt
que pour plaire à son maître, il falloit approuver ses débauches; il vit qu'il n'étoit
plus agréable, & prévenant sa disgrace, il
se retira.

Troubles
principale-
ment en Saxe.

Henri IV
donne des dé-
gouts à son
ministre qui
se retire.

Auffitôt les Saxons fe fouleverent , & députerent au pape pour lui porter des plaintes
contre l'empereur , qu'ils lui repréfentoient
comme un tyran , un débauché & un fimo-
niaque.   Alexandre II cita l'empereur à comparoître devant lui pour fe juftifier des crimes
dont on l'accufoit. Cette entreprife paroît bien
étonnante , quand on fe rappelle la dépendance des papes fous le regne précédent. C'eft
ainfi que dans les temps d'anarchie , chacun
fe fait des droits fuivant les circonftances ; &
que celui qui a obéi un jour , commande un
autre.   Cette fommation cependant n'eut
point de fuite , parce que Henri la méprifa ,
ou peut-être encore parce qu'Alexandre mourut.

Il y avoit alors à Rome un moine nommé Hildebrand , intriguant , riche , puiffant.
Il faifoit les papes , il les gouvernoit : il fe
fit pape lui-même. C'eft par fes confeils que

Léon IX voulut n'être élevé fur le faint fiege
que par les fuffrages des Romains. Depuis
ce pontificat, Hildebrand fut toujours maître
dans Rome. Il chaffa Cadaloüs , il maintint
Alexandre ; & ayant pris la qualité de chancelier du faint fiege , il avoit l'adminiftration
de tous les revenus , & le gouvernement de
toutes les affaires.

Depuis le pontificat de Léon IX , Hildebrand avoit formé le projet d'enlever aux em-

pereurs toute influence fur l'élection des papes & des autres évêques. Mais pour l'exécuter, il falloit d'abord s'affermir fur le faint fiege, & , par conféquent, obtenir l'agrément de Henri. Or, demander cet agrément, c'étoit reconnoître les droits de l'empereur. Hildebrand prit néanmoins ce parti ; étant d'ailleurs bien déterminé à protefter quelque jour contre une démarche, dont les circonftances lui faifoient une néceffité. Il trouva des obftacles à la cour d'Allemagne : il les vainquit par une foumiffion apparente : fon élection fut confirmée ; & il prit le nom de Grégoire VII.

Dès qu'il fe vit affuré fur la chaife de S. Pierre, fon ambition n'eut plus de bornes. Il fe crut, non-feulement, le feul difpenfateur des biens de l'églife , mais encore il fe regarda comme le feul fouverain de la chrétienté , commandant aux rois , les traitant comme fujets du faint fiege , & difpofant des couronnes. Nous verrons dans la fuite les maux que l'ambition de ce pontife a produits.

Si les empereurs s'étoient fixés à Rome , ils auroient étouffé toutes les factions , & leur autorité fe feroit affermie en deçà des Alpes. Mais comment auroient-ils confervé l'Allemagne , où les factieux étoient des princes

puiſſants qui les avoient élus; & d'où, comme nous le verrons, ils ne pourront pas conſerver l'Italie? C'eſt pour leur malheur & pour
celui des peuples, qu'ils ont voulu regner
tout à la fois en Italie & en Allemagne; &
c'eſt, en un mot, un vain titre, qui a nourri
en eux cette ambition, & cauſé des guerres
ſanglantes.

CHAPI-

CHAPITRE VIII.

*De l'empire Grec dans les siecles neuf,
dix & onze.*

Dans le neuvieme, le dixieme & l'onzieme siecle, l'histoire de Constantinople offre toujours les mêmes désordres. C'est le tableau de tous les malheurs que l'ambition & le fanatisme peuvent produire, lorsqu'il n'y a plus ni loi, ni subordination. Parmi les séditions & les révoltes, le crime ouvre le chemin au trône, qui conduit d'ordinaire à la mort ou dans un cloître. L'empire n'est ni héréditaire, ni électif: il est au scélérat, qui ose les plus grands forfaits. Un prince est précipité par le poison ou par le fer; un autre à qui on creve les yeux, est jeté dans un monastère: & souvent celui qui meurt sur le trône, n'est pas le moins malheureux. Un exemple vous fera connoître ce que c'étoit alors que les droits à l'empire, & combien on étoit éloigné d'en avoir quelque idée.

Etat déplorable de l'empire Grec.

Tom. XI. T

Michel Paphlagonien, d'abord faux mon-
noyeur, enfuite chambellan, parce que fon
frere étoit un des eunuques du palais, infpira
de l'amour à l'impératrice Zoé, qui médita
bientôt la mort de Romain Argyre fon mari.
Le poifon, qu'on avoit employé, agiffant
trop lentement, Romain fut étouffé dans un
bain. Alors Zoé époufa Michel, le déclara
empereur, & il fut reconnu fans obftacle. Ce
malheureux, il faut lui rendre juftice, mourut de fes remords, après avoir échappé au
poifon que fa femme voulut lui faire donner.

Son neveu, Michel Calaphate, fils de
fa fœur & d'Etienne qui avoit été calfateur
de navire, étoit Céfar. Zoé qui s'étoit re-
faifie de toute l'autorité, le mit fur le trône,
perfuadée qu'elle gouverneroit fous fon nom.
Elle fe trompa : Michel la fit enlever, & la
mit dans un couvent, où elle fut obligée de
prendre l'habit de religieufe.

Cette violence ayant excité des murmures, le préfet de la ville lut en place publique un manifefte, par lequel Michel entreprenoit de fe juftifier; mais il ne fut pas écouté. Une voix s'écria : nous ne voulons pas
de Michel pour empereur. Ce cri devint uni-
verfel : Michel s'enfuit dans le monaftère
des Studites, prit le froc & quelques jours
après on lui creva les yeux. Alors Zoé fort

tit du couvent pour remonter fur le trône :
mais ce qui eft plus fingulier , c'eft qu'on lui
donna pour collegue fa fœur Théodora, &
l'empire fut gouverné par deux femmes. Voilà les révolutions arrivées depuis 1034 jufqu'en 1042. Il feroit inutile d'en rapporter
d'autres.

Parmi le grand nombre des princes qui
ont la plupart enfanglanté le trône Grec en
ces temps malheureux, peu ont eu des talents , ou avec des talents ils ont eu de
grands vices. Tels ont été Nicéphore, Phocas, & Jean Zimifcès qui l'affaffina pour
ufurper l'empire. Sous leur regne, depuis
963 jufqu'en 976 , les Grecs devinrent redoutables , par les avantages qu'ils remporterent fur leurs ennemis.

Mais le meilleur empereur qui ait regné ── *Conftantin*
dans l'intervalle que nous parcourons, eft, *Porphiroge-*
fans contredit, Conftantin Porphirogenete. *nete s'appli-*
Vous favez que nous lui devons des extraits *que à le ren-*
de Polybe. Il fit recueillir ce qu'il y avoit *dre floriffant.*
de plus important dans les meilleurs livres.
Il fit compofer un grand nombre d'ouvrages
par les hommes les plus inftruits. Il en
compofa beaucoup lui-même, parce qu'il
étoit un des plus favants princes dont il foit
fait mention. En un mot, il s'occupa du
bonheur des peuples, il ne négligea rien

pour faire fleurir les fciences, qui avoient été
fort négligées. Mais on peut lui reprocher
d'avoir quelquefois donné aux lettres un temps
qu'il déroboit aux affaires. Pour juger de la
confidération dont les fciences jouiffoient
fous fon regne, il fuffit de remarquer qu'un
premier écuyer enfeignoit la philofophie,
qu'un archevêque de Nicée profeffoit la rhé-
torique, qu'un patrice donnoit des leçons de
géometrie, & que l'empereur recevoit à fa
tables les éleves qui fe diftinguoient, & les
récompenfoit par des emplois honorables.
Il mourut en 959, empoifonné par Romain
fon fils, qui mourut lui-même de fes débauches, ou qui, felon d'autres, fut empoifonné.

Pourquoi cet
empire ne
tomba pas
fous les bar-
bares.

Les mauvais princes, les révolutions fréquentes, les vices du gouvernement préparoient la chûte de Conftantinople ; mais les
barbares d'Europe, incapables de former un
plan réfléchi, & de faifir le moment de l'e-
xecution, fe foulevoient pour fe faire battre,
ou ne favoient pas profiter de la victoire.
Les Ruffes avoient pénétré dans la Bulgarie,
ils y avoient remporté de grands avantages,
ils menaçoient déja de s'avancer jufqu'à
Conftantinople. Jean Zimifcès marcha contre eux, & les extermina. Quelques années

1019

après, Bafile foumit les Bulgares, qui avoient
ravagé les provinces de l'empire. Ce der-

nier prince, né pour la guerre, eut des succès brillants : mais il n'accorda aucune protection aux lettres, quoique petit-fils de Constantin Porphirogenete.

Les ennemis les plus redoutables étoient en Asie. Les Grecs auroient succombé, si les divisions n'avoient de bonne heure affoibli les Sarrasins. En 908, il se forma un grand schisme dans la religion musulmane. Obeid-Allah, s'étant rendu maître de l'Afrique, prit le titre de khalife. Ses successeurs, connus sous le nom de khalifes Fatimites, conquirent l'Egypte & la Syrie, & furent toujours les ennemis des khalifes Abbassides. Au milieu de ces troubles, les Turcs, que Motasem avoit appellés à son service, acquirent tous les jours plus de puissance. Ils embrasserent la religion mahométane, & respecterent le sacerdoce dans le khalife : mais ils lui enleverent enfin la souveraineté. Vers la fin du onzieme siecle, différentes hordes de ces barbares s'étoient établies dans la Perse, dans la Syrie, dans l'Asie mineure, & formoient plusieurs royaumes sous des chefs toujours ennemis. Un des plus puissants étoit le sultan Soliman qui faisoit sa résidence à Nicée, & qui de là, portoit le ravage jusqu'aux portes de Constantinople. Alors l'empire Grec ne possédoit presque plus rien en Asie. Il renfermoit en Europe la

Les divisions des Sarrasins en retardent la chûte.

T 3

Thrace, l'Illyrie, la Macédoine, l'Epire, la Theffalie & la Grece : mais toutes ces provinces étoient expofées à beaucoup d'ennemis, dont je parlerai ailleurs.

Malgré cet état de foibleffe, Conftantinople étoit encore la premiere ville du monde : immenfe, peuplée, opulente, elle étoit le centre des arts, des fciences & du commerce elle s'enrichiffoit par fa fituation, par l'ignorance des autres peuples, & par les malheurs même de l'empire. Car fa population augmentoit de toutes les familles riches, qui abandonnoient l'Afie pour fe fouftraire à la domination des Turcs.

Après vous avoir fait cette légere efquiffe de l'empire Grec dans l'efpace de trois fiecles, il me refte à vous faire confidérer les troubles de l'églife d'orient.

L'héréfie des Iconoclaftes trouble encore l'églife dans le neuvieme.

La paix y regnoit au commencement du neuvieme fiecle : c'étoit le fruit du concile qu'Irene avoit fait tenir à Nicée. Bientôt la perfécution recommença contre les catholiques ; & elle continua fous plufieurs empereurs jufqu'au regne de Michel III. Théodora, mere de ce prince, étant alors régente, fit tenir un nouveau concile, où les Iconoclaftes furent condamnés. Ce fut la fin de cette héréfie, qui avoit troublé l'églife pendant 120 ans depuis Léon l'Ifaurien.

842

D'ailleurs

Il y a eu peu de controverfes fur les dogmes pendant le cours de ces trois fiecles.

Les héréfiarques ne fe forment guere, lorfque les peuples ne font pas affez oififs, pour
entrer dans des difputes fubtiles. L'ignorance
ne permettoit pas même d'en agiter. D'ailleurs les principaux évêques ne fongeoient
qu'à étendre leur jurifdiction ou qu'à fe rendre indépendants ; & tous les eccléfiaftiques
penfoient aux moyens d'augmenter ou de
défendre au moins leur temporel. Parmi
les défordres qui regnoient de toutes parts,
ces objets étoient plus que fuffifants pour occuper le clergé, tous les efprits fe tournerent
de ce côté : les prélats travaillerent à fe rendre riches, puiffants ou mêmefouverains ; &
leur ambition fut la fource de bien des maux.

dans ce fiecle & les deux fuivants, on difpute peu fur le dogme.

La paix rendue à l'églife par Théodora,
ne dura pas long-temps. L'empereur ayant
fait enfermer cette princeffe dans un monaftère, fit dépofer Ignace patriarche de Conf
tantinople, qui s'élevoit hautement contre
cette violence, & lui donna Photius pour fucceffeur. Photius joignoit à une naiffance illuf-
tre un génie vafte & une fcience prefqu'univerfelle : il occupoit alors deux des premieres
charges de l'empire ; car il étoit premier écuyer & premier fecrétaire d'état. On le fit
paffer en fix jours par tous les dégrés. Le
premier jour, on le fit moine, le fecond lec-
teur, enfuite fous diacre, puis diacre, prêtre,
enfin patriarche le jour de noël. Cet évé-

L'inftallation de Phodus fur le fiege de Conftantino-ple eft l'origi-ne du fchifme qui féparera l'églife Grec-que de l'églife Latine.

857

T 4

nement eſt remarquable, parce qu'il eſt l'origine du grand ſchiſme, qui ſépare l'égliſe
d'orient & celle d'occident.

Photius ne pouvoit pas ſe flatter d'être reçu à la communion des égliſes d'occident, ſi
le pape n'approuvoit ſon élection & la dépo-
ſition d'Ignace. Il députa donc quatre évêques, pour obtenir l'approbation du ſaint
ſiege.

Alors les papes commençoient à étendre
leur juriſdiction, & faiſoient continuellement
des tentatives pour ſe rendre ſeuls juges des
différents qui naiſſoient dans l'égliſe : ils
fondoient leur prétention ſur une collec-
tion de pluſieurs lettres, qu'on prétendoit
avoir été écrites par les papes des trois
premiers ſiecles, & par leſquelles ils paroiſſoient avoir été les juges de tous les évêques
de la chrétienté. Ces lettres connues ſous
le nom de fauſſes décrétales, parurent pour
la premiere fois ſur la fin du huitieme ſiecle;
c'eſt-a-dire, dans des temps où l'on avoit
trop peu de lumieres, pour en découvrir la
ſuppoſition : elles acquirent donc une autorité, dont les papes ſe prévalurent. Mais la
fauſſeté en ſaute aux yeux; & elles prouvent
ſeulement ce que peut l'impoſture, lorſque
les hommes ſont ignorants & crédules.

Prétentions du ſaint ſiege fondées ſur les fauſſes dé-crétales.

Nicolas I occupoit alors le siege apostolique. Il n'avoit garde de laisser échapper une occasion de mettre l'église de Constantinople dans sa jurisdiction. Il croyoit de la meilleure foi du monde aux fausses décrétales, & il en avoit pris la défense contre des évêques des Gaules, qui doutoient de leur autorité. Il se plaignit de n'avoir pas été consulté sur la déposition d'Ignace ; il désapprouva qu'on lui eût donné un laïque pour successeur ; & il fit partir deux légats pour prendre connoissance de cette affaire.

Les légats furent séduits & gagnés ; car Photius employoit toute sorte de moyens pour se maintenir. On tint un concile composé de 318 évêques. Ignace y comparut, & fut déposé en présence & avec l'approbation des légats.

Nicolas, instruit de ce qui s'étoit passé, écrivit aux évêques de l'orient, pour leur ordonner par l'autorité du saint siege de condamner avec lui l'élection de Photius & la déposition d'Ignace. Mais cette lettre ayant été sans effet, parce que ces évêques n'étoient pas dans l'usage de recevoir de pareils ordres ; il excommunia Photius, & punit les légats, qui avoient abusé de sa confiance. J'omets plusieurs circonstances, qui font voir que ce pape montroit plus de zele que de

Conduite de Nicolas I.

prudence, & qu'il foulevoit les efprits par fes prétentions & par fes hauteurs.

Conduite de Photius.

Photius fe vengea de Nicolas. Il l'excommunia dans un concile ; il le déclara dépofé ; il invita Louis II, (*) roi d'Italie, à chaffer ce pontife du faint fiege, lui promettant de le faire reconnoître empereur à la cour de Conftantinople : enfin il écrivit aux patriarches & aux évêques de l'orient, une lettre circulaire, dans laquelle il montre beaucoup de mépris pour les Latins & entreprend de leur reprocher plufieurs erreurs. Des hommes, dit-il, fortis des ténébres de l'occident, font venus corrompre la foi : ils ordonnent de jeûner le famedi : ils permettent de manger du fromage & du laitage en carême : ils en retranchent la premiere femaine : ils déteftent les prêtres engagés dans un mariage légitime : ils permettent que leurs

Il reproche aux Latins d'avoir ajouté au fymbole

prêtres fe rafent la barbe : enfin ils ofent ajouter de nouvelles paroles au fymbole, difant que le S. Efprit ne procéde pas du pere feul, mais encore du fils. Photius finit par prier les évêques de concourir à la condamnation de cette doctrine, & d'envoyer pour cet effet des légats à Conftantinople.

(*) Il étoit empereur, fils de Lothaire, neveu de Charles le Chauve & de Louis le Germanique.

Parmi ces chefs d'accusation, le dernier est le seul qui concerne le dogme. Les autres sont des choses de discipline : & il y en a de ridicules. Mais plus les objets d'une dispute sont frivoles, plus il est à craindre qu'on ne s'entête de part & d'autre. On s'échauffe d'autant plus, qu'on auroit honte de se dédire, & cette chaleur donne de l'importance à des puérilités.

Il y avoit déja long-temps que les églises de Germanie, de France & d'Espagne avoient fait cette addition, dont les Grecs se plaignoient. Léon III ne l'avoit pas approuvée, quoique très convaincu que le S. Esprit procéde du pere & du fils. Il se fondoit sur ce que le second concile général n'avoit point mis le *filioque* dans le symbole, & que celui de Chalcédoine & d'autres avoient défendu d'y rien ajouter. Cependant l'église de Rome se conforma dans la suite à cet usage ; au grand scandale des Grecs, qui ne vouloient pas qu'on fît aucun changement dans un symbole fait chez eux.

Au fort de cette dispute, Michel III fut assassiné ; & son assassin, Basile le Macédonien, étant monté sur le trône, chassa Photius & rétablit Ignace.

Il est déposé.

867

La troisieme année de son regne, il fit tenir à Constantinople un concile, qui est le huitieme œcuménique. Les légats d'Adrien

II , succeſſeur de Nicolas, s'y trouverent.
Photius y fut condamné, & on prononça
pluſieurs fois anathême contre lui.

Les préten-
tions des deux
premiers ſie-
ges ſur la Bul-
garie les alie-
ment encore.
Le concile venoit d'être terminé, lorſque
l'empereur fit aſſembler chez lui les légats
de Rome, d'Alexandrie, d'Antioche & de Jéruſalem, pour ſavoir ſi les Bulgares devoient
être ſoumis au pape ou au patriarche de
Conſtantinople. Ces peuples avoient embraſ-
ſé la religion chrétienne en 860, & leur roi
avoit envoyé un ambaſſadeur pour faire décider cette queſtion. On jugea que la Bulgarie devoit être dans la juriſdiction du patriarche de Conſtantinople, parce qu'elle
avoit été conquiſe ſur les Grecs ; que les
Bulgares n'y avoient trouvé que des prêtres
Grecs, lorſqu'ils s'en étoient rendus maîtres ;
& que ce royaume faiſant partie de l'empire, il n'étoit pas raiſonnable d'y conſerver
quelque juriſdiction à un pontife, qui s'é-
toit ſouſtrait aux empereurs, pour ſe donner
aux rois de France. Les légats de Rome
proteſterent, & ſe retirerent mécontents.
Adrien encore plus mécontent, ſe plaignit
amérement : il déclara qu'il dégraderoit tous
les Grecs, qui feroient quelques fonctions
eccléſiaſtiques en Bulgarie. Jean VIII, ſon
ſucceſſeur, menaça d'excommunier & de dépoſer Ignace, s'il ne ſe déſiſtoit de toute
juriſdiction ſur ce royaume ; & il ordonna

aux évêques & aux ecclésiastiques Grecs d'en
sortir dans trente jours, sous peine d'excommunication. Mais enfin les Bulgares aimerent mieux dépendre du patriarche de Conftantinople.

Cependant Photius étoit rentré en grace auprès de Basile, & ce prince lui avoit
même confié l'éducation de ses enfants,
lorsqu'Ignace mourut. Dans une circonftance aussi favorable, il lui fut facile de recouvrer le patriarchat; & ce qui paroît d'a-
bord étonnant, c'est que Jean VIII le reconnut. Il est vrai qu'il comptoit, par cette condescendance engager Photius à ne plus prétendre à la Bulgarie, & c'étoit aussi une de ses
conditions. Il vouloit encore obtenir de l'empereur des secours contre les Sarrasins & la
restitution de quelques terres, qui appartenoient à l'église de Rome.

Photius est rétabli, & reconnu par Jean VIII qui croit qu'on lui a cédé la Bulgarie.

Aussitôt que les légats de Rome furent
arrivés, Photius fit assembler trois cents qua-
tre-vingt-trois évêques, qui crierent anathême
contre quiconque ne le reconnoîtroit pas
pour patriarche légitime. On lut un symbole sans l'addition *filioque*, & avec défense d'y rien ajouter: on ne voulut point reconnoître que la Bulgarie dût dépendre du
saint siege.

Jean, détrompé, excommunia Photius.

Jean, mal inftruit de ce qui s'étoit paffé, confirma les décrets du concile, & remercia l'empereur de la ceffion qu'il croyoit lui avoir été faite de la Bulgarie : mais ayant été mieux informé, il monta dans le jubé de fon églife, condamna Photius, prononça anathême contre ceux qui ne fe foumettroient pas à cette condamnation, dépofa fes légats, & en fit partir un autre pour Conftantinople.

Photius eft chaffé une feconde fois.

882

886

Martin II, qui lui fuccéda, refufa de reconnoître Photius pour patriarche, & la cour de Conftantinople refufa de le reconnoître lui-même pour pape. La conduite de Martin fut approuvée & foutenue par fes fucceffeurs, Adrien III & Etienne V: cependant Photius triompha. Ce triomphe ne fut pas long : odieux à Léon, fils & fucceffeur de Bafile, il fut chaffé une feconde fois ; & Etienne, frere de Léon, fut élevé fur le fiege de Conftantinople. Ce Léon a été le pere de Conftantin Porphirogenete. On le furnomma le Sage ou le Philofophe à caufe de fon amour pour les fciences ; il ne mérita pas ce titre par fes mœurs, quoiqu'il ait écrit fur des matieres de piété, & que fes ouvrages foient plus dignes d'un moine que d'un prince.

Sa mort affoupit des difpu-

Photius mourut peu de temps après. Le fchifme parut ceffer : la communion du n...

ne fut pas tout-à-fait interrompue entre l'é-
glise Grecque & l'église Latine. Mais il
étoit difficile de les concilier, parce que
les patriarches étoient jaloux de la primatie
du saint siege, & que les papes ne pouvoient renoncer à leurs prétentions sur la
Bulgarie. Voilà la vraie cause des disputes,
qui se sont élevées entre ces deux églises.
Elles se feroient accordées sur le dogme,
si leurs chefs s'étoient moins occupés de leur
agrandissement.

tes que l'am-
bition des
deux sieges
renouvellera.

C'est vers le milieu du onzieme siecle,
qu'elles en vinrent à une rupture ouverte,
lorsque Michel Cérularius, patriarche de
Constantinople, renouvella les accusations
que Photius avoit faites aux Latins. Il leur
reprocha encore comme autant d'hérésies de
se servir de pain azyme pour la célébration
des saints mystères, de manger du sang des
animaux & des viandes suffoquées & de ne
pas chanter l'*alleluia* pendant le carême. Sur
ce fondement, il chassa des monastères les
abbés & les religieux Latins, qui ne voulurent pas renoncer à ces usages, & il fit
fermer toutes les églises qu'ils avoient à
Constantinople.

1054
Vers le mi-
lieu du onzie-
me siecle les
querelles de-
viennent plus
vives que ja-
mais.

Il étoit facile aux Latins de montrer la
futilité de ces accusations; puisqu'elles ne
tomboient que sur des usages, qui peuvent

varier d'une églife à l'autre, & qui font
toujours bons, lorfque la tradition la plus
ancienne les autorife. Mais comme ces pré-
tendues héréfies n'étoient qu'un prétexte,
dont les patriarches de Conftantinople fe fer-
voient pour humilier la cour de Rome, les
papes ne fongerent auffi qu'à défendre leur
autorité. Il arriva de-là que les queftions
qu'on agitoit, n'étoient pas ce qui intéref-
foit l'un & l'autre parti; auffi Léon IX, alors
pape, ne répondit pas directement à Cérularius; mais il entreprit de montrer la fu-
périorité du faint fiége, qu'on attaquoit indirectement. Il trouve abfurde qu'on accufe
d'erreur l'églife de Rome; & il reproche
aux Grecs plus de quatre-vingt-dix héréfies
qu'elle a condamnées, & dont il fait l'enu-
mération; il s'éleve contre ceux qui ofent
blâmer le faint fiege, qui, felon lui, ne
peut être foumis à aucun juge; & il le prouve par une prétendue lettre du pape Silvef-
tre, approuvée, dit-il, par Conftantin le
grand & par le concile de Nicée. Il démontre même la puiffance temporelle des papes; & pour faire voir qu'il ne fe fonde pas
fur des fables, il rapporte l'acte de la donation, que l'ignorance attribuoit alors à Conftantin.

Il fit partir enfuite pour Conftantinople
des légats, qui dépoferent dans l'églife de
S.ᵗᵉ

S.te Sophie un acte d'excommunication contre Michel & ses sectateurs, & dans lequel il les accusoit de vendre le don de Dieu, comme les simoniaques ; de rendre eunuques leurs hôtes, comme les Valésiens, & de les élever ensuite à l'épiscopat; d'imiter les Ariens en rebaptisant des personnes baptisées au nom de la sainte trinité ; les Donatistes, en disant que hors de l'église Grecque il n'y a plus dans le monde ni église de Jésus-Christ, ni vrai sacrifice, ni vrai baptême ; les Nicolaïtes, en permettant le mariage aux ministres de l'autel ; les Sévériens, en disant que la loi de Moyse est maudite ; les Macédoniens, en retranchant du symbole que le S. Esprit procéde du fils; les Manichéens, en disant que tout ce qui a du levain est animé ; les Nazaréens en gardant les purifications judaïques, en refusant le baptême aux enfants qui meurent avant le huitieme jour, & la communion aux femmes en couches, & ne recevant point à leur communion ceux qui se coupent les cheveux & la barbe, suivant l'usage de l'église Latine.

C'est ainsi que la passion faisoit voir dans les Grecs une multitude d'hérésies, quoique la plupart de celles qu'on leur imputoit, ne fussent que des conséquences qu'on croyoit

Tom. XI. V

tirer de leur doctrine, & qu'ils désavouoient.

Michel Cérularius fit de son côté un décret contre ces légats, qu'il feignit de ne pas reconnoître pour envoyés du pape. Il commençoit ainsi : des hommes impies, sortis des ténebres de l'occident, font venus en cette pieuse ville, d'où les sources de la foi orthodoxe se sont répandues dans tout le monde : ils ont entrepris de corrompre la saine doctrine par la diversité de leurs dogmes, jusques à mettre sur la sainte table un écrit portant anathême contre nous & contre tous ceux qui ne se laissent pas entraîner à leurs erreurs ; nous reprochant entre autres choses de ne nous pas raser la barbe comme eux, de communiquer avec des prêtres mariés, de ne pas corrompre le symbole par des paroles étrangeres, &c.

Vous voyez combien les esprits étoient loin de se concilier. Cependant comme les papes devenoient tous les jours plus puissants, les empereurs qui croyoient devoir les ménager, n'accorderent pas toujours la même protection aux patriarches de Constantinople. Ils tenterent plus d'une fois de réunir les deux églises, mais ce fut inutilement. La rivalité qui les séparoit subsista : le temps & les disputes ne firent qu'augmenter la haine & le mé-

pris qu'elles se portoient réciproquement: &
souvent le peuple de Constantinople fut sur le
point de se révolter, parce qu'on parloit de se
réunir auec les Latins. Si quelquefois des mo-
ments de calme donnoient quelques espérances, elles se dissipoient bientôt, & le schisme
dure encore.

LIVRE TROISIEME.

CHAPITRE PREMIER.

*De l'état de la France à l'avénement
de Hugues Capet.*

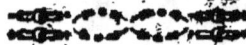

Comment la France étoit divisée.

L A Provence, le Dauphiné, le Lyonnois, le Maconnois, la Bourgogne transjurane, une partie de la Franche-Comté & quelques autres territoires formoient le royaume d'Arles, tout-à-fait indépendant de la couronne de France. La haute Lorraine appartenoit à l'empereur Othon III ; & la baſſe, qui comprenoit le Brabant, le Hainaut, le pays de Liege & le Luxembourg, étoit un fief de l'empire d'Allemagne, & avoit été donnée à Charles frere de Lothaire. Enfin les derniers Carlovingiens n'avoient conſervé aucune autorité ſur les provinces d'Espagne. Ainsi la France étoit renfermée entre les Pyrénées, le royaume d'Arles, la Lorraine & la Mer.

Les principaux vassaux de la couronne étoient, le duc de Gascogne, le duc d'Aquitaine, le comte de Toulouse, le duc de Bourgogne, le comte de Flandre, le duc de France, le duc de Normandie duquel la Bretagne relevoit, le comte de Vermandois, le comte de Troyes, &c.

Quels étoient les vassaux immédiats.

Les seigneurs du second ordre, c'est-à-dire, ceux qui relevoient immédiatement des vassaux de la couronne, se nommoient en général barons, quoique plusieurs portassent le titre de comte. Ces barons avoient au dessous d'eux d'autres vassaux, qui en avoient encore d'autres. Ainsi la France étoit subdivisée en fiefs & arriere-fiefs, de sorte que les seigneurs de la derniere classe n'avoient souvent qu'un château.

Les arriere vassaux.

C'est la nécessité qui multiplia si fort les vassaux. Comme le peuple étoit trop opprimé pour être de quelque secours à la guerre, les seigneurs firent des démembrements de leur domaine, & les donnerent en fiefs à des hommes, qui par-là étoient obligés & intéressés à les servir. Il arriva même qu'on jugea de la dignité d'une seigneurie par le nombre des fiefs; & au défaut de terres, on donna en fief

Comment les vassaux s'étoient multipliés.

V ;

des charges, des pensions, des fours bannaux, & même des essaims d'abeilles.

Les droits respectifs des seigneurs n'é-toient fondés que fur la for-ce.

Les droits respectifs des seigneurs puissants n'étoient que des prétentions contestées. Les obligations réciproques n'étoient réglées par aucune loi : les usages varioient suivant les temps & les lieux, & l'anarchie qui continuoit toujours, entretenoit les désordres qu'elle avoit produits, ou même les multiplioit encore. Elle armoit tous ces tyrans. Tous croyoient avoir le droit de guerre, & tous l'avoient en effet : car n'y ayant point de puissance publique capable de les réprimer, chacun d'eux étoit en droit de se faire justice par les armes. Juge dans sa propre cause, chaque seigneur, sous prétexte de se faire justice, soutenoit ses prétentions quelles qu'elles fussent ; & le droit étoit toujours pour le plus fort.

Ce qui étoit une source de désordres.

Ainsi comme la France étoit divisée en fiefs & en arriere-fiefs, elle l'étoit, si je puis m'exprimer ainsi, en guerres & en arriere-guerres. C'est un chaos où les éléments se combattent dans tous les points de l'espace, & qui ne se peut débrouiller que bien difficilement. Les grands vassaux, ne cherchant qu'à se rendre indépendants de la couronne, s'embarrassoient dans des guerres, dont les barons profiterent pour se rendre eux-mêmes indépendants ; & lorsque les barons se soule-

voient contre leurs ſuzerains, leurs propres
vaſſaux ſe ſoulevoient contre eux, & s'expo-
ſoient à de pareils ſoulèvemens de la part des
vaſſaux, qui leur devoient l'hommage: de la
ſorte une guerre en faiſoit naître pluſieurs autres, & tout étoit en armes.

Tous les ſeigneurs exerçoient un empire
abſolu dans leurs terres.   Leur volonté dictoit
les loix Ils avoient des juſtices, où ſe jugeoient
les délits qui ſe commettoient, & les affaires
qui ſurvenoient parmi les ſujets. Cependant
le deſpotiſme des plus foibles étoit toujours limité par quelque endroit: car les ſuzerains,
jaloux d'être les ſeuls deſpotes, laiſſoient à
leurs vaſſaux le moins de part poſſible à la ſouveraineté. Ils ne leur permettoient pas de faire
les mêmes uſurpations qu'ils faiſoient eux-mêmes: ils s'arrogeoient, comme plus forts,
différents droits ſur leurs terres, & ſe réſer-
vant la connoiſſance des principales affaires, ils y avoient ce qu'on appelle la haute
juſtice.

*Pouvoir abſo-
lu des ſei-
gneurs dans
leurs terres.*

Les ſeigneurs jugeoient leurs ſujets par eux-
mêmes, par leurs baillis, ou par leurs pré-
vôts. Ils tenoient pour cet effet des aſſiſes à
des jours marqués. Les petits vaſſaux, qui a-
voient des différents entre eux, étoient ſouvent
dans la néceſſité de ſe ſoumettre à ce tribunal;
car lorſque la guerre leur devenoit trop oné-

Leurs aſſiſes.

reufe, il leur importoit bien plus de reconnoître la jurifdiction de leur fuzerain, que d'entreprendre de fe faire justice par les armes. Ainfi la foibleffe affujettiffoit feule à des devoirs, auxquels on fe déroboit, fi l'on ceffoit d'être le plus foible.

Ils croyoient que tout étoit à eux.

Ces tyrans s'étoient accoutumés par l'ufage à ne connoître d'autres loix que leur volonté. Ils croyoient que tout leur avoit toujours appartenu; que les roturiers ne poffédoient rien que par l'effet de leur libéralité; & que, par conféquent, ils pouvoient difpofer à leur gré de leur bien & de leur perfonne. En un mot, ils fe croyoient autorifés à des ufurpations, parce qu'ils étoient dans l'habitude d'en faire.

Le fort du ferf étoit fouvent préférable à celui de l'homme libre.

Vous pouvez juger par-là quelle étoit la mifere du peuple. On diftinguoit, à la vérité, l'homme libre du ferf. Mais au moins les efclaves avoient un maître intéreffé à les faire fubfifter: les hommes libres, au contraire, étoient accablés fous le poids de la fervitude; chargés de corvées, d'impofitions, de taxes arbitraires, expofés à voir confifquer leurs biens, & forcés même d'acheter de leur feigneur la permiffion de fe marier.

Les roturiers portoient tout le faix de la tyrannie.

Cette tyrannie avoit commencé dans les campagnes, & les plus riches habitants s'étoient réfugiés dans les villes, où les loix les protégerent, tant que les comtes ne furent que gouverneurs. Mais lorsque les gouvernements devinrent autant de souverainetés, ces nouveaux seigneurs exercerent sur les bourgeois les mêmes vexations, que les autres exerçoient sur les paysans de leurs terres. Les villes furent sujettes comme les campagnes à une taille arbitraire, & obligées à défrayer leur seigneur & ses gens, quand il y venoit : vivres, meubles, chevaux, voitures, tout étoit enlevé ; & on auroit dit que les maisons étoient au pillage. Ce n'étoit cependant là que la moindre partie des vexations.

Tel étoit le sort des roturiers. La petite noblesse, je veux dire celle qui ne possédoit point de fiefs, conserva seule quelques droits ; les seigneurs ayant été obligés de la ménager, soit parce qu'elle étoit nombreuse, soit parce qu'ils en tiroient des services en temps de guerre. D'ailleurs la seule différence qu'il y eût entre les hommes libres & les serfs, c'est que ceux-ci ne pouvoient s'affranchir que par la pure faveur de leur maître, au lieu que les autres avoient plusieurs moyens pour se soustraire au joug de leur seigneur. Ils pouvoient s'ennoblir en acquérant un fief, ou même en épousant la fille d'un gentilhomme ; ils pouvoient au moins entrer dans la cléricature ; & dans tous

(marginal note) La noblesse sans fief étoit seule ménagée.

ces cas ils cessoient d'être soumis aux charges, qui accabloient le peuple.

Le clergé avi-
li est en proie
aux seigneurs
puissans.

Le clergé eut lieu de se repentir d'avoir contribué à l'humiliation des descendants de Charlemagne : car il devint la proie des seigneurs, qui s'étoient élevés sur les ruines de la puissance royale. Les rois ne pouvant plus le protéger, il put voir qu'il avoit détruit lui-même l'appui de sa grandeur. Il ne fut plus le premier corps de la nation : excepté quelques prélats, qui étant comtes ou ducs de leur ville, relevoient immédiatement de la couronne, tous les autres étoient devenus vassaux de ces mêmes comtes ou ducs, qu'ils avoient précédés, & sur lesquels la loi leur avoit donné le pouvoir le plus étendu. Charlemagne leur avoit défendu le port des armes, & ils en avoient en général perdu l'usage, précisément dans le temps où tous les seigneurs laïques s'armerent contre eux. On voit sous les derniers Carlovingiens quelques évêques guerriers défendre encore leurs possessions : mais on voit aussi le plus grand nombre des ecclésiastiques, sans défense, tous les jours dépouillés de quelques-unes de leurs terres. Souvent ils sont obligés d'en aliéner une partie en faveur d'un seigneur dont ils mendient la protection ; & ils ont ensuite besoin d'une protection contre ce protecteur, qui devient d'ordinaire un usurpateur lui-même. Ces protecteurs se nommoient, *vi-dames* ou *avoués*.

Voilà quel étoit en France l'état de la noblesse, du clergé & du peuple, vers la fin du dixieme siecle. Vous verrez ces choses exposées avec plus de détail dans l'ouvrage, d'où je les ai extraites. (*)

(*) Observations sur l'histoire de France.

CHAPITRE II.

Combien les droits des souverains étoient peu connus dans le dixieme siecle.

Tous les droits étoient confondus dans le dixieme siecle.

Il faut des loix ou des usages constants pour déterminer avec précision les droits du souverain sur la nation, & ceux des différents corps qui composent l'état. Il n'est donc plus possible de se faire des idées de tous ces droits, lorsque l'anarchie est parvenue au point de tout confondre ; car alors les loix sont oubliées, & les usages varient tous les jours & dans tous les lieux.

L'anarchie avoit commencé sous Louis le Débonnaire.

L'anarchie commença sous Louis le Débonnaire, parce que ce prince, trop foible pour faire regner les loix, obéit tour-à-tour à l'ambition de sa femme, au despotisme de ses ministres, & aux scrupules que lui donnerent les moines. Bientôt les différents ordres de l'état ne connurent plus les devoirs, qui les subordonnoient les uns aux autres; les peuples ignorerent ce qu'ils devoient à leur souverain; le souverain l'ignora lui-même ; & chacun se fit des droits de ses prétentions.

Louis, qui reconnoît pour juges des évêques & des moines ; Vala qui ose déclarer le trône vacant, pour y placer un fils rebelle ; & les formalités mêmes par lesquelles les prélats rétablissent le souverain légitime : tout prouve qu'on ignoroit déja, ou qu'on vouloit ignorer les droits de la royauté : il est au moins certain que Louis ne les connoissoit pas.

Charles le Chauve & Louis le Germanique les connoissoient-ils davantage, lorsqu'ils engagerent leur clergé à déclarer Lothaire exclus de la succession du dernier empereur ? Les connoissoient-ils, lorsqu'ils reçurent des mains de ce même clergé les états qu'ils vouloient enlever à leur frere ? Cette entreprise étoit d'autant plus imprudente, qu'il fallut y renoncer aussitôt, & traiter avec le prince qu'ils avoient voulu dépouiller.

Toute la conduite de Charles le Chauve prouve combien ce prince ignoroit les droits de la royauté. C'est ce qu'il montre, sur-tout, lorsque se soumettant aux prétentions du clergé, il se plaint d'avoir été déposé par l'archevêque de Sens, avant d'avoir comparu devant tous les évêques qui l'avoient sacré roi. Si tous les usages qui s'introduisent font les droits, le clergé pouvoit dire qu'il avoit celui de juger les souverains & de les déposer : mais il faut dis-

[marginal note:] Ce prince ne connoissoit pas les droits de la royauté.

[marginal note:] Charles le Chauve & Louis le Germanique les ignoroient également.

ringuer les usages que l'ignorance établit, de
ceux que la raison autorise ; distinction que
l'anarchie ne permet pas de faire.

Cette igno-
rance est la
cause des ré-
volutions qui
arrivent sous
leurs succes-
seurs.
Dès que les souverains ne savent plus eux-
mêmes ce qu'ils sont, on n'est pas étonné si
les désordres s'accroissent encore sous des princes aussi foibles que Louis II, Louis III &
Carloman. On est déja préparé à la dépofi-
tion subite de Charles le Gros, & on voit sans
surprise Charles le Simple exclus de tous les
royaumes qui se forment des débris de ce vaste
empire. Que ce prince ayant ensuite été élevé
sur le trône, voie deux sujets rebelles y monter successivement ; & qu'enfin il finisse ses
jours dans une prison : ce sont encore là des
événements qui ne doivent plus paroître extraordinaires.

Les derniers
Carlovingiens
ne savoient
plus sur quoi
fonder leur
droit au trô-
ne.
Un discours que tint Louis d'Outremer
dans un concile où il venoit implorer le secours d'Othon le Grand, achévera de vous
convaincre que les descendants de Charlemagne ne savoient plus à quel titre ils étoient rois.
»Après la mort de Rodolphe, dit-il, Hugues
& les autres seigneurs François envoyèrent des
ambassadeurs en Angleterre pour me rappeller.
Je revins sur leurs serments ; je les trouvai
tous à Boulogne, où ils me rendirent l'hommage à la descente du vaisseau, & je fus sacré
aux acclamations des seigneurs & du peuple.
Mais Hugues, oubliant ses promesses, s'est dé-

claré le premier contre moi : il a employé jusqu'à la trahison pour me perdre : il m'a retenu
un an prisonnier ; & je ne suis sorti de ses
mains qu'en lui cédant la ville de Laon, la
seule de toutes les places qui restoient à la reine Gerberge pour faire sa demeure : Voilà ce
que j'ai souffert de mes sujets. Si quelqu'un
me reproche de m'être attiré tous ces maux
par quelques crimes, que j'aie commis depuis
mon rétablissement, je suis prêt à m'en justifier
de la maniere que le concile & le roi de Germanie le jugeront à propos ; j'offre même de
prouver mon innocence par le combat singulier.«

Quand on est au temps de ce malheureux
prince, on trouve une si grande confusion dans
la façon de penser & dans les usages, qu'on
est presque aussi embarrassé que lui, pour déterminer les droits de la maison de Charlemagne. Car enfin à qui appartient le trône, quand
les Carlovingiens sont déposés, qu'ils reconnoissent pouvoir l'être, & que la couronne
passe dans d'autres familles ? Voilà cependant
les usages qui s'introduisent.

D'un autre côté, il n'y avoit point de loi
expresse qui réglât la succession. On dit bien
encore aujourd'hui que la famille de Charlemagne avoit seule droit à l'empire, parce que
ce prince l'avoit conquis : mais si c'étoit là une
raison, pourquoi de nouveaux conquérants n'ac-

Aucune loi
ne régloit ex-
pressément la
succession à la
couronne.

quéroient-ils pas ce droit pour eux & pour leurs defcendants? Il paroît que cet empereur lui même ne fe fondoit pas uniquement fur le droit de conquête, &, qu'au contraire, il comptoit pour quelque chofe le confentement des peuples. Car ayant fait le partage de fes états entre Charles, Pepin & Louis, il arrêta que fi l'un des trois laiffoit un fils, les oncles conferveroient à cet enfant la fucceffion de fon pere, *fuppofé que les peuples du pays le vouluffent pour roi.*

Il confulta même les principaux de la nation fur ce partage; & fes fucceffeurs, à fon exemple, firent d'ordinaire agréer aux grands les difpofitions qu'ils faifoient de leurs états. Il eft vrai que cet agrément n'étoit pas une élection, mais il y reffembloit beaucoup: car le demander, c'étoit reconnoître qu'on pouvoit le refufer. Il ne faudroit donc pas s'étonner fi fous les derniers Carlovingiens où toutes les idées étoient confufes, on eût imaginé que la couronne étoit élective.

Quelles idées on doit fe faire des droits de Hugues Capet.

Mon deffein, Monfeigneur, n'eft pas de prouver que Hugues Capet n'a pas commencé par être un ufurpateur: je veux dire feulement que de fon temps on ne fe faifoit pas là-deffus des notions bien exactes, parce qu'on en jugeoit par les dernieres révolutions, qui avoient confondu tous les droits. Mais pour en mieux juger, il faut remonter plus haut.

La

La couronne ayant paffé de Pépin à Charlemagne, & de Charlemagne à Louis le Débonnaire, le droit héréditaire eft établi fur le confentement préfumé de la nation ; car il ne faut pas chercher de droit ailleurs que dans les ufages qui tendent le plus à la tranquillité des peuples, & qui fe font introduits lorfque les loix étoient en vigueur. Les ufages contraires, furvenus dans la fuite, ne font que des abus nés de l'anarchie ; &, par conféquent, ils n'ont jamais pu enlever aux derniers Carlovingiens des droits tranfmis par leurs ayeux. Telles font les idées que nous devons nous faire à ce fujet. Mais fi nous en jugions par celles qu'on avoit au dixieme fiecle, il faudroit dire que la couronne n'étoit, ni héréditaire ni élective, & qu'elle appartenoit au plus fort. Voilà où les chofes avoient été réduites par l'incapacité des rois d'un côté, & de l'autre par l'ambition des vaffaux.

CHAPITRE III.

Depuis l'avénement de Hugues Capet jusqu'à la mort de Philippe I.

Hugues Capet est roi, sans être généralement reconnu.

Il y avoit long-temps que les assemblées de la nation n'avoient plus lieu, & l'anarchie parvenue à son comble les rendoit même impossibles. Les grands, divisés entre eux, ne cherchoient point à se réunir pour se donner un chef: ils ne songeoient qu'à s'affermir chacun séparément, & il leur importoit peu que dans un coin du royaume, deux concurrents se disputassent une couronne dont ils croyoient ne plus dépendre. Peut-on ne pas reconnoître leur indifférence à cet égard, lorsqu'on voit Charles le Chauve s'humilier inutilement devant eux, Charles le Simple passer les dernieres années de sa vie dans une prison, & Louis d'Outremer réduit à mettre toute sa ressource dans Othon & dans un concile tenu en Allemagne? Charles duc de la basse Lorraine & frere de Lothaire ne fut donc pas exclus par la nation; il fut seulement trop foible pour faire valoir ses droits; & Hugues Capet ne fut pas élu, mais, comme le plus fort, il se fit reconnoître par ses propres vassaux, ne désespérant pas de soumettre les autres avec le temps. En effet, Louis V étoit mort le 21 Mai de l'année 987; & Hugues fut sacré à Rheims le 3 Juillet de la même année. Cet intervalle ne suffisoit certainement pas pour assembler tous les grands du royaume, sur-tout, dans des temps de troubles où personne ne pouvoit les convoquer.

Hugues Capet étoit petit-fils de Robert & petit-neveu d'Eudes, qui avoient été l'un & l'autre rois comme lui & de la même maniere, & qui avoient eu pour pere Robert le Fort comte d'Anjou. Aù de-là, on ne sait point ce qu'étoient ses ayeux.

Il descendoit de Robert le Fort.

Duc de France, comte de Paris & d'Orléans, il étoit un des plus puissants seigneurs de l'état. Pour mettre les ecclésiastiques dans ses intérêts, il parut vouloir les faire rentrer dans les terres qui leur avoient été enlevées: il commença par restituer quelques abbayes qu'il possédoit lui-même; & cette protection, accordée aux biens temporels des moines & des évêques, lui fit donner le titre de défenseur de l'église.

Il cherche à mettre le clergé dans ses intérêts.

X 2

Comment les droits des Capétiens deviennent légitimes.

Il vainquit le duc de Guienne, qui s'étoit déclaré contre lui, & le força à le reconnoître; & Charles, dont il se rendit maître par la trahison de l'évêque de Laon, fut conduit à Orléans, où il mourut peu de temps après. Ce prince n'ayant point laissé d'héritiers, la maison de Charlemagne fut éteinte (*). Hugues & ses descendants acquirent seuls des droits à la couronne par le consentement de la nation, & ils devinrent des rois légitimes.

La foiblesse de Hugues Capet est favorable aux prétensions du saint siege.

Hugues, voulant attirer dans son parti Arnoul fils naturel de Lothaire, &, par conséquent, neveu de Charles, lui avoit donné l'archevêché de Rheims; & Arnoul, quoiqu'il eût prêté serment de fidélité, avoit livré Rheims à son oncle. Le roi assembla un concile pour faire le procès à cet évêque: mais les peres connoissoient si peu leurs droits, qu'ils ne savoient pas s'ils pouvoient juger cette affaire, avant que le pape en eût pris connoissance. L'évêque d'Orléans, plus instruit, fit une peinture des désordres de l'église de Rome; & demandant si l'on étoit obligé de se soumettre aveuglément à des hommes qui déshonoroient le saint siege, il conclut d'après des

(*) Les historiens donnent deux ou trois fils à Charles; mais ils ne peuvent dire ce qu'ils sont devenus.

exemples & des canons, que le concile étoit en droit de procéder au jugement de l'archevêque de Rheims. Arnoul fut déposé, & Gerbert fut élu en sa place.

On eut la condescendance d'envoyer au pape Jean XV les actes du concile, & de le prier d'approuver l'élection de Gerbert. Jean, peu content de ce qui avoit été fait sans son autorité, interdit les évêques qui avoient déposé Arnoul; & envoya en France un abbé pour assembler un nouveau concile. Le roi, qui crut devoir ménager la cour de Rome, consentit à tout ce qu'elle voulut; de sorte qu'Arnoul fut rétabli. Cet événement fut la cause de la fortune de Gerbert : car s'étant réfugié auprès d'Othon III, il obtint l'évêché de Ravenne, & nous avons vu que quelque temps après il fut élevé sur le saint siege.

Hugues étant mort daus la dixieme année de son regne, laissa la couronne à Robert, son fils, qu'il s'étoit associé en 988.

996

Robert avoit épousé Berthe, sa parente au quatrieme dégré, & il avoit eu l'approbation des évêques, qui jugerent que la dispense n'étoit pas nécessaire, ou qu'ils la pouvoient donner eux-mêmes. Jean XV avoit déja déclaré ce mariage nul. Son successeur Grégoire V, ne laissant pas échapper une occasion aussi fa-

Celle de Robert ne leur est pas moins favorable.

vorable aux prétentions du saint siege, tint un concile, dont le premier décret fut conçu en ces termes : *que le roi Robert, qui a épousé Berthe sa parente, contre les loix de l'église, ait à la quitter au plûtôt, & à faire une pénitence de sept ans, conformément aux canons & à l'usage de l'église ; que s'il n'obéit pas, il est déclaré excommunié ; que Berthe soit soumise à la même pénitence sous la même peine ; qu'Archambaud, archevêque de Tours, qui a été le ministre de ce mariage incestueux, & tous les évêques qui y ont donné leur consentement, soient suspendus de l'usage des sacrements, jusqu'à ce qu'ils soient venus à Rome faire satisfaction pour leur faute.*

Le roi se soumit, se sépara de Berthe, fit pénitence, obtint l'absolution & plusieurs évêques allerent se jeter aux pieds du pape.

Grégoire avoit trop bien réussi, pour ne pas tenter une seconde démarche, il ordonna de rendre la liberté à l'archevêque Arnoul, qu'on tenoit encore dans les prisons, malgré le concile qui l'avoit rétabli ; & menaça la France d'un interdit universel, si le roi désobéissoit à ses ordres. Robert obéit.

Robert montre peu d'ambition.

Quelque temps après, le roi joignit à ses domaines le duché de Bourgogne, qui lui appartenoit par la mort de Henri, son onele, frere de Hugues Capet, ce prince n'ayant point laissé d'enfants légitimes. Mais ce fut le sujet d'une guerre. Robert n'avoit pas d'ailleurs l'ambition d'agrandir ses états: car il fut assez sage pour se refuser aux Italiens, qui à la mort de Henri II, lui offrirent le titre d'empereur & le royaume d'Italie. Il aima la paix: il la maintint dans les provinces qui dépendoient de lui; pendant que les autres étoient déchirées par les seigneurs, qui se ruinoient à l'envi; & il mourut après un regne de trente-trois ans. Les Normands s'établissoient alors dans le midi de l'Italie, & venoient de fonder la ville d'Averse.

1031

Le regne de Henri son fils, quoique de trente ans, ne fournit aucun événement considérable. Il n'y en a point même qu'il soit nécessaire de remarquer pour la suite de l'histoire. Son mariage cependant est assez singulier pour en parler, car il épousa la fille du duc de Russie; & on prétend qu'il ne fit venir une femme de si loin, que parce qu'étant parent de presque tous les princes de l'Europe, il craignoit de s'exposer aux censures de l'église.

Le regne de Henri I n'offre aucun événement remarquable.

A l'exemple de ses prédécesseurs, il avoit fait sacrer Philippe son fils aîné, quelques années avant sa mort. Cet enfant n'avoit encore que sept ans, lorsque le roi fut attaqué de la

X 4

maladie dont il mourut.   Henri ne voulut pas
confier la régence à sa femme, encore moins
à Robert, son frere, qui s'étoit révolté contre
lui, & à qui cependant il avoit donné le duché
de Bourgogne : il choisit Baudouin V, comte
de Flandre, auquel il avoit fait épouser sa
sœur ; & la conduite de Baudouin justifia son
choix.

1065

De l'Angle-
terre, lorsque
Guillaume
duc de Nor-
mandie en fit
la conquête.

C'est pendant cette régence, que Guillaume, duc de Normandie, fit la conquête de
l'Angleterre.   Nous avons vu qu'en 1017 Ca-
nut, roi de Danemarck, s'étoit rendu maître
de ce royaume.   Il se l'assura, en faisant périr
tous ceux qui pouvoient lui donner de l'ombrage.   Il envahit ensuite la Norvege ; &
lorsque son ambition fut satisfaite, il ne s'occupa plus que des moyens d'expier les péchés
qu'elle lui avoit fait commettre.   Aidé des lumieres d'un archevêque de Cantorbéri, il vit
qu'il suffisoit de bâtir des monastères, & d'aller à Rome faire des libéralités au saint siege.
C'est une chose à remarquer, que dans le dixieme & le onzieme siecles, on a mis le voyage de Rome au nombre des actes pieux, qui
effacent les péchés.   On a donné à ce prince
le surnom de Grand, parce qu'il a fait des
conquêtes : & il étoit grand, autant qu'un
homme cruel & superstitieux peut l'être.   Il
brouilla si bien l'ordre de la succession, qu'a-

près lui on ne savoit plus à qui la couronne d'Angleterre appartenoit : aussi ne resta-t-elle pas long-temps dans sa famille : car en 1041 Edouard III, fils d'Ethelred II, remonta sur le trône de ses ancêtres.

C'est après la mort de ce dernier roi, que Guillaume entreprit la conquête de l'Angleterre. Son premier titre étoit un testament vrai ou faux, par lequel Edouard l'appelloit à sa succession ; comme si un roi pouvoit disposer d'un royaume à sa volonté. Le second titre, plus extraordinaire encore, étoit une bulle, par laquelle le pape Alexandre II lui donnoit l'investiture de l'Angleterre, & cette bulle étoit accompagnée d'un anneau d'or & d'une bannière bénite. La hardiesse d'Alexandre, qui dispose d'une couronne, fait voir que le moine Hildebrand, qui le gouvernoit, s'essayoit à être pape lui-même. Au reste il étoit bien naturel que les papes commençassent par disposer d'un peuple, qui s'étoit mis de lui-même sous le joug du saint siege.

Une bulle d'Alexandre II est un des titres de ce conquérant.

Cependant Harald, seigneur puissant, occupoit déja le trône. Il le devoit même à l'affection des Anglois, & il se les attachoit encore par la maniere dont il les gouvernoit. Baudouin suscitoit des ennemis au duc de Normandie, parce qu'il voyoit combien l'agran-

Obstacles qu'il surmonte.

diſſement de ce vaſſal étoit contraire aux intérêts du roi; & les barons Normands ſe refu-
ſoient à une expédition, où ils ne trouvoient
aucun avantage pour leur pays. Guillaume

1066

ſurmonta tous les obſtacles. La bataille de
Haſtings, où Harald fut tué, décida du ſort
de l'Angleterre. Ainſi finit la domination des
Anglois Saxons. Guillaume gouverna tyran-
niquement, & fut obligé de prendre continuellement les armes, pour ſoumettre des peuples
qu'il ne ceſſoit de vexer.

Philippe I,
plus heureux
qu'appliqué,
s'en fait un
ennemi.

Baudouin mourut après avoir gouverné la
France pendant ſept ans avec autant de ſageſſe
que de déſintéreſſement; & Philippe prit les
rênes de l'état. Occupé de ſes plaiſirs, ce roi
fut aſſez heureux pour n'être d'ordinaire que
témoin des guerres que ſe firent ſes vaſſaux,
& pour ne prendre point de part aux entrepriſe; qui agiterent & troublerent toute l'Europe.
Il ſoutint le duc de Bretagne, qui s'étoit révolté contre le duc de Normandie : mais cette
guerre ne fut pas longue; car Guillaume après
un échec conſidérable, ſe hâta de faire la paix.
La France & l'Angleterre ne lui fourniſſoient
déja que trop d'ennemis. Cependant il reprit
les armes en 1087, & pour ſe venger d'une
plaiſanterie du roi de France, il rédui-
ſit Mante en cendres, & porta le fer
& le feu juſqu'aux portes de Paris. Vous
voyez, Monſeigneur, combien les plaiſan-

teries conviennent peu aux princes , puisqu'elles coûtent des larmes à leurs peuples : mais les
princes inappliqués, comme Philippe, sont plus
portés à être mauvais plaisants, & n'en font
que plus méprisables. Gùillaume mourut
dans cette dernière expédition d'une chûte
de cheval, & laissa de grands troubles dans
ses états par le partage qu'il en fit entre ses
trois fils.

Il paroît que le dessein de Philippe étoit d'entretenir parmi les princes une division, qui
assuroit le repos de son royaume : mais une affaire, qu'il se fit avec la cour de Rome, ne
lui permit pas de s'occuper long-temps des
guerres de ses voisins.

Il est excom-
munié pour
avoir répudié
Berthe sa
femme.

Les divorces avoient toujours été fréquents
en France, en Allemagne & en Italie ; & celui de Lothaire, roi de Lorraine, est le premier dont les papes aient pris connoissance.
Jusqu'alors ils s'étoient contentés de les désap-
prouver : depuis, devenus plus puissants, ils
se crurent faits pour juger les rois.

L'église défendoit alors les mariages entre
parents jusqu'au septieme dégré. Philippe se
prévalut de cette loi, pour répudier Berthe sa
femme & sa parente, dont il étoit dégoûté ;
& il épousa solemnellement Bertrade, qui se
sépara de son mari, Foulque comte d'Anjou.
Bertrade donna pour raison, qu'elle ne pouvoit

pas vivre en conscience avec Foulque , qui
avoit encore deux femmes vivantes , & qu'au
contraire elle pouvoit épouser le roi , dont le
mariage étoit nul.   Foulque , Bertrade & Philippe étoient tous trois coupables , puisqu'ils
ne se couvroient des loix que pour assouvir
leurs passions.   Cependant le premier ne fut
pas jugé digne des foudres de Rome , quoiqu'il eût déja répudié deux femmes , & le roi
fut excommunié dans le concile d'Autun,
1094   qu'Urbain II fit tenir.   L'année suivante, le
pape étant venu en France , tint un autre concile à Clermont , & confirma cette excommunication , quoique Berthe fût morte : il défendit même aux François , sous la même peine,
d'obéir à Philippe & de lui donner le titre de
roi.   L'excommunication fut cependant levée,
sur la promesse que fit le roi de ne plus vivre
avec Bertrade : mais comme il ne tint pas sa
1100   parole , le pape l'excommunia pour la troisieme fois.

Une excommunication , si souvent réité-
rée , pouvoit servir de prétexte à des vassaux
puissants , qui ne cherchoient que l'occasion de
se soustraire.   Philippe prévint les troubles
dont il étoit menacé , en faisant sacrer son fils
Louis , qu'il avoit eu de Berthe.   Ce jeune
prince âgé de vingt ans , étouffa les séditions,
& assura la tranquillité dans le royaume.   Phi-

lippe mourut après avoir regné quarante-huit ans.

1108

La famille de Hugues Capet étoit alors affermie sur le trône, & trois choses y avoient contribué; la longueur des regnes, le caractère peu entreprenant des rois, & les guerres que les vassaux se faisoient entre eux.

Comment les Capétiens se sont affermis sur le trône.

CHAPITRE IV.

Etat du gouvernement féodal à la fin du onzieme siecle. (*)

Les premiers
Capétiens
moderent
leur ambition
& laissent les
vassaux se dé-
truire.

L'AVÉNEMENT de Hugues Capet au trône sembloit devoir perpétuer tous les désordres du gouvernement féodal. Il n'étoit pas naturel que les grands vassaux, qui s'étoient soustraits aux derniers Carlovingiens, voulussent se soumettre au duc de France, qu'ils regardoient comme leur égal. Hugues eût vainement entrepris de les subjuguer. Content d'assurer sa puissance sur les plus foibles, il permit aux autres de se faire autant de droits qu'ils avoient de prétentions ; attendant que le temps fît naître des circonstances favorables à son agrandissement, & se reposant sur ses successeurs du soin d'en profiter. Une ambition prématurée

---

(*) Le fond de ce chapitre est tiré des observations sur l'histoire de France, ainsi que ce que je dirai dans la suite sur le gouvernement.

eût été la ruine des Capétiens, parce qu'elle eût réuni les grands vassaux; mais en ne précipitant rien, ils pouvoient s'élever sur cette multitude de tyrans, qui se détruisoient par des guerres continuelles. C'est ainsi qu'ils se sont conduits : je n'oserois dire que ce soit par politique.

Les peuples se lassent enfin de l'anarchie. Vous avez vu les Medes se choisir un roi, & les Grecs demander des loix aux citoyens les plus éclairés. Les François ne furent pas aussi sages, parce que le peuple parmi eux n'étoit rien, & que les seigneurs ne pouvoient pas renoncer à la domination qu'ils avoient usurpée. Mais les désordres, dont ils étoient tour-à-tour les victimes, leur firent au moins une nécessité de reconnoître des devoirs réciproques, & d'établir entre eux une sorte de subordination.

Les désordres de l'anarchie font sentir le besoin d'une subordination.

Or, dès que le besoin de la subordination se fit sentir, la puissance des Capétiens devoit naturellement s'accroître; parce que ces princes, ayant de grands domaines, étoient faits pour être plus respectés que les derniers Carlovingiens ne l'avoient été. Les seigneurs, trop foibles pour affecter une entiere indépendance, se crurent heureux de trouver dans des princes plus puissants, des protecteurs qui assuroient leur fortune. Ils se soumirent donc à des devoirs, & il s'établit une subordination entre les vassaux & les suzerains. Ainsi com-

La subordination qui s'établit est favorable à l'agrandissement des Capétiens.

me les fuzerains s'obligerent à protéger leurs vaſſaux, les vaſſaux s'obligerent à donner au beſoin des ſecours à leurs fuzerains ; & nous voyons que vers la fin du onzieme ſiecle, les ſeigneurs qui relevoient de la couronne, croyoient devoir ſuivre le roi à la guerre, ſous peine de perdre leurs fiefs.

Les circonſtances contribuerent encore à faire contracter l'habitude de ces devoirs réciproques.

Les vaſſaux comme les fuzerains étoient intéreſſés à la maintenir.

Les fiefs en France étoient féminins, & paſſoient, par des mariages, d'une maiſon dans une autre. Il arriva de-là qu'un ſeigneur eut ſouvent des fiefs dans les domaines de ſes vaſſaux, & que, par conſéquent, il dut, comme vaſſal, l'hommage qu'il recevoit comme fuzerain. Les Capétiens, par exemple, en qualité de rois, ne relevoient que de Dieu & de leur épée : mais parce qu'ils poſſédoient des arriere-fiefs, ils étoient obligés d'en acquiter les charges, & ils relevoient à cet égard de leurs propres vaſſaux.

Les mêmes ſeigneurs étant ſous différents rapports, les vaſſaux de ceux dont ils étoient les fuzerains, on ſentit l'obligation de remplir les devoirs de vaſſelage, pour conſerver les droits de la fuzeraineté. L'interêt commun introduiſit donc peu-à-peu des devoirs comme des droits. Des traités de paix les déterminerent & les confirmerent ; enfin le temps & l'uſage

l'ufage en firent une habitude & une loi. C'é-
toit une maxime du gouvernement féodal,
que fi le vaffal doit au fuzerain, le fuzerain ne
doit pas moins au vaffal.

Des coutumes, introduites par la force des
circonftances pour mettre un frein à l'anarchie,
étoient, fans doute, fufceptibles de bien des
équivoques ; il falloit donc un tribunal pour
terminer les différents qui pouvoient naître.
Outre les affifes, dans lefquelles chaque feigneur jugeoit fes fujets, chaque fuzerain tenoit
à des temps marqués fa cour féodale à laquelle
il préfidoit, & qui étoit compofée de fes vaffaux. C'eft là qu'on jugeoit les affaires, que
les vaffaux avoient entre eux ou avec leur fuzerain, lorfqu'on préféroit la voie de la juftice
à celle de la guerre. Le feigneur y portoit fa
plainte contre le vaffal qui lui avoit manqué;
& il ne pouvoit févir, qu'après y avoir été autorifé par une fentence. Un vaffal qui avoit
à fe plaindre de quelque injuftice, fommoit fon
feigneur de tenir fa cour ; & dans le cas du
refus, il étoit en droit de ne plus le reconnoître pour fuzerain.

Refufer l'hommage après trois fommations,
ne pas fuivre fon feigneur à la guerre, ne pas
fe rendre aux affifes de fa cour, lui faire, en
un mot, quelque injure grave, c'étoient autant
de crimes de félonie, par lefquels on encouroit
la perte de fon fief. Mais le fuzerain perdoit

*La cour féo-
dale étoit le
tribunal qui
jugeoit les
différends.*

*Devoirs ré-
ciproques des
vaffaux & des
fuzerains.*

aussi tous ses droits par le refus de protection,
par le déni de justice, & par les vexations qu'il
commettoit. Alors le vassal s'affranchissoit de
tous hommages, s'il étoit assez puissant; ou
cherchant un protecteur dans le seigneur de son
suzerain, il en devenoit le vassal immédiat.

Un seigneur n'avoit d'autorité que sur ses
vassaux immédiats. Il n'étoit pas même en
droit d'en exiger le service dans toutes les guerres qu'il entreprenoit. Le vassal ne le devoit,
que lorsqu'on prenoit les armes pour la seigneurie dont il relevoit. Il pouvoit le refuser,
s'il s'agissoit d'une autre seigneurie : il le pouvoit à plus forte raison, si son suzerain n'armoit que comme allié d'un autre seigneur.

Pourquoi les rois & les grands vassaux ne pouvoient jamais employer qu'une partie de leurs forces.

On est étonné, quand on voit la peine
qu'eut Louis VI, fils de Philippe I, à soumettre de petits seigneurs, tels que ceux de Cor-
beil, de Couci, de Puiset & Monthléri. Il les
eût accablés, s'il fût tombé sur eux avec les
forces réunies de tous ses vassaux. Mais, comme Comte de Paris, il ne pouvoit faire marcher que ceux qui relevoient de ce comté : de
même comme comte d'Orléans, & comme duc
de France, de sorte qu'il n'étoit en droit de
commander les grands vassaux, que lorsque la
guerre intéressoit la couronne même. Il étoit
donc toujours foible, parce qu'il ne pouvoit
jamais employer qu'une partie de ses forces.

C'est ce que nous comprendrons encore mieux, si nous considérons l'état & la position de ses domaines.

Quoique le duché de France fût un des plus étendus, & que le roi fut encore comte de Paris & d'Orléans, cependant il n'avoit en propre que Paris, Orléans, Etampes, Compiegne, Melun & quelques autres villes moins considérables. Tout le reste appartenoit à des vassaux, qui n'étoient pas toujours soumis, ou à des arriere - vassaux dont il ne pouvoit rien exiger. Ainsi la communication d'un domaine à l'autre étoit coupée, il ne lui étoit seulement pas possible de réunir les troupes qu'il pouvoit lever par lui-même. On voit que le roi de France, réduit à cet état, ne pouvoit être que bien foible. Heureusement tous les grands vassaux étoient dans une position semblable.

La France étant ainsi divisée, c'étoit de toutes parts des intérêts contraires. Les droits & les devoirs respectifs des suzerains & des vassaux pouvoient être reconnus dans des temps de calme : mais ces temps ne pouvoient pas durer. La subordination disparoissoit pour faire place à la guerre : les révolutions naissoient les unes des autres : les coutumes n'acquéroient qu'une autorité momentanée ; & le gouvernement ne prenoit point de consistance.

Que le gouvernement féodal étoit fait pour la révolution.

Y 2

Ce gouvernement monſtrueux portoit ſur quatre appuis ruineux par leur nature. Le premier eſt l'autorité abſolue que les ſeigneurs exerçoient ſur le peuple : mais ils en abuſeront tous les jours ; & en ruinant leurs ſejets, ils ſe ruineront enfin eux-mêmes.

Le ſecond eſt le droit de guerre, joint à l'impuiſſance de former de grandes entrepriſes. Car il réſulte delà que les uns ſont aſſez forts pour ſe défendre & que les autres ſont trop foibles pour envahir. Un ſeigneur ſoutiendra un ſiege dans un château, & ſon ennemi ne pourra pas le forcer, parce qu'il ne pourra plus retenir ſes troupes, dès que les vaſſaux auront ſervi le temps auquel ils ſont obligés. La guerre ne ſera donc qu'un brigandage, funeſte à tous, ſans être avantageux pour aucun ; & les petits ſeigneurs, forcés d'y renoncer, chercheront un maître qui les protege, & ſe donneront au plus puiſſant. La guerre qui ruinera les tyrans les plus foibles, contribuera donc à détruire l'anarchie.

Le troiſierne appui eſt la puiſſance des ſeigneurs de la premiere claſſe, qui étant preſque égaux en force, réſiſtent les uns aux autres, ſe contiennent mutuellement, & ont intérêt à protéger chacun les vaſſaux de leurs ennemis. Mais ſi par des mariages pluſieurs grands fiefs ſe réuniſſent ſur une même tête, l'équilibre fera rompu, & toute la France tombera peu-à-peu fous un feul maître C'eſt ce qui arrivera.

Le quatrieme & dernier appui eſt la puiſſance légiſlative, que chaque feigneur avoit dans ſa terre : mais cet appui ne ſubſiſtera pas, quand les autres feront renverſés. Nous allons même voir qu'à la fin du onzieme fiecle, les juſtices des feigneurs laïques étoient déja reſſerrées dans des bornes bien étroites par les entreprifes du clergé. Car en même temps que la nobleſſe uſurpoit fans ſcrupule les terres des Egliſes, parce qu'elle étoit toujours armée, elle perdoit le droit de rendre la juſtice dans ſes fiefs, parce qu'elle étoit trop ignorante & trop ſuperſtitieuſe, pour ne pas ſe foumettre, juſques dans le temporel, à la jurifdiction eccléfiaſtique; il regnoit alors une forte de fanatiſme qu'il faut connoître, pour juger du caractere de la nobleſſe Françoiſe. Ce fera le fujet du chapitre fuivant.

CHAPITRE V.

Idée générale de la Chevalerie.

Motifs des Germains pour donner avec cérémonie les premieres armes aux jeunes gens.

LES Germains, qui regardoient comme honteux de cultiver la terre, lorsqu'on pouvoit enlever la récolte de ses voisins, n'étoient que soldats, & ne pouvoient estimer que la profession des armes. Dès l'enfance, leur imagination étoit échauffée à la vue des applaudissements, donnés à ceux qui revenoient chargés de butin. Leurs oreilles étoient continuellement frappées du récit de quelques entreprises hardies & heureuses; & ils attendoient avec impatience le moment où ils pourroient avoir part à ce glorieux brigandage.

Il est naturel que les peuples cherchent à donner de l'éclat aux professions qu'ils considerent davantage; c'est pourquoi les Germains donnoient avec cérémonie les premieres armes aux jeunes gens qu'ils menoient à la guerre. Ils comprirent que ces cérémonies ne pouvoient qu'élever le courage. On trouve encore des traces de cet usage parmi les François sous la première race & sous la seconde. Charlemagne donna solemnellement l'épée à Louis son fils.

Mais par la nature du gouvernement féodal, la noblesse Françoise étoit toute militaire. C'est par les armes seules qu'elle pouvoit conserver ou accroître une puissance qu'elle avoit acquise par les armes. Plus elle étoit riche en possessions, plus elle sentoit donc le besoin d'attacher de la considération à la profession militaire; & si elle étoit pauvre, elle le sentoit encore, puisqu'il lui importoit d'augmenter le prix des services qu'elle pouvoit rendre à ses seigneurs.

La noblesse Françoise a eu de pareils motifs.

Chacun voulant donc à l'envi donner de l'éclat au seul métier qu'on estimoit, on imagina d'armer les jeunes gens avec de nouvelles cérémonies, & cet usage fut l'origine de l'ordre des chevaliers, qu'on regarda bientôt comme le premier de l'état. Un vassal armé chevalier par son suzerain, armoit lui-même ses vassaux; & depuis le dernier arriere-vassal jusqu'au roi, tous faisoient gloire d'appartenir au corps de la chevalerie. On ne s'en tint pas là.

Delà l'ordre de la chevalerie.

Le service militaire étoit l'unique ressouce de la noblesse, qui n'ayant point de fiefs,

Y 4

n'avoit rien pour subsister. Cette noblesse pauvre étoit, sans doute, très nombreuse : or, s'il étoit de son intérêt d'offrir ses services à des seigneurs, les seigneurs n'en avoient pas moins à s'attacher des jeunes gens, toujours prêts à les suivre à la guerre. Il n'en étoit pas de ces guerres, comme des feudataires, qui ne marchoient que dans certains cas & pour un temps limité.

Ces ordre ne remonte guere au delà du onzieme siecle.

On ne sauroit marquer exactement le temps où a commencé la chevalerie, considérée comme le premier ordre militaire ; parce que ces sortes d'établissements se font insensiblement. Mais on ne peut guere la faire remonter au delà du onzieme siecle. C'est vers ce temps qu'elle fit des progrès rapides. On se convaincra du fanatisme avec lequel toute la jeune noblesse ambitionnoit d'entrer dans cette milice, si l'on considère seulement es cérémonies qui s'observoient à la réception des chevaliers.

Avec quelles cérémonies on recevoit les chevaliers

Des jeûnes austeres, des nuits passées en prieres dans un église avec un prêtre & des parrains, un aveu de toutes ses fautes, les sacrements de la pénitence & de l'eucharistie, des bains, des habits blancs, des sermons, étoient les préliminaires de la cérémonie, par laquelle le novice alloit être ceint de l'épée de chevalier. Après avoir rempli tous ces

devoirs, il entroit dans une églife ; & s'étant
avancé vers l'autel, il préfentoit au prêtre
célébrant une épée paffée en écharpe à fon
cou ; le prêtre la béniffoit & la remettoit
au cou du novice. Celui-ci alloit enfuite
la préfenter à celui qui le devoit recevoir.
Il étoit à genoux, il tenoit les mains jointes ; &, après avoir juré que fes vœux ne
tendoient qu'au maintien & à l'honneur de
la religion & de la chevalerie, il recevoit
les éperons, en commençant par le gau-
che, le haubert ou la cotte de maille, la
cuiraffe, les braffards, les gantelets, & il
étoit ceint de l'épée. C'étoient des chevaliers ou des dames qui lui donnoient les
marques extérieures de la chevalerie Enfuite il fe remettoit à genoux. Celui qui
lui conféroit l'ordre lui donnoit l'accolade, en
prononçant ces paroles *au nom de Dieu, de
S. Michel & de S. George, je te fais chevalier* ; & il ajoutoit quelquefois, *fois preux,
hardi & loyal.* L'accolade étoit d'ordinaire
trois coups de plat d'épée fur l'épaule ou fur
le cou, & d'autres fois un coup de la paul-
me de la main fur la joue. On vouloit par-
là le préparer à fupporter avec patience &
fermeté les peines auxquelles fon nouvel
état pouvoit l'expofer. Devenu chevalier,
il prenoit le heaume ou le cafque, l'écu
ou le bouclier, la lance ; il montoit à che-

val, & il caracoloit, en faisant brandir sa
lance & flamboyer son épée.

Vous voyez par ces détails, que pour relever la chevalerie, on en vouloit presque
faire un sacrement. Aussi trouve-t-on des
écrivains, qui n'ont pas craint de la comparer à la prêtrise & à l'épiscopat. Mais ce
mélange de cérémonies religieuses & militaires n'est que la preuve d'un aveuglement
aussi fanatique qu'ignorant. On croyoit alors
que la religion veut avoir des soldats pour
sa défense, & on ne songeoit pas que
les Apôtres n'avoient pas été armés chevaliers.

A quoi ils s'engageoient — Les chevaliers se devoient non-seulement à la défense de la religion; ils se
devoient encore à celle des veuves, des orphelins & de tous les opprimés, qui ré-
clamoient leur protection. Aussi galants que
religieux, ils se déclaroient sur-tout les
défenseurs de la vertu & de la beauté des
dames. Ils couroient souvent le monde pour
redresser les torts. Ils alloient provoquer
au combat un chevalier célèbre, afin d'avoir
la gloire de le vaincre; & souvent ils se
battoient pour soutenir que la dame à laquelle ils s'étoient voués, & que quelquefois ils n'avoient jamais vue, étoit la plus
belle de toutes les femmes.

D'ordinaire ils confacroient les premieres années de leur inftallation à vifiter les pays lointains & les cours étrangeres ; étudiant les ufages, le cérémonial, la galanterie ; fe donnant en fpectacle dans tous les jeux, où ils pouvoient montrer leur adreffe ; & faififfant, fur-tout, les occafions de faire la guerre.

Comment ils s'engageoient

Ils s'engageoient fouvent par ferment aux entreprifes qu'ils méditoient : ils s'impofoient même des peines, jufqu'à ce qu'ils les euffent exécutées ; comme de ne point coucher dans un lit, de s'abftenir de viande ou de vin certains jours de la femaine, &c. Enfin ils imaginoient les cérémonies les plus fingulieres pour rendre leurs voeux plus folemnels. Tel étoit, par exemple, le voeu du paon, ou du faifan, ou de quelqu'autre oifeau qu'ils mettoient au rang des plus nobles. Des dames ou des demoifelles portoient dans un baffin avec grand appareil un paon, qu'elles préfentoient fucceffivement à tous les chevaliers affemblés pour s'engager folemnellement dans une expédition ; & chacun d'eux prononçoit ces paroles fur cet oifeau : *je voue à Dieu, tout premiérement, & à la très glorieufe Vierge fa mere & après enx dames & au paon de faire*, &c.

Ce mélange de religion, de galanterie, de vertus militaires, étoit les moeurs du temps, & les chevaliers avoient été formés dans cet esprit dès leur enfance.

Leur éduca-
tion, lorf-
qu'ils n'é-
toient encore
que pages.

A l'âge de sept ans, on retiroit des mains des femmes les enfants qu'on deſtinoit à la chevalerie, & on les confioit à des hommes, qui les préparoient aux exercices & aux travaux de la guerre. Elevés à la cour d'un seigneur, les premieres places qu'ils obtenoient, étoient celles de *pages*, *varlets* ou *damoiseaux*. Pendant qu'ils s'acquittoient des services domestiques auprès de la personne de leur maître & de leur maîtresse, des dames se chargeoient de leur apprendre en même temps le catéchisme & l'art d'aimer. Toute leur éducation portoit donc sur l'amour de Dieu & des dames, autant que sur les exercices militaires. Chacun d'eux choisissoit même de bonne heure une dame, à laquelle, comme à l'être souverain, il rapportoit tous ses sentiments, toutes ses pensées & toutes ses actions.

Leurs fonctions, lorf-
qu'ils étoient
écuyers.

De l'état de page, un jeune homme passoit, à quatorze ans, à celui d'écuyer Alors il étoit chargé du principal service de la maison, &, sur tout, du soin des armes & de celui des chevaux. Il accompagnoit dans les voyages & à la guerre le chevalier qu'il servoit. Il conduisoit de la main droite les grands chevaux de bataille, & si son maître en venoit

aux mains, il restoit derriere lui spectateur
du combat ; lui donnant au besoin un nouveau cheval ou de nouvelles armes, parant
les coups qu'on lui portoit, & se bornant
scrupuleusement à la défensive. En rempliss-
fant bien les devoirs de son état, il s'élevoit ensuite par degrés jusqu'au grade de gen-
darme, pour être admis, quelques années
après, dans l'ordre des chevaliers.

Ces guerriers donnoient souvent des jeux,
alors aussi célebrés qu'autrefois ceux de la
Grece. Les tournois, c'est ainsi qu'on les
nommoit, étoient des combats simulés, où
il y avoit toujours du sang répandu, & où
cependant tout respiroit la galanterie.

Les tournois,
où ils se don-
noient en
spectacle.

Les chevaliers, superbement équipés, entroient dans la carriere, suivis de leurs écuyers.
Quelquefois des dames & des demoiselles
les conduisoient elles-mêmes avec des chaî-
nes, qu'elles leur ôtoient lorsqu'ils étoient
prêts de combattre. Jamais on ne terminoit un combat, sans faire à l'honneur des
dames une derniere joûte, qu'on nommoit
le coup ou *la lance des dames* ; & on
leur rendoit cet hommage, en combattant
à l'épée, à la hache d'armes & à la dague.
Enfin des dames ou demoiselles apportoient
le prix au chevalier vainqueur, le conduisoient dans le palais, le désarmoient elles-

mêmes, & le revêtoient d'habits magnifiques. La veille du tournois, les écuyers
avoient donné le spectacle d'une joûte qu'on
nommoit escrime, & dans laquelle ils avoient
combattu avec des armes plus légeres que
celles des chevaliers.

Leurs études. Telle étoit l'ignorance des chevaliers,
qu'à peine, pour la plupart, savoient-ils lire.
La guerre, la galanterie & la religion étoient
les seules choses dont ils s'occupoient; c'étoit
l'objet de tous leurs exercices & le sujet de
toutes leurs conversations : mais sur la guerre,
ils n'avoient aucune idée de discipline; & si
le courage paroissoit leur assurer la victoire,
l'imprudence la leur arrachoit souvent.

Leur galan-
terie. Leur galanterie dégénéroit en puérilité,
en fanatisme & en libertinage. L'essence &
le caractere du parfait amour, les situations
les plus désespérantes ou les plus délicieuses
d'un cœur tendre, les qualités les plus ai-
mables d'une maîtresse ou ses défauts les
plus odieux, & mille suppositions métaphy-
siques, étoient autant de matieres que l'on
traitoit sérieusement. Les questions s'élevoient les unes sur les autres, les subtilités
se multiplioient, & on ne savoit plus ce que
c'étoit que l'amour. Il y avoit cependant
des cours d'amour, c'est-à-dire, des jurisdictions, où un juge prononçoit gravement

des sentences sur les disputes qu'on portoit à ce tribunal ridicule. Mais, dans la conduite, les chevaliers étoient si loin de se borner à ces spéculations, qu'ils traînoient après eux des courtisanes jusques dans les camps.

Leur religion, toute superstitieuse, consistoit dans des pratiques extérieures & journalieres, recommandées par des prêtres ignorants; & lorsqu'ils ne s'étoient pas dispensés de ces obligations, ils se croyoient en droit de violer dans le reste tous les préceptes du Christianisme. Quelque crime qu'ils eussent commis, ils pensoient les expier avec des dons faits aux églises ou aux moines, avec des pelerinages dans des lieux saints, ou avec un froc, dont ils s'enveloppoient au moment de la mort. *Dieu je te prie de faire aujourd'hui pour la Hire ce que tu voudrois que la Hire fît pour toi, s'il étoit Dieu & que tu fusses la Hire.* Cette priere d'un chevalier, qui croyoit bien prier, montre quelle forme la religion avoit prise dans l'esprit des gens de guerre.

Leur religion.

Cependant à juger de la chevalerie par les anciens écrivains, elle ne respiroit que la religion, la vertu, l'honneur & l'humanité. Les chevaliers auroient donc été des hommes d'autant plus extraordinaires, que les

fiecles où ils ont fleuri étoient des fiecles
de barbarie, de débauche & de brigandage.
Mais il eft plus naturel de penfer que ces
écrivains enthoufiaftes ne fe faifoient pas
eux-mêmes des idées bien exactes de ce
qu'ils appelloient religion, vertu, honneur, humanité. Il feroit difficile d'imaginer des mœurs dans des hommes ignorants,
fupeftitieux, fanatiques, & qui ne connoif-
fant pour regles que la force & le courage,
auroient été bien embarraffés à confulter la
juftice, avant de s'engager dans quelques entreprifes.

Le peu que je viens de dire fur la chevalerie eft moins propre à vous la faire connoître, qu'à vous donner la curiofité de
lire les mémoires de M. de la Curne de Ste.
Palaye (*), d'après lefquels j'ai fait ce chapitre. Vous y trouverez l'hiftoire de la chevalerie confidérée comme un établiffement
politique & militaire. Vous y verrez, outre
le mal que j'en dis, tout le bien qu'on en
peut dire, & que je n'en dis pas. Je con-
viens que dans les temps où elle floriffoit,
elle a été utile aux gentilshommes, qui
avoient des fiefs, parce qu'ils avoient befoin
de foldats, & aux gentilshommes fans fiefs

(*) Acad. des Infcriptions, 10.

parce

parce qu'ils ne pouvoient vivre qu'en ven-
dant leurs services. Voilà pourquoi depuis le roi jusqu'au dernier gentilhomme,
tous étoient chevaliers, ou aspiroient à l'être.
Dès lors cet ordre pouvoit - il n'être pas
loué par la noblesse entiere, puisque cet
ordre & la noblesse n'étoit qu'une même
chose ? Loué par tant de bouches, il étoit
naturel qu'il le fût pas les écrivains du temps,
& il est naturel qu'on le loue encore.

CHAPITRE VI.

Quelle étoit la puissance du clergé à la fin du onzieme siecle.

Moyens de
l'ignorance
& de la su-
perstition
pour discer-
ner l'inno-
cent du cou-
pable.

L'IGNORANCE est la source des superstitions, & la superstition autorise toutes les absurdités; tout paroît alors raisonnable, parce qu'il n'y a plus de raison. C'est ce dont les peuples de l'Europe n'ont donné que trop de preuves pendant plusieurs siecles.

Ces barbares furent long-temps avant de connoître la nécessité de condamner à la mort ou à quelqu'autre supplice. Leur cruauté n'épargnoit que le sang des criminels, & laissoit la liberté des forfaits à quiconque les pouvoit payer.

Dans ces siecles sans mœurs, où les crimes étoient si communs, on pensoit néanmoins que Dieu devoit changer tout l'ordre de la nature, plutôt que de permettre la mort d'un innocent; & ce n'étoit pas exiger qu'il fît fréquemment des miracles.

Les caufes criminelles font fouvent embarraffées d'une multitude de circonftances, qui fe contredifent. Il n'eft pas toujours aifé de s'affurer de la probité des témoins, de leur impartialité, de leurs lumieres, de leur fincérité. Il falloit cependant juger, & on imagina des moyens bien commodes pour les juges : ce fut de demander à Dieu de montrer l'innocence par des miracles ; & les miracles, qu'on crut voir, furent appellés le jugement de Dieu.

Un accufé étoit lié, garrotté, & jeté dans l'eau. S'il alloit au fond, il étoit innocent: s'il furnageoit, il étoit coupable.

D'autres fois il étoit obligé de prendre un anneau au fond d'une cuve d'eau bouillante. Le juge enfuite lui enfermoit le bras dans un fac qu'il fcelloit, & fi trois jours après il ne paroiffoit aucune marque de brûlure, l'innocence étoit reconnue. Outre ces épreuves à l'eau froide & à l'eau bouillante, il y en avoit encore d'autres ; c'étoit de porter à la main, l'efpace de neuf pas & fans fe brûler, une barre de fer ardent, de marcher fur des charbons allumés, &c.

Il faut remarquer qu'on béniffoit l'eau froide, l'eau bouillante, l'anneau, la barre de fer, les charbons ; on exorcifoit toutes ces chofes: on communioit l'accufé, & le tout étoit précédé d'une meffe. On croyoit prendre par-là les précautions les plus fages contre les enchan-

tements & les sorcelleries, qui pouvoient empêcher le jugement de Dieu. Je remarquerai
encore que l'accusé pouvoit ne pas se soumettre lui-même à ces épreuves, s'il trouvoit quelqu'un qui voulût les subir pour lui.

Les Bourguignons avoient un usage, par
lequel le plus adroit ou le plus heureux étoit
toujours innocent. C'étoit encore un jugement
de Dieu, & on l'appelloit le duel judiciaire.
Il ne pouvoit manquer d'être adopté par les
François, naturellement braves & exercés au
maniement des armes. Étoit on accusé ? on
offroit de de se justifier par le duel. Faisoit-on
une demande ? on proposoit d'en prouver la
justice en se battant. Le juge ordonnoit le
combat, fixoit le jour, & les plaideurs armés
paroissoient en champ clos. Mais on n'avoit
rien négligé pour découvrir si leurs armes n'é-
toient point enchantées ; ou s'ils n'avoient pas
sur eux quelques caractères magiques : les vieillards, les femmes, les infirmes & les mineurs
nommoient des champions, qui combattoient
pour eux.

Ces épreuves à l'eau froide, à l'eau chau-
de, à la barre de fer & au combat, étoient
très fréquentes. Ce qu'il y a de plus singulier,
c'est que souvent les historiens modernes ne savent guere qu'en penser ; & on les croiroit
volontiers contemporains à ces temps barbares.

Il n'y eut plus de justice, dès que l'usage des duels judiciaires eut prévalu. Car on rendoit nulle la déposition d'un témoin, en prouvant par le combat qu'il avoit été suborné ; & on appelloit d'une sentence à un champ clos, où le juge étoit obligé de se battre, pour prouver qu'il ne s'étoit pas laissé corrompre. Il étoit donc impossible de plaider, de témoigner & de juger, sans s'exposer au danger d'un combat singulier. Une pareille justice n'étoit certainement pas propre à rétablir l'ordre : elle n'étoit que le boulevard des criminels les plus hardis.

Ces usages ne permettoient plus de rendre la justice.

Les évêques possédoient des fiefs. Ils avoient donc deux jurisdictions, l'une spirituelle & l'autre temporelle. Comme évêques, ils ne pouvoient juger que des choses qui concernent la foi : mais comme seigneurs, ils jugeoient de toutes les affaires civiles, qui se portoient à leur tribunal. Peut-être qu'alors personne en France n'en savoit assez pour distinguer ces deux titres, & ils se confondirent, parce que c'étoit l'intérêt du clergé de les confondre. Un évêque, un abbé étoit devenu juge dans le civil, parce qu'il étoit devenu seigneur de fief ; & il se dit & se crut juge, parce qu'il étoit évêque ou abbé. Cette confusion, qui étoit plutôt l'ouvrage de l'ignorance que de l'adresse, étendit la jurisdiction du clergé aux dépens des tribunaux laïques, & chaque

Comment le clergé devient juge dans le temporel.

Z 3

évêque s'attribua toutes les affaires de son diocese à l'exclusion des autres seigneurs.

Etant déja en possession d'être juge du civil
dans son fief, & pensant ne l'être qu'en vertu
du sacerdoce, il crut devoir l'être encore dans
tous les fiefs dont il étoit évêque. Il n'imaginoit pas qu'on pût lui contester cette jurisdiction, lorsqu'il s'agit de sacrileges, de simo-
nies, de sorcellerie, & d'autres crimes où la
religion est directement attaquée. Personne
que lui ne peut juger les clercs de son diocese,
& les procès où ils sont interessés ; & sa raison est qu'ils appartiennent à son église. Il
en sera de même des veuves, des orphelins &
des pélerins, parce qu'ils sont sous sa protection. Le mariage est un sacrement : il prendra
donc connoissance de toutes les contestations
qui naîtront sur la validité du contrat, sur la
dot de la femme, sur le douaire, sur l'état des
enfants, &c. Les différents au sujet des tes-
taments lui appartiendront encore : car les dernieres volontés d'une personne qui est morte,
ou qui a dû mourir entre les bras d'un prêtre,
qui a été enterrée dans un lieu béni, & qui a
déja subi le jugement de Dieu, ne peuvent être
jugées, sans doute, que par l'église.

C'est par de semblables raisons, que les
ecclésiastiques en imposoient, & s'aveugloient
eux-mêmes. Mais ils trouverent une raison
supérieure à celles-là, & ils trancherent toutes

les difficultés par un coup de génie. En vertu
du pouvoir qu'a l'église de lier & de délier,
dirent-ils, elle doit prendre connoissance de
tout ce qui est péché. Or, en toute contestation juridique, une des parties soutient nécessairement une cause injuste, & cette injustice est un péché. L'église a donc le droit de
connoître de tous les procès, de les juger; &
ce droit, elle le tient de Dieu; les hommes
n'y peuvent attenter sans impiété. Elle est
donc le suprême & l'unique juge. Autant l'a-
me, ajoutoient-ils, est au dessus du corps,
autant la jurisdiction spirituelle est au dessus de
la temporelle; & c'est néanmoins la jurisdiction temporelle qu'ils vouloient.

Pendant que les ecclésiastiques raisonnoient
ainsi, les seigneurs laïques se battoient, & ne
raisonnoient pas. Ils ne donnoient aucune attention à leurs justices, & leurs tribunaux perdoient insensiblement tous les jours, sans qu'ils
s'en apperçussent.

Négligence des seigneurs laïques.

Bien des raisons contribuoient à étendre le
ressort des tribunaux du clergé. Premierement
les juges étoient moins ignorants; ils pouvoient même paroître savants, parce qu'au
moins ils savoient lire. En second lieu, quoique la maniere d'y rendre la justice ne fût pas
toujours raisonnable, elle n'étoit cependant pas
aussi absurde: car le duel judiciaire n'y étoit
pas reçu, & c'étoit un avantage. Enfin les

Ils perdent toutes leurs justices.

Z 4

personnes simples y accouroient de toutes parts, puisqu'elles étoient convaincues qu'elles ne pouvoient en conscience se faire juger ailleurs. Les seigneurs laïques cesserent donc bientôt d'être les juges de leurs sujers : leurs tribunaux ne leur furent plus qu'à charge ; & les évêques devinrent véritablement seigneurs dans toute l'étendue de leurs dioceses.

Combien certe révolution peut contribuer à l'a grandissement du c ergé.

Les choses étant à ce point, les ecclésiastiques n'ont plus qu'un pas à faire pour se saisir encore des justices féodales ; c'est à-dire, pour se rendre les seuls juges des causes qui concernent les fiefs, pour soumettre les suzerains & les vassaux à leur jugement, & pour les forcer, par conséquent, d'obéir à leurs ordres, sous p ine d'excommunication. Ils y seront autorisés par le grand argument que la guerre est un péché. Il est vrai que les seigneurs résisteront davantage, parce qu'ils seront attaqués dans un intérêt plus sensible, & qui les touche de plus près. Mais si le clergé réussissoit, il s'arrogeoit enfin toute la souveraineté. Nous verrons quel sera l'effet de ses entreprises.

CHAPITRE VII.

De la police de l'église dans les onze premiers siecles.

Vous pouvez remarquer, Monseigneur, que mon dessein est de vous préparer aux révolutions, afin de vous mettre en état d'en mieux juger. C'est dans cette vue que j'ai conduit l'histoire des principaux peuples jusqu'au temps de Grégoire VII, & que j'ai tâché de vous donner une idée de l'ignorance & des désordres, qui regnoient de toutes parts. Je n'ai pas encore assez fait: car vous jugeriez mal du clergé & de ses prétentions, qui vont troubler l'Europe, si vous ne saviez pas quelle a été la police de l'église dans différens temps, & dans quelles bornes son autorité doit être renfermée. Comme j'ai déja eu occasion d'en parler, je passerai rapidement sur ce que j'en ai dit: mais c'est ici le lieu de s'en faire un tableau général.

La police civile a pour fin la sureté des citoyens, c'est-à-dire, la conservation de leur

Pourquoi il faut connoitre la police de l'église dans les onze premiers siecles.

Quel est l'objet de la police civile.

vie & de leur fortune. Elle y parvient par
une fubordination, qui met chaque individu
à fa place, qui lui fait connoître fes devoirs,
& qui formant un corps puiffant, capable
de protéger chaque citoyen, punit le vi-
ce, récompenfe la vertu, & encourage les
talents.

Quelle eft la
fin de la reli-
gion chrétien-
ne.

On dit communément que la religion chrétienne a toute une autre fin; que ce monde,
ce lieu d'exil auquel nous ne devons pas nous
attacher, n'eft pas ce qui l'occupe, & qu'elle
fe porte à un objet plus élevé, le falut de l'a-
me & la vie éternelle: mais ceux qui la bornent à ce feul objet, parlent avec trop peu
d'exactitude, & ne fe font pas une idée complete de notre religion.

Quoi! parce qu'elle a une fin plus grande
que toutes les autres, elle ne feroit pas le bien
que les autres ont fait! Les fuperftitions du pa-
ganifme auroient à cet égard de l'avantage fur
elle! Non, fans doute. Si elle tend à nous
conduire à la vie éternelle, elle tend auffi à
nous rendre citoyens: elle n'exclut pas une
de ces fins, pour obtenir l'autre: elle les veut
toutes deux.

Quels font
les devoirs de
fes miniftres.

Ce n'eft pas que fous ce prétexte les eccléfiaftiques puiffent s'arroger le droit de gouverner les états: ce feroit une abfurdité. Que
faut-il donc conclure? C'eft qu'ils doivent ref-

pecter les loix civiles: ils doivent être les premiers à donner l'exemple de l'obéissance: en
un mot, ils doivent être citoyens, pour montrer à tous le vrai chemin du salut.

Ils ne sont donc pas les ministres de la religion, pour changer à leur gré la police civile;
ils ne sont donc pas les ministres de la religion, pour usurper sur les droits des peuples,
des magistrats & des souverains; ils ne sont
donc pas les ministres de la religion, pour sacrifier à leurs avantages temporels le bien public & les intérêts de la religion même; ils ne
sont donc pas les ministres de la religion, pour
délier les sujets du serment de fidélité, pour
les soulever contre l'autorité légitime, & pour
armer les citoyens contre les citoyens. Mais
ils sont les ministres de la religion pour concourir au maintien des loix, à la tranquillité
publique, & au bonheur de ce monde; de ce
monde, dis-je, qu'ils méprisent, & où cependant ils n'ont voulu que trop dominer.

Les magistrats ne seroient plus rien, s'ils
étoient subordonnés dans le civil aux ecclésiastiques. Si ces deux ordres étoient indépendants, il y auroit deux puissances qui se com-
battroient sans cesse, & les troubles naîtroient
continuellement des troubles. Il faut donc que
les ecclésiastiques soient subordonnés dans le civil aux magistrats. C'est alors que concourant

Dans le ci-
vil ils doivent
être subor-
donnés aux
magistrats.

au bien de l'état, ils feront l'avantage même de la religion : car enfin si on peut-être citoyen, sans être chrétien ; on ne peut pas être chrétien, sans être citoyen.

Il est triste de voir les ministres d'une religion sainte abuser de l'ignorance des peuples, pour bouleverser les gouvernements, & fouler aux pieds les droits les plus sacrés. C'est à regret que je mets sous vos yeux les usurpations des ecclésiastiques : mais ces vérités doivent être connues des princes, & ce seroit un crime à moi de vous les cacher. Je continuerai donc à vous faire connoître ce que peut l'ambition, lorsqu'elle se couvre d'un faux zele.

Pendant les trois premiers siecles, la police de l'église n'eut rien de fixe & d'uniforme, & fut, au contraire, forcée à varier, suivant les lieux & les circonstances. Les apôtres songerent à toute autre chose qu'à faire des réglements à cet égard. En effet, il falloit d'abord fonder l'église, c'est-à-dire, un corps visible de fideles, unis par une même communion & par la profession publique de la même foi. Le premier soin des apôtres fut donc de prêcher l'évangile.

Ne pouvant pas veiller immédiatement sur toutes les églises particulieres qu'ils formoient, ils conferent aux prêtres le gouver-

(marginal notes) Il ne faut pas dissimuler l'abus qu'ils ont fait de leur pouvoir.

Dans les trois premiers siecles point de police généralement observée.

Celui qui gouvernoit une église se

nement de celles dont ils étoient obligés de
s'éloigner ; choisissant parmi les prêtres un
chef, qui avoit l'inspection sur tous les autres,
& qui se nomma par cette raison évêque.
Ainsi la forme du gouvernement de chaque
église étoit proprement aristocratique & mo-
narchique.

nomma évê-
que.

Ces évêques furent les successeurs des apôtres: chacun d'eux, avec son clergé, gouvernoit séparément son église. Celui de Rome
jouissoit de la primauté: mais il n'avoit point
de jurisdiction sur les autres évêques, comme S. Pierre n'en avoit point eu sur les
apôtres.

§ L'évêque de
Rome étoit le
premier, mais
il n'avoit
point de ju-
risdiction sur
les autres.

Les églises conservoient la communion
par des lettres qu'elles s'écrivoient. Elles se
consultoient: mais elles se gouvernoient les
unes indépendamment des autres, & il n'y
avoit point encore entre elles cette subordination, qui constitue la police générale : seulement on voyoit dans chacune un évêque, des
prêtres & des diacres.

Comment se
conservoit la
communion.

L'évêque avoit seul le pouvoir d'ordonner
les prêtres & les diacres. Quelquefois il les
choisissoit lui-même: d'autres fois le peuple &
le clergé concouroient à leur élection. Mais
lorsqu'il s'agissoit de lui donner un successeur
à lui-même, ce n'étoit qu'au peuple & au
clergé qu'il appartenoit d'en faire le choix;

Pouvoirs des
évêques. Leur
élection.

& ils le faifoient en préfence de deux ou trois autres évêques, qui confirmoient l'élection, & qui ordonnoient le fujet élu.

Ufages communs à toutes les églifes.

J'ai déja dit que les pénitences étoient très féveres; que les évêques jugeoient, comme arbitres, les procès; & que les richeffes du clergé dépendoient uniquement de la charité des fideles. Voilà les ufages qui s'obfervoient dans chaque églife: d'ailleurs il y avoit beaucoup de variété dans la difcipline.

La difcipline devient plus uniforme dans le troifieme fiecle.

Les perfécutions ne permettoient pas d'établir une police générale, parce qu'elles mettoient trop d'obftacles aux affemblées des évêques. Il falloit des temps de calme. Il y en eut dans le troifieme fiecle: auffi les conciles commencerent. Les chrétiens profeffoient alors d'autant plus hardiment leur religion, qu'ils étoient en très grand nombre. On voit même qu'avant Dioclétien ils avoient déja des temples publics.

En orient les progrès du Chriftianifme font plus rapides.

Les progrès du Chriftianifme furent plus rapides en orient qu'en occident; il s'y tint auffi un plus grand nombre de conciles. C'eft qu'en général les perfécutions n'y étoient pas auffi grandes; les magiftrats ne veilloient pas fur les provinces avec la même attention que le fénat, ennemi par principe de tout nouveau culte, veilloit fur Rome & fur l'Italie. On profeffoit déja ouvertement le Chriftianifme

dans les provinces éloignées, lorfqu'on fe cachoit encore dans la capitale de l'empire &
dans les provinces voifines. Cela fait voir
combien il étoit alors impoffible aux papes de
s'attribuer quelque jurifdiction fur le refte des
évêques.

Il eût été encore plus impoffible de former des entreprifes fur l'empire. Les évêques
fe bornoient à conferver la foi, à régler la
difcipline, à gouverner leurs églifes, à convertir les peuples. Ils laiffoient aux magiftrats
la connoiffance de tout ce qui concerne l'ordre civil; & ils ordonnoient d'obéir à des
payens, à des monftres même, lorfque c'é-
toient des empereurs.

Quelles é-
toient les
fonctions des
évêques.

La converfion de Conftantin eft l'époque,
où les églifes, qui fe gouvernoient jufqu'alors
féparément, commencèrent à fe faire un plan
général de police. Mais quoiqu'elles fe foient
conformées à quelques égards à celui que
Conftantin établit dans l'empire, elles ne le
fuivirent pas exactement. La fubordination
des évêques ne fut pas réglée avec le même
foin que celle des magiftrats; & on ne fe con-
certa pas affez pour établir le même ordre dans
tout l'empire : un évêque étendit fa jurifdiction fur une province; un autre l'étendit fur
plufieurs; de forte que rien ne fut fixé à demeure, & ce fut une fource de prétentions &

La fubordi-
nation qui s'é-
tablit lors de
Conftantin,
ne fixe pas à
demeure les
droits des fie-
ges.

de changements. Dans ce moment de triomphe
pour l'églife, chaque évêque, f it par ambition,
foit par zele pour l'agrandiffement de fon fiege,
voulut profiter de la faveur du prince, ou des
circonftances favorables où il fe trouvoit.
Mais aucun ne fut affez habile, pour mettre
fous fa jurifdiction autant de diocefes qu'un
préfet du prétoire.

Établiffement
des métropo-
litains.

Dans le gouvernement civil, chaque province avoit une métropole, d'où les ordres
des premiers magiftrats étoient portés dans
toutes les villes, & où les affaires de toute la
province reffortiffoient. Les églifes fe gouvernerent naturellement fur ce modele. Ainfi
lorfqu'il fut néceffaire d'ordonner ou de dépofer un évêque, de remédier à quelque défordre, de faire des réglements fur la difcipline,
&c., l'ufage s'établit peu-à-peu de s'adreffer
à l'évêque de la métropole, comme au chef
de la province. Bientôt le métropolitain parut autorifé à prendre connoiffance de ce qui
fe paffoit dans les autres églifes. Il acquit donc
fur elles plus ou moins de droits, fuivant qu'il
fut fe prévaloir de ce que l'ufage lui accordoit,

Des exarques
& des patriar-
ches.

C'eft de la même maniere que les évêques
de plufieurs provinces, dont Conftantin avoit
formé un diocefe dans l'ordre civil, fe mirent
quelque-

quelquefois sous la jurisdiction de celui qui résidoit dans la capitale de ce diocese. De la sorte, l'évêque d'Alexandrie acquit de bonne heure une jurisdiction fort étendue : en effet, cette ville étant la seconde de l'empire, les évêques de plusieurs provinces se trouverent naturellement subordonnés à son siege. La considération d'ailleurs, dont jouissoit cette église, avoit pu encore y contribuer : car S. Marc l'évangeliste en avoit été le premier pasteur, & après lui elle avoit encore été gouvernée par de saints personnages aussi éclairés que vertueux. Le rang qu'occupa cet évêque, lui fit donner dans la suite le titre de second patriarche. Par de semblables raisons, l'évêque d'Antioche étendit sa jurisdiction sur tout le diocese d'orient proprement dit, & il fut le troisieme patriarche. Ainsi se formerent encore les exarques d'Ephese, de Césarée en Cappadoce, &c. Mais il restoit des métropolitains, qui n'étoient subordonnés à aucun patriarche ni à aucun exarque.

Il faut encore remarquer que ces deux titres ne sont pas également anciens. Celui d'exarque est le premier, qui ait été donné aux évêques qui présidoient sur toutes les provinces d'un diocese. Dans la suite celui de patriarche, après avoir été donné à tous les exarques, ne fut plus accordé qu'à cinq ; & le pape ne le prit lui-même que vers le temps de Valentinien III.

La même subordination ne s'établit pas en Italie. Deux vicaires la gouvernoient fous le préfet du prétoire. L'un faifoit fa réfidence à Rome, & l'autre à Milan. Le premier avoit dans fon département les provinces fuburbicaires, c'eft-à-dire, la Campanie, la Pouille, la Calabre, la Lucanie, le Brutium, le Samnium, l'Etrurie, l'Ombrie, le Picénum fuburbicaire, la Sicile, la Sardaigne, la Corfe, la Valérie. Le refte de l'Italie, l'Iftrie, les Alpes Cotiennes & la Réthie faifoient le département du fecond.

L'évêque de Rome, qui fut regardé comme le premier patriarche, eut une jurisdiction immédiate fur toutes les églifes fuburbicaires; & celui de Milan en eut une pareille fur toutes les églifes comprifes dans le fecond vicariat; mais on ne voit pas qu'il ait été diftingué par aucun titre. D'ailleurs dans toute l'Italie chaque métropole étoit gouvernée par un fimple évêque, qui n'avoit aucune autorité fur les autres églifes de la province.

Enfin tout le refte de l'occident avoit des métropolitains & des fuffragants, mais il ne s'y forma ni exarque ni patriarche; foit qu'il n'y eût pas de ville affez confidérable, foit que les évêques n'aient pas fu, ou n'aient pas

voulu profiter des avantages de leurs fieges.
Si on a donné à quelques-uns le nom de patriarche, c'étoit un titre d'honneur fans jurifdiction. Les églifes d'Afrique avoient un ufage particulier: il n'y avoit point de métropolitain fixe, & cette dignité appartenoit au
plus ancien évêque de la province. Celui de
Carthage avoit cependant de grandes prérogatives, & une espece de jurifdiction fur toute
l'Afrique.

Cet ordre, par la maniere dont il s'étoit
établi, devenoit fufceptible de bien des variations. Une nouvelle divifion des provinces
civiles faifoit un changement dans les provinces eccléfiaftiques; & lorfqu'une ville devenoit métropole, fon évêque auffitôt vouloit
être métropolitain. Quelquefois l'empereur
pour favorifer un fimple évêque, ou pour humilier un métropolitain, divifoit une province en deux; & n'en laiffant qu'une partie
à l'ancien métropolitain, donnoit l'autre à l'é-
vêque, dont il érigeoit la ville en métropole.
Nous avons vu que celui de Jérufalem & celui de Conftantinople furent faits patriarches,
& que celui-ci ayant obtenu le fecond rang,
étendit continuellement fa jurifdiction.

Cet ordre pouvoit va-rier dans la même pro-vince & ne va-rioit que trop

Cette police avoit à peu-près les mêmes
inconvénients que le gouvernement féodal; &
les évêques devoient être continuellement oc-

cupés à étendre ou défendre leurs droits & leurs
limites. On travailla souvent dans les conciles
à fixer ces choses : mais comme le plan,
qui se trouvoit établi, péchoit par les fondemens, il n'étoit plus possible de le corriger.
Pouvoit-on étouffer l'ambition qu'il nourris-
soit ? Il continua donc d'y avoir des prétentions & des troubles. L'événement a prouvé,
que Constantin changeant tout, brouilla tout,
& a fait beaucoup de mal à l'église, comme
à l'empire.

Telle étoit la subordination entre les différents sieges jusqu'au temps de Valentinien III. Il nous reste à examiner qu'elles
étoient, dans cet intervalle, les matieres
dont le jugement étoit réservé aux évêques.

Les évêques
demandoient
des loix à
Constantin,
lorsque la
discipline a-
voit besoin
de nouveaux
réglemens.

Il est certain qu'il n'appartenoit, & ne pouvoit appartenir qu'à l'église de juger de tout
ce qui concerne la foi. Constantin lui-même le reconnoissoit ; & lorsque par une conduite contradictoire à cet aveu, il entreprit
sur les droits du sacerdoce, on réclama, &
on ne se soumit pas. Il n'en fut pas de même de la police ecclésiastique : car il fit des
loix pour la régler, excluant même de la
cléricature ceux qu'il ne jugeoit pas devoir y
être admis. Ce fut lui qui ordonna de célébrer le dimanche. C'est lui seul qui convo-

quoit les conciles généraux; & c'eſt ſous ſa
protection que les conciles provinciaux s'aſ-
ſembloient, quoique convoqués par les métropolitains ou par les exarques. Dans toutes ces choſes on ne lui reprocha point de
paſſer ſes pouvoirs, & les évêques s'adreſſe-
rent à lui, comme au ſeul légiſlateur, bien
loin d'imaginer que le droit d'en décider
n'appartint qu'à eux. C'étoit avec raiſon:
car dans tout bon gouvernement la police de
chaque corps doit être ſoumiſe à l'inſpection
des magiſtrats & du ſouverain. Un corps
ſeroit bientôt indépendant, s'il pouvoit ſe
donner des loix de ſa propre autorité: l'har-
monie ſeroit détruite, & il n'y auroit plus
que des déſordres. L'hiſtoire n'en donne que
trop de preuves.

Les ſucceſſeurs de Conſtantin, dans l'un
& l'autre empire, jouirent des mêmes droits,
& veillerent également ſur la police de l'é-
gliſe. L'Italie ne conteſta pas même ces
droits aux rois Goths, tous Ariens qu'ils
étoient; & cependant ils en uſerent, toutes
les fois qu'ils le jugerent convenable. Ils furent obligés de prendre connoiſſance des élections, pour empêcher les troubles qu'elles
occaſionnoient. Non-ſeulement, ils prirent
ſur eux d'aſſembler des conciles, pour terminer les diſſentions qui s'élevoient; mais encore ils firent eux-mêmes des loix contre les

Les rois Goths quoiqu'Ariens jouirent égalemenr ſans conteſtations, du droit de donner des loix aux diffé-rentes égliſes.

Aa 3

brigues, contre la fimonie, & fur la maniere
dont on devoit procéder aux élections. D'ailleurs, fans rien changer aux anciens ufages,
ils les laifferent au clergé & au peuple, comme ils laifferent les ordinations aux évêques, à
qui elles appartenoient.

Telle fut la conduite de Théodoric le
Grand, qui ne cherchant qu'à maintenir la
paix, protégea également les Catholiques &
les Ariens, & prévint les défordres que pouvoit occafionner la différence des communions dans des églifes, où fouvent il y avoit
à la fois deux évêques l'un Arien & l'autre
Catholique. Ce fut à lui que le clergé de
Rome eut recours, lorfqu'à la fin du cinquieme fiecle, Laurent & Symmaque furent
tout à la fois élevés fur le faint fiege. Il jugea en faveur de Symmaque, & on ne l'ac-
cufa pas d'avoir ufurpé fur les droits du facerdoce. Les partifans mêmes de Laurent le reconnurent pour juge: mais voulant le faire
changer de fentiment, ils fuppoferent plufieurs crimes à Symmaque, & prierent le roi
de nommer des commiffaires, qui jugeaffent
de leurs accufations. Théodoric fit affembler
un concile, qui confirma le jugement qu'il
avoit porté.

Atalaric, fon fucceffeur, voulant prévenir
ces fortes de fchifmes, fit, à l'exemple des em-

pereurs d'orient, un édit pour régler l'élection des papes & des autres évêques d'Italie : il l'adressa à Jean II, qui le reçut avec respect, & qui n'imagina pas de contester à son souverain la jurisdiction qu'il s'attribuoit.

Si les empereurs & les rois avoient ce droit sur la police ecclésiastique, à plus forte raison pouvoient-ils seuls décider de tout ce qui concerne plus particuliérement la police civile. C'étoit à eux seuls, par exemple, qu'il appartenoit de régler les conditions nécessaires pour la validité des mariages ; & de marquer les dégrés de parenté, où ils seroient défendus. Eux seuls pouvoient donner des dispenses ; & il n'y avoit que le magistrat qui pût prendre connoissance des causes matrimoniales. Tout cela étoit fondé en raison : car si le mariage est un sacrement, il est aussi un acte civil ; & de ce que les prêtres conferent l'un, ce n'est pas une conséquence qu'ils soient juges de l'autre. Mais comme ils ont cru disposer des couronnes, parce qu'ils sacrent les rois ; ils se sont imaginés être les juges de la validité du mariage, parce qu'ils en conferent le sacrement. Cependant la bénédiction nuptiale suppose le contrat civil & les loix qui le rendent légitime : par conséquent, si les papes se sont arrogés à eux seuls de prohiber les mariages dans certains

Législateur en matiere ecclésiastique, le souverain l'étoit à plus forte raison en matiere civile

A a 4

dégrés de parenté, & de difpenfer des loix arbitraires qu'ils faifoient à cet égard, & qu'ils ne faifoient fouvent que dans la vue d'en pouvoir vendre les difpenfes ; c'eft un abus, dont les fouverains, ignorants de leurs droits, ont été caufe, & qu'ils ne doivent plus fouf-frir, s'ils font plus éclairés.

De tous les empereurs & de tous les rois Goths, Juftinien eft celui qui donna le plus d'attention à la police de l'églife, & qui ufa dans cette partie de fes pouvoirs avec le plus d'étendue. L'élection des évêques, leur ordi-nation, l'âge & les qualités qu'ils devoient avoir furent l'objet de fes réglements, ainfi que les conciles, & ce qui concerne les prê-tres, les diacres, & les différents ordres du clergé. Il n'oublia pas même les moines; & il fit encore des loix contre l'abus, que les évêques pouvoient faire des excommunica-tions. Il n'éprouva cependant aucune contra-diction de la part du clergé.

Jufqu'ici la diftinction des deux puiffances eft marquée très clairement; & fi l'on dit au-jourd'hui qu'il eft difficile d'en fixer les limi-tes, c'eft qu'on voit les chofes dans l'état de confufion où elles font, & qu'on ne fe rap-pelle pas l'état où elles ont été pendant fix fiecles.

Depuis l'an 570, que les Lombards s'éta-blirent en Italie, jufqu'à Léon l'Ifaurien, il paroît que les évêques se sont contenus dans les bornes que Justinien leur avoit prescrites ; & que se soumettant à la police que les souverains leur ont donnée, ils n'entreprirent point sur les droits des magistrats : mais il y eut d'ailleurs bien des changements.

Les rois Lombards conserverent les privileges, dont les rois Goths avoient joui ; ils ne persécuterent pas les Catholiques, quoiqu'ils fussent pour la plupart Ariens ; & ils ne troublerent l'Italie que par les guerres qu'ils entreprirent contre les Grecs, ou qu'ils se firent à eux-mêmes. Mais le peuple commençoit à ne savoir plus user de la liberté d'élire ses pasteurs ; & la nécessité de prévenir des troubles donna lieu à deux nouveautés.

D'un côté, lorsque dans les églises suburbicaires plusieurs factions ne pouvoient pas s'accorder, l'usage s'introduisit de nommer deux ou trois commissaires, qui représentant le peuple & le clergé, alloient à Rome, & faisoient l'élection avec le pape. De l'autre, les rois Lombards agirent avec plus d'autorité dans les églises de leur domination : ou ils obligeoient le peuple à choisir ceux qu'ils désignoient, ou ils nommoient eux-mêmes aux sieges vacants. Ce sont les grandes richesses des églises, qui occasionnoient les factions; parce qu'alors ce n'étoit pas toujours par zele, qu'on ambitionnoit de les gouverner. Ainsi ce n'étoit plus le temps de laisser entiérement les élections au peuple & au clergé.

Comment le patriarche de Constantinople étend sa jurisdiction. En orient, les empereurs porterent leurs entreprises plus loin, étendant ou rétrécissant les jurisdictions des évêques, faisant de nouveaux métropolitains, & changeant continuellement l'ordre des sieges. Ils abusoient d'autant plus de leur pouvoir, que d'ordinaire ils n'innovoient que par faveur. Les patriarches de Constantinople, qui en furent profiter, s'éleverent de plus en plus; de sorte que vers la fin du sixieme siecle, ne trouvant point de titre trop fastueux pour eux, ils prirent celui de patriarches œcuméniques. Dans le cours du septieme, ils s'éleverent encore, par l'abaissement où tomberent les patriarches d'Alexandrie, d'Antioche & de Jérusalem.

Comment le pape étend la sienne. Lorsque les Sarrasins se furent répandus dans ces provinces, le pape ne faisoit pas de moindres progrès. Il est vrai que ce ne fut point d'abord par ambition. S. Grégoire étoit monté sur le saint siege en 590, & ce sont ses vertus & ses lumieres, qui lui attirant la considération de tout l'occident, inviterent toutes les églises à le consulter. Mais il étoit à craindre, que parce qu'il avoit donné des conseils, ſes ſucceſſeurs ne s'accoutumaſſent inſenſiblement à donner des ordres. C'eſt lui, qui prit le premier le titre de *ſerviteur des ſerviteurs de Dieu*, par oppoſition au titre d'œcuménique. Il étoit ſi éloigné d'entreprendre ſur l'empire, que lorſque l'empereur Maurice défendit de recevoir les ſoldats dans aucun monaſtère, il ſe contenta de faire des plaintes ſur cette loi; & il ne conteſta pas au légiſlateur le droit de la faire.

Ce pape s'occupa avec zele & avec ſuccès de la diſcipline de l'égliſe & de la converſion des peuples; il acquit au ſaint ſiege la juriſdiction ſur l'Angleterre, par les miſſionnaires qu'il envoya dans cette île. Ses ſucceſſeurs étendirent cette juriſdiction ſur d'autres barbares, parce qu'ils furent attentifs à envoyer de bonne heure des évêques chez ceux qui ſe convertiſſoient; ou parce qu'étant conſultés par les évêques qui travailloient à ces converſions, ils leur répondirent comme s'ils avoient ſeuls le droit de les établir miſſionnaires, & de les autoriſer à fonder de nouvelles égliſes. Ce langage accoutumoit inſenſiblement tout l'occident à reconnoître le pape pour ſon patriarche.

Quoique les papes acquiſſent tous les jours de l'autorité, l'empereur, qui étoit alors maître de Rome, les tenoit encore dans la

Cependant les papes reſtoient dans la

dépendance, & avoit la plus grande part à leur élection. Il est vrai qu'il paroissoit la laisser au clergé & au peuple ; mais il faisoit élire celui qu'il vouloit ; & l'ordination ne pouvoit être canonique, qu'autant que celui qui avoit été élu, avoit l'agrément de la cour de Constantinople.

dépendance des empereurs d'orient

Le regne de Léon l'Isaurien est la principale époque de la grandeur des papes, parce qu'alors ils se mirent sous la protection des rois de France, pour se soustraire aux persécutions des empereurs. Les Pepins ayant besoin de la cour de Rome pour s'assurer sur le trône, l'enhardirent à former des prétentions : enrichie par leurs bienfaits, elle fut plus en état de soutenir ses entreprises ; & la foiblesse des successeurs de Charlemagne ne lui en fournit que trop d'occasions.

Ils en secouent le joug sous Léon l'Isaurien.

Sous la premiere race, les églises de France s'étoient gouvernées elles-mêmes : elles ne connoissoient d'autres loix que les canons des conciles de la nation. Sous la seconde, elles devinrent sujettes au tribunal des papes, auquel les princes mêmes ne furent pas se soustraire. Mais cette révolution se fit par degrés.

La subordination s'alterre par degrés.

Dans le huitieme siecle, il n'y avoit presque plus en occident ni connoissances, ni mœurs, ni discipline. La simonie, la brigue,

Les désordres invitent les deux puis

les violences élevoient aux dignités de l'église. Les ecclésiastiques n'étoient occupés que
de leur temporel ; & on employoit pour le
défendre les excommunications, qui ne sont
destinées qu'à la défense de la foi. Les désordres n'étoient guere moindres en orient, &
il étoit nécessaire de travailler de toutes parts
à une réforme générale.

C'est ce dont les souverains & la partie la
plus saine du clergé firent leur objet : mais
dans la confusion où étoient les choses, il
étoit difficile, que les deux puissances se con-
tinssent dans leurs limites; ou ne les connoissoit plus. Le zele même devoit donc contribuer à confondre encore l'ordre civil & l'ordre ecclésiastique, & autoriser de part & d'autre de nouvelles usurpations.

Les empereurs Grecs se saisirent du sacerdoce, décidant du dogme, jugeant de toutes
les contestations de l'église, présidant aux conciles, disposant arbitrairement de toutes les
dignités, & changeant tout au gré de leurs
caprices. N'étant pas, comme les souverains
d'occident, dans la nécessité de ménager le
clergé, ils pouvoient entreprendre davantage,
& ils trouvoient peu d'opposition. Si quelquefois les évêques les désapprouvoient, ils n'auroient osé employer les censures, parce qu'enfin ils n'étoient que sujets. Dans cette posi-

sances à faire des réglemens.

Mais elles usurpent l'une sur l'autre.

A Constanti-nople les em-pereurs trou-vent dans le patriarche, qui a besoin de leur pro-tection, beau-coup de faci-lité pour usur-per sur le sa-cerdoce.

tion, ils aimoient mieux abandonner une partie de leurs droits, & s'assurer en échange de
la faveur du prince. Aussi c'est sous la protection des empereurs, que les patriarches de
Constantinople ont obtenu le second rang.
C'est sous leur protection qu'ils ont enlevé aux
papes les églises suburbicaires, qui étoient
encore de l'empire d'orient. Pour y trouver
plus de facilité, ils donnerent le titre & les
privileges de métropolitains aux principaux
évêques de ces églises ; & par-là ils mirent
dans leurs intérêts des prélats, qui trouvoient
d'ailleurs de l'avantage à être sous la jurisdiction d'un patriarche plus éloigné d'eux.

**En occident
le souverain
ne fait pas les
mêmes usur-
pations, par-
ce qu'il a be-
soin de ména-
ger le clergé.** En occident les souverains userent de leur
autorité avec plus de retenue. Si Charles-Martel ne voulut regner que par la force ; s'il ne
fit que soulever la noblesse & le clergé l'un
contre l'autre, en ravissant les biens de l'église
pour enrichir ses soldats ; enfin si jaloux de son
autorité, il mit sa volonté à la place des loix ;
il n'imagina pas de se donner pour juge de la
discipline & de la doctrine. Pepin & Charlemagne, plus modérés, n'y penserent pas davantage. Les princes d'occident, qui n'avoient
jamais été pontifes, n'avoient pas eu occasion
de s'arroger une pareille autorité. Charlemagne, sur-tout, n'avoit garde de vouloir gouverner l'église à sa volonté, lui qui vouloit
que le peuple se fît lui-même ses loix. Il vou-

fut donc que le clergé comme le reste de la nation, se réformât lui-même. Ce fut dans le champ de mai qu'on y travailla: car c'étoit là tout à la fois une assemblée des états, & un concile national; parce que les évêques & les abbés s'y trouvoient ainsi que les grands & les représentans du peuple.

Il est vrai que ces assemblées avoient un inconvénient: car les fonctions des laïques & celles des ecclésiastiques n'y pouvoient pas être assez distinguées; tous concourant aux loix qui se faisoient pour l'état comme pour l'église. Mais comme l'abus, qui donnoit aux empereurs d'orient trop d'autorité en matiere de doctrine, étoit aussi ancien que la religion chrétienne; celui qui en France donnoit aux clercs trop de part au gouvernement civil, étoit aussi ancien que la monarchie; & Charlemagne n'entreprit pas de le déraciner, parce qu'il eût été impossible d'y réussir. Tout sous son régne tendoit donc encore à confondre les deux puissances. Cette confusion augmenta même par les ménagements qu'il fut contraint d'avoir pour les ecclésiastiques: car ce n'est qu'en leur donnant une nouvelle autorité, qu'il put les dédommager des pertes qu'ils avoient faites, & les porter à concourir au bien de l'état.

Si les successeurs de ce prince avoient eu autant de génie que lui, ils auroient pu ap-

Et les circonstances favorables aux ecclésiastiques leur donnent trop d'autorité dans l'ordre civil.

Cet abus devient tous

les jours plus
grand sous les
successeurs de
Charlemagne
porter peu-à-peu des remedes aux maux, qu'il
n'avoit fait que pallier. Mais les désordres
ne firent qu'augmenter. Les évêques, les abbés
& les prieurs devinrent ducs, comtes ou seigneurs de grandes terres. Ces abus, qui
avoient commencé dans le neuvieme siecle, se
multiplierent dans le dixieme, & furent communs en France, en Italie & en Allemagne.

Charlemagne avoit soustrait les ecclésiastiques aux magistrats civils, & ne les avoit
soumis qu'au tribunal des évêques. Cette loi
distinguoit au moins deux classes de citoyens,
qui avoient chacune leur jurisdiction séparée;
mais cette distinction ne subsista pas : car les
ecclésiastiques, ayant confondu la puissance
spirituelle avec la puissance seigneuriale, en-
vahirent enfin la jurisdiction de tous les tribunaux. Nous avons vu comment cet abus
s'introduisit en France.

Comment
l'église s'ar-
roge 'a puis-
sance législa-
ve, même en
matiere civile
Depuis Constantin l'église étoit dans l'u-
sage de faire sur la police ecclésiastique ou
même civile, des canons conformes aux loix
des empereurs, ordonnant & défendant les
mêmes choses sous des peines spirituelles. Elle
ordonna, par exemple, de célébrer le dimanche, & elle défendit les mariages dans les dégrés de parenté, où la loi ne les permettoit
pas. Cela, étoit très sage : car il importoit que
les deux puissances concourussent au maintien
de l'ordre.

Mais

Mais lorsque les évêques ne faisoient que
répéter les loix des empereurs, ils ne prétendoient pas avoir par eux-mêmes la puissance
législative, ils vouloient seulement porter à
l'obéissance par un motif de plus. Quand le
besoin l'exigeoit, ils demandoient des loix à
Constantin, ils y conformoient ensuite leurs
canons: on ne voit pas qu'ils aient jamais
pris sur eux de le prévenir, & tout étoit
dans l'ordre.

Dans les siecles d'ignorance, on oublia
que les loix des empereurs avoient précédé
les canons, où elles étoient répétées. On vit
que les conciles avoient également réglé la
foi & la police. On ne remarqua pas que,
s'ils avoient seuls le droit de décider sur le
dogme, ils ne pouvoient rien ordonner sur
la police que de l'aveu du souverain. On
s'imagina, au contraire, qu'ils avoient la
même autorité, & qu'ils l'avoient également
seuls dans l'un & l'autre cas.

Cette erreur fit faire aux papes de nouvelles usurpations; ils prétendirent avoir seuls
le droit de régler la police, & ils persuaderent: s'ils faisoient les loix, ils crurent pouvoir en dispenser, & ils vendirent les dispenses. Alors pour augmenter les revenus
du saint siege, on défendit les mariages,
jusqu'au septieme dégré de parenté; & on
regarda comme un empêchement l'alliance

Puissance qu'acquierent alors les papes & abus qu'ils en font.

spirituelle, que contractent deux personnes qui portent un enfant sur les fonts. Au dixieme siecle cet abus fut porté à son comble. Les papes, qui déshonoroient alors la chaire de S. Pierre, dispensoient mêmes des canons de l'église, jugeant qu'ils pouvoient ce qu'ils vouloient. On obtenoit tout d'eux pour de l'argent; & ce fut une opinion générale, que tout est licite quand on a la dispense de Rome.

La puissance du pape augmenta beaucoup dans ce siecle & dans le onzieme. Il devint véritablement le patriarche de tout l'occident, créant à son gré des évêques & des métropolitains, évoquant à lui les affaires, citant les évêques à son tribunal, envoyant des légats dans les différents royaumes pour juger en son nom, cassant les décrets des conciles nationaux, s'arrogeant, en un mot, une jurisdiction absolue sur toutes les églises. Cette puissance, que Grégoire VII agrandira par de nouvelles prétentions, a été l'effet des entreprises continuelles des papes, de la foiblesse des souverains, de l'ignorance générale où étoit le clergé, & de la stupide superstition des peuples.

Cependant, jusques vers le milieu du onzieme siecle, les empereurs Allemands furent en possession, non-seulement, de confirmer l'élection des papes, mais encore de

Cependant les empereurs Allemands élisoient encore les papes

les choifir eux-mêmes, ou de les faire élire dans des conciles tenus en Allemagne.
Ce n'étoit pas une ufurpation de leur part;
premierement parce que les papes avoient
reconnu la juftice de leurs prétentions à cet
égard; & en fecond lieu, parce que les défordres qui arrivoient à chaque vacance du
faint fiege, ne permettoient plus de laiffer
au peuple & au clergé le droit d'élire, &
que dès lors ce droit ne pouvoit appartenir
qu'au fouverain (*)

C'eft par de femblables raifons que tous
les princes de l'Europe étoient alors dans
l'ufage de nommer eux-mêmes aux évêchés,
ou de ne pas fouffrir au moins qu'aucun fiege de leurs églifes fût rempli fans leur agrément. Ils étoient d'autant plus fondés, que
les évêques étoient leurs vaffaux: car comme fuzerains, ils pouvoient feuls donner les
fiefs. Et à qui le droit de les conférer devoit-
il appartenir, fi ce n'étoit aux princes qui
en avoient enrichi les églifes?

De même l'é-
lection des
évêques avoit
befoin d'être
confirmée par
le fouverain.

(*) Les empereurs d'Allemagne étoient alors fouverains
de Rome & du pape. Ils l'étoient de fait, puifque les Romains, foumis à Henri III, ne lui ont rien contefté. Ils
l'étoient de droit, puifqu'on penfoit que les titres de patrice
& d'empereur donnoient la fouveraineté fur Rome. Les premieres démarches de Grégoire VII en feront la preuve : car
lorfqu'il fera élu pape, il reconnoîtra avoir befoin de l'agrément de Henri IV.

Bb 2

Comme les princes donnoient un fief à un laïque, en préſentant un ſceptre & une épée, ils conféroient le temporel ou le domaine d'un évêché, en donnant une croſſe & un anneau. C'eſt ce qu'on appelloit donner l'inveſtiture d'un fief ou d'un évêché; & juſqu'à ce que cette cérémonie eût été faite, le ſeigneur ſuzerain jouiſſoit des terres vacantes par la mort du dernier feudataire. La croſſe repréſentoit la houlette du paſteur & l'anneau ſon mariage avec l'égliſe. Cette pure cérémonie n'uſurpoit certainement pas ſur le ſacerdoce, dont les droits conſiſtent uniquement dans la conſécration par l'impoſition des mains : cependant ce ſera là un grand ſujet de conteſtation.

Les princes donnoient l'inveſtiture des bénéfices.

Il eſt vrai que les ſouverains abuſerent auſſi du droit qu'ils avoient de nommer aux bénéfices eccléſiaſtiques. Il ſemble que le malheur des temps ne permettoit pas de remédier à aucun abus. En vain fit-on des loix pour rétablir la diſcipline : elles ne réformerent rien, & elles ſont aujourd'hui un monument de la corruption où étoient les mœurs.

Mais au milieu de l'ignorance & de la corruption, l'autorité, même légitime, dégénéroit en abus.

Cependant les déſordres des eccléſiaſtiques ne refroidiſſoient point la piété libérale des fideles. Les richeſſes des égliſes augmentoient toujours; parce que le clergé donnoit d'autant plus de ſoins à s'enrichir,

Et le clergé s'enrichiſſoit.

qu'il en donnoit moins à la discipline. De nouveaux saints, de nouvelles reliques, de nouveaux miracles attiroient continuellement de nouvelles offrandes : & les crimes, dont on se rachetoit par des fondations, étoient une source intarissable, qui entraînoit l'or, l'argent & les terres dans les églises. Les excommunications, qui étoient alors le grand & le seul épouvantail des peuples, sembloient assurer les ecclésiastiques dans leurs possessions. Leurs biens étoient les seuls qu'on respectoit, dans ces siecles où tout étoit aux plus hardis ravisseurs ; & ce fut pour eux une nouvelle occasion d'acquérir ; car les citoyens trop foibles pour se défendre dans leurs possessions, imaginerent de les donner à un évêque ou à un abbé; & de les recevoir ensuite de lui comme des fiefs, pour lesquels ils payoient une certaine redevance. Ces fiefs restoient à l'église, lorsque la famille des feudataires s'éteignoit.

Les ordres monastiques, si saints dans leur origine, contribuerent beaucoup à tous ces abus par le relâchement où ils tomberent. Dans les commencements s'étant dérobés aux dissipations mondaines, qui ne sont que trop souvent l'écueil de la piété, les moines édifierent si fort par la sainteté de leur vie, qu'on crut devoir les arracher à leur solitude, pour les élever aux ordres,

Comment les ordres monastiques ont contribué aux abus.

ou pour leur confier le gouvernement des principales églises. De laïques ils devinrent prêtres, évêques; ils se mêlèrent insensiblement avec le clergé; ils firent partie de la hiérarchie ecclésiastique; ils en partagèrent toute la puissance; ils occupèrent les principaux sièges; & ils firent mouvoir le clergé à leur volonté. Il fut un temps où on ne pouvoit parvenir au sacerdoce, qu'en passant par l'ordre monastique.

Mais les moines ne furent pas long-temps à s'écarter de l'esprit de leur institution. Dès le quatrieme siecle, on les voit se répandre dans les villes, se mêler dans toutes les affaires, intriguer dans les places, troubler les tribunaux, & causer des tumultes. Au cinquieme, ils s'étoient déja fort multipliés dans toutes les provinces de l'orient, lorsqu'ils commencerent à passer en occident. Leurs premiers établissements furent dans les provinces méridionales de l'Italie, où l'ordre, que S. Basile avoit fondé en Cappadoce, fit des progrès rapides. Mais le monastère du Mont-Cassin, dont S. Benoît fut le fondateur au commencement du sixieme siecle, est le plus célebre de tous. Dans l'espace d'environ quinze ans que ce saint gouverna cet ordre, il le vit se multiplier, s'enrichir, se répandre; & bientôt après il s'étendit dans toute l'Europe. De-

puis, quantité d'autres s'éleverent fur ce modele, & s'enrichirent de même. L'efprit des
peuples fe trouvoit tous les jours plus favorable à ces fortes d'établiffements; les princes & les riches ne fe laffant pas de faire
des fondations, avec lefquelles ils croyoient
affurer le falut de leur ame.

Jufqu'au huitieme fiecle, prefque tous
les monaftères avoient été fous la jurifdiction des évêques du dioeefe où ils étoient
établis: mais le pape Zacharie ne croyant pas
qu'un monaftère auffi célébre que celui du
Mont-Caffin dût être fous l'infpection d'un
fimple évêque, le mit fous l'obéiffance immédiate du faint fiege, ainfi que toutes les
maifons qui en dépendoient: & il enleva à
tous les évêques particuliers la jurifdiction
qu'ils avoient fur cet ordre. Dans la fuite,
les autres monaftères demanderent la même
exemption, parce qu'ils trouvoient un avantage à ne pas dépendre des évêques, qui
pouvoient veiller de près fur eux; & les
papes la leur accorderent volontiers, parce
que dans le plan qu'ils avoient d'abaiffer les
évêques, il leur importoit d'élever les moines. Par-là, ils eurent dans toute l'Europe
des hommes qui leur étoient dévoués & qui
les fervirent avec zele.

Il eft évident que les papes & les moines
ne confulterent que leurs intérêts récipro-

ques, auxquels ils sacrifièrent ceux de l'é-
glise. Si les évêques avoient été plus éclairés, ils n'auroient pas souffert cette usurpation. De quel droit le saint siege pouvoit-il leur enlever une jurisdiction, dont ils
avoient toujours joui ? Cette entreprise fut,
par ses suites, funeste à toutes les églises &
même aux souverains : comme les moines
avoient une grande autorité sur le peuple,
qui avoit pour eux une foi aveugle ; ils ne
manquerent pas de faire valoir la puissance
des papes, & de faire redouter jusqu'aux excommunications les plus injustes. Aussi les
verrons-nous, au milieu des troubles, soulever les citoyens, & les armer les uns contre les autres.

Telle étoit la puissance des moines au
onzieme siecle & long-temps auparavant :
ils avoient des richesses immenses, ils
possédoient des fiefs, ils avoient tout
pouvoir sur le peuple. Cependant lorsqu'on
joignoit les lumieres à la piété, on ne pouvoit pas se dissimuler les désordres qui ré-
gnoient parmi eux. Que fera-t-on pour y remédier ? On fondera de nouveaux ordres monastiques, avec une regle plus austere. Ces
nouveaux moines meneront une vie édifian-
te, tant que la ferveur de leur établissement
se soutiendra. Mais enfin ils s'enrichiront
encore, & ils se corrompront. On fera de

la sorte continuellement réformes sur réformes, & on verra aussi continuellement renaître les mêmes abus. On aura donc multiplié les monastères, pour enrichir de nouveaux ordres, qui se corrompront comme les autres.

Alors voulant garantir les moines de la contagion des richesses, on en créera qui feront vœu de pauvreté. Ils feront obligés de mendier, ils ne subsisteront que par la charité des fidèles, ils vivront du travail des autres. Mais leur désintéressement redoublera le zele du peuple : on voudra leur donner d'autant plus qu'ils paroîtront desirer moins : ils ne résisteront pas à la tentation : ils deviendront riches, & ils trouveront le moyen de concilier les richesses avec le vœu de pauvreté.

Enfin il y aura des moines qui, s'assujettissant à une regle plus austere que celle des mendiants, feront, non-seulement, vœu de pauvreté, mais qui s'obligeront encore à ne pas même demander l'aumône. Comptant sur la providence, qui nourrit tant d'animaux sans aucun travail de leur part, ils attendront que le pain tombe du ciel dans leur réfectoire. Il y tombera. On leur apportera de l'argent, on leur donnera des terres. Il faudra bien recevoir ce que la providence envoie. Ils s'enrichiront donc encore, malgré le vœu de pauvreté.

Vous voyez comment les deux puissances, confondues par une suite d'usurpations réciproques, ont ruiné entièrement la police civile & ecclésiastique; & vous n'aurez plus de peine à comprendre les événements que je vais faire passer rapidement sous vos yeux.

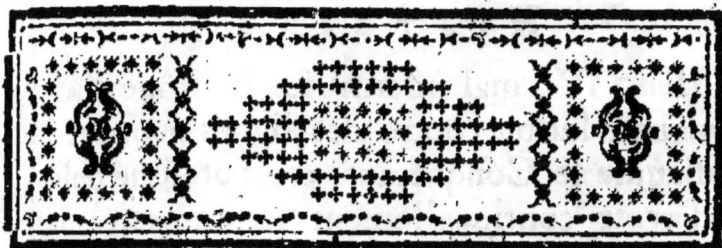

LIVRE QUATRIEME.

CHAPITRE I.

Grégoire VII, pape

TOUTE l'Europe étoit livrée à l'anarchie féodale : par-tout, le clergé avoit les mêmes prétentions, & à peu-près la même puissance. Les abus vont donc continuer, & ils se multiplieront, jusqu'à ce que l'ordre naisse de l'anarchie, qui se détruira par elle-même. Je me propose de vous montrer, par quelle suite de développements, les sociétés civiles prendront une forme plus réguliere : je négligerai les détails que vous pourrez lire dans l'histoire de chaque nation, & je ne m'arrêterai que sur les choses qui me conduiront à mon objet.

Il ne faut s'arrêter sur les temps de désordres qu'autant qu'il est nécessaire, pour en voir naître un meilleur ordre.

Henri IV, mal affermi fur le trône d'Allemagne, luttoit contre des ligues puiffantes; Guillaume le Conquérant, étoit prefque obligé d'avoir continuellement les armes à la main, foit pour s'affurer fa conquête, foit pour conferver fes poffeffions dans le continent : Philippe I, roi de France, incapable d'application, pouvoit tomber fi fes grands vaffaux fe foulevoient contre lui : l'Italie étoit partagée entre quantité de petits princes ennemis : en Efpagne, les Maures & les Chrétiens, toujours en guerre, ne paroiffoient prendre aucune part à ce qui fe paffoit dans le refte de l'Europe. Les royaumes du nord, nouvellement convertis, n'étoient pas moins troublés, & d'ailleurs ils croyoient à la monarchie du pape comme à l'évangile, parce qu'on leur prêchoit l'un & l'autre en même temps. En un mot, comme il n'y avoit proprement ni fouverains, ni magiftrats, ni fujets : on ne voyoit que des princes foibles, des tyrans & des peuples opprimés.

Tout étoit donc divifé, & dans un mouvement continuel, où rien ne fe pouvoit conferver dans le même état. Il y avoit feulement une faction, qui fe répandant de toutes parts agiffoit toujours, &, par-tout, avec les mêmes vues. Semblable en quelque forte à cette ame univerfelle, qui, felon

les anciens philosophes, remuoit le chaos;
mais avec cette différence, qu'elle le remuoit seulement pour le conserver, & pour
empêcher la lumiere de naître. Il semble
que cette faction devoit enfin tout subjuguer.
Or, elle étoit elle-même soumise aux papes :
je veux parler du clergé.

Si dans de pareilles circonstances la cour
de Rome se fût conduite avec circonspection
& sans rien précipiter, le pape seroit devenu
le seigneur suzerain de toute l'Europe, &
son empire auroit duré, tant qu'il n'auroit
point abusé de son autorité, ou qu'il auroit
maintenu l'ignorance. Il falloit que parlant
& agissant seulement comme le premier
pasteur des fideles, il n'usât de sa puissance
que pour ramener l'ordre; qu'il se donnât
pour arbitre entre les souverains, sans paroître vouloir être leur juge; qu'enfin il ne
s'élevât que contre les abus, d'abord contre
les plus criants & dont tout le monde avoit
à se plaindre. Les peuples accablés depuis
si long-temps sous le poids de l'anarchie,
étoient préparés à se soumettre à un législateur, qui seroit devenu leur pere; les censures, qu'on redoutoit, auroient hâté l'ouvrage, si on les eût employées avec sagesse;
& cet empire eût été beau, parce qu'il eût
été juste.

Conduite qui
auroit pu
donner aux
papes la plus
grande puis-
sance.

Mais au contraire, les papes ont cru augmenter leur autorité, en augmentant les désordres. Leur maxime a été de diviser pour
commander; maxime triviale de ces petits
politiques, qui réussissent quelquefois par des
moyens injustes, & qui sont tôt ou tard la
victime de leur ambition. Une' puissance qui
se forme dans le désordre ne peut être que
passagere, parce qu'elle est détruite par les
mêmes causes qui l'ont produite. Parcourez
l'histoire, & vous verrez que les souverains
les plus justes ont toujours été les plus puissants & le plus solidement établis. Auguste en étoit bien persuadé, puisqu'après s'être
élevé par des attentats, il se crut forcé à
devenir juste pour ne pas tomber.

Dans les siecles d'ignorance, on n'en savoit pas assez pour combattre toutes les prétentions des papes : on céda, tant qu'en cédant on conservoit encore quelque chose;
quand ils voulurent tout usurper, l'intérêt
fit enfin naître des doutes. On raisonna d'a-
bord assez mal : mais c'étoit déja beaucoup
que d'oser raisonner.

C'est Grégoire VII qui a l'avantage d'a-
voir ouvert les yeux à toute la chrétienté : il
a préparé la décadence d'une puissance qu'il
a voulu trop étendre. Voyons quelle a été
sa conduite.

Godefroi, archevêque de Milan, avoit
été excommunié pour être parvenu à l'épif-
copat par fimonie; & comme bien loin de
fe foumettre, il avoit entraîné dans fon parti tous les évêques de Lombardie, le premier
foin de Grégoire fut de faire exécuter l'excommunication qui avoit été portée; & ce
fut l'origine des démêlés qu'il eut avec Henri, parce que cet empereur protégeoit l'archevêque de Milan, & les évêques de Lombardie.

Commence-
ment des que-
relles entre
Henri IV &
Grégoire VII.

1073

Henri, alors occupé de la guerre de Saxe, n'ofoit réfifter ouvertement au pape; &
cependant il ne vouloit pas abandonner les
évêques, qui s'étoient mis fous fa protection.
Il invita le pape à joindre fon autorité à la
fienne pour remédier aux abus; avouant les
fautes qu'il avoit faites jufques alors, &
montrant beaucoup de foumiffion au faint
fiege. Grégoire, content des difpofitions où
étoit l'empereur, tint à Rome un concile
contre les prêtres fimoniaques, concubinaires ou mariés, & il envoya des légats en
Allemagne, pour y tenir un nouveau concile, pour y faire recevoir les décrets de celui de Rome, & pour obliger Henri d'a-
bandonner les évêques de Lombardie.

Décret de
Grégoire con-
tre les prêtres
fimoniaques
& concubi-
naires.

1074

Les évêques d'Allemagne, fimoniaques
pour la plupart, s'oppofoient à la tenue d'un

Mauvaife rai-
fon de Henri

pour empê-
cher qu'à ce
fujet il fe tien-
ne un concile
en Allema-
gne.

concile, dans lequel ils prévoyoient qu'ils
feroient condamnés ; & Henri fe refufa à la
demande des légats, fous prétexte que les
archevêques de Breme & de Mayence, établis vicaires du faint fiege par les prédéceffeurs de Grégoire, pouvoient feuls convoquer un concile. Cette raifon n'étoit pas
bonne; car on ne pouvoit pas contefter au
pape le privilege de pouvoir changer fes vicaires. Si Henri & les évêques, qui le con-
feilloient, euffent été mieux inftruits de l'hiftoire des premiers fiecles de l'églife, on ne
fe fût pas borné à ne pas reconnoître les pouvoirs des légats; on eût encore nié ceux des
archevêques de Breme & de Mayence, ceux
de Grégoire même, & l'empereur eût répondu que dans fes états aucune puiffance
n'avoit droit d'affembler un concile fans fon
agrément.

Henri reçut d'ailleurs parfaitement bien
les légats: il écrivit au pape, pour l'inviter
à chercher quelques moyens de conciliation,
il fe foumit encore au faint fiege ; mais il
s'y foumit trop ; car il ne pefa pas les ex-
preffions dont il fe fervoit, & cependant il
donnoit des droits fur lui.

Tout le cler-
gé de la chré-
tienté fe fou-
leve contre le

Le décret contre les prêtres fimoniaques,
mariés ou concubinaires, fouleva tout le clergé, non-feulement en Allemagne, mais
encore

encore en France & en Italie. Plusieurs déclaroient qu'ils aimoient mieux quitter le sacerdoce que le mariage, & qu'alors le pape verroit où il pourroit trouver des anges,
pour gouverner les églises à la place des
hommes qu'il dédaignoit. Telle étoit alors
la corruption.

Décret de Gré-
goire.

Cette résistance ne fit qu'allumer le zele
de Grégoire ; & il écrivit aux princes d'employer la force même, pour contraindre le
clergé à se soumettre aux décrets du concile
de Rome. Ce qu'il y a de plus remarquable dans sa lettre, dit l'abbé Fleuri, c'est
que le pape reconnoît la nouveauté de ce
moyen, de faire observer les canons par la
force du bras séculier.

Ce pape veut
que le bras sé-
culier force le
clergé à se
soumettre,
quoiqu'il re-
connoisse que
ce moyen est
nouveau.

Grégoire tint un second concile à Rome,
renouvella les décrets du premier, déposa
des évêques ou les suspendit, & excommunia plusieurs personnes de la cour de l'empereur. Comme la guerre avec les Saxons
n'étoit pas encore terminée. Henri dissimu-
loit par la crainte qu'il avoit de se jeter dans
de nouveaux embarras : il promettoit donc
de satisfaire le pape : & cependant il n'exé-
cutoit aucune de ses promesses. Grégoire
démêla les vues de l'empereur ; & voulant
saisir un moment aussi favorable, il lui envoya des légats, pour lui ordonner de venir
à Rome se défendre des accusations inten-

1075
Henri le fait
déposer dans
le concile de
Worms.

tées contre lui, & pour lui déclarer qu'il feroit excommunié, s'il refufoit de s'y rendre : mais les circonftances avoient changé;
car Henri venoit de terminer glorieufement
la guerre, lorfque les légats lui apporterent
les ordres du pape. Croyant donc n'avoir
plus rien à ménager avec un fujet qui ofoit
fe porter pour juge de fon fouverain (*), il
convoqua un concile qui fe tint à Worms,
& dans lequel Grégoire fut dépofé.

Le pape, à qui cette fentence des évêques d'Allemagne fut fignifiée, affembla lui-
même un concile à Rome, & prononça contre l'empereur une excommunication en ces
termes :

» S. Pierre, prince des apôtres, écoutez
» votre ferviteur, que vous avez nourri dès
» l'enfance & délivré jufqu'à ce jour de la
» main des méchans qui me haïffent, parce
» que je vous fuis fidele. Vous m'êtes té-
» moin, vous & la fainte mere de Dieu,
» S. Paul votre frere, & tous les faints,
» que l'églife Romaine m'a obligé malgré

1075.
Grégoire ex-
communie
Henri dans un
concile tenu
à Rome.

(*) Le pape avoit été fujet de Henri III. Il l'étoit
donc de Henri IV, qui avoit fuccédé à tous les droits de fon
pere. Grégoire VII l'avoit reconnu lui-même pour fon fouverain : car ayant été élu, ne s'avouoit-il pas fujet, lorfqu'il demandoit que fon élection fût confirmée par Henri IV?

» moi à la gouverner, & que j'euffe mieux
» aimé finir ma vie en exil que d'ufurper vo-
» tre place par des moyens humains : mais
» m'y trouvant par votre grace & fans l'a-
» voir mérité, je crois que votre intention
» eft que le peuple chrétien m'obéiffe, fui-
» vant le pouvoir que Dieu m'a donné à vo-
» tre place de lier & de délier au ciel & fur
» la terre. C'eft en cette confiance que pour
» l'honneur & la défenfe de l'églife, de la
» part de Dieu tout paiffant, Pere, Fils, &
» S. Efprit, & par votre autorité, je défends
» à Henri, fils de l'empereur Henri, qui par
» un orgueil inoui s'eft élevé contre votre
» églife, de gouverner le royaume Teutoni-
» que & l'Italie ; j'abfous tous les chrétiens
» du ferment qu'ils lui ont fait ou feront, &
» je défends à perfonne de le fervir comme
» roi ; car, celui qui veut donner atteinte à
» l'autorité de votre églife, mérite de perdre
» la dignité dont il eft revêtu, & parce qu'il
» a refufé d'obéir comme chrétien, & n'eft
» point revenu au Seigneur, qu'il a quitté
» en communiquant avec des excommuniés,
» méprifant les avis que je lui avois donnés
» pour fon falut, vous le favez, & fe fépa-
» rant de votre églife qu'il a voulu divifer ;
» je le charge d'anathêmes en votre nom,
» afin que les peuples fachent même par ex-

» périence que vous êtes Pierre, que sur cer-
» te pierre le fils du Dieu vivant a édifié
» son église, & que les portes de l'enfer ne
» prévaudront point contre elle. »

Cette sentence, qui étoit sans exemple,
fut publiée ; & Grégoire écrivit encore en
Allemagne pour achever de soulever le peuple, & pour faire élire un autre souverain,
si Henri ne se convertissoit pas ; exigeant
d'ailleurs que la nouvelle élection s'y fît du
consentement & de l'autorité du saint siege.
Les moines, qui furent des premiers à se
joindre à lui, ne cesserent dans leurs écrits
& dans leurs sermons de traiter Henri de
schismatique & d'hérétique ; & les ennemis
de ce prince, voyant les esprits ébranlés,
songerent à profiter de cette disposition pour
l'accabler. Ainsi l'ignorance, le fanatisme
& l'ambition, tout armoit les peuples contre
leur souverain.

Il semble au moins que les évêques, qui
avoient déposé Grégoire, auroient dû faire
peu de cas d'une excommunication portée
par un homme qu'ils ne reconnoissoient plus
pour pape. Cependant soit foiblesse, soit
tout autre motif, le plus grand nombre abandonna l'empereur ; il arriva même que ceux
qui lui resterent attachés le défendirent mal:
car ils ne doutoient pas que l'excommunica-

Marginal notes:

Cette senten-
ce jusqu'alors
sans exemple
cause des sou-
levements
contre Henri.

Elle aliene
jusqu'aux é-
vêques qui a-
voient déposé
Grégoire.

tion ne dépouillât un souverain de tous ses droits, & ils soutenoient seulement qu'un roi ne peut pas être excommunié.

Henri trop foible pour agir d'autorité, temporisoit, lorsqu'il se tint une assemblée à Tibur, dans laquelle les légats du pape, après l'avoir chargé de bien des crimes, conclurent à mettre la couronne sur la tête d'un autre prince : cependant, après plusieurs débats, on convint de tenir une autre assemblée à Augsbourg, où le pape se trouveroit, & où après avoir écouté les raisons des deux parties, il condamneroit l'empereur, ou le renverroit absous ; & on déclara à ce prince que si dans un an il n'étoit pas relevé de son excommunication, il seroit privé du trône sans espérance d'y remonter.

On déclare que Henri perdra la couronne, si dans un an il n'est pas relevé de son excommunication.

Henri se hâta de passer en Italie, appréhendant les suites d'une assemblée, où ses ennemis seroient en plus grand nombre, & se flattant d'appaiser le pape par sa soumission. Il croyoit d'ailleurs pouvoir compter sur l'impératrice Agnès sa mere, sur la duchesse Béatrix sa tante, & sur la comtesse Mathilde sa cousine germaine. Ces princesses très puissantes en Italie, avoient en effet, beaucoup de crédit auprès de Grégoire ; mais elles lui étoient aussi tout-à-fait dévouées ; & bien loin d'être disposées à prendre-

Fausse démarche de Henri.

Cc 3

dre la défenfe de l'empereur, elles ne fongeoient qu'à le pourſuivre. Mathilde ſouve-
raine de Mantoue, de Reggio, de Parme, de
Lucques & d'une partie de la Toſcane, venoit de remettre au pape toutes ſes troupes
& toutes ſes places.

A l'arrivée de Henri, le bruit ſe répandit qu'il étoit venu pour dépoſer le pape:
déja les Lombards lui offroient à l'envi leurs
ſervices ; & Grégoire, qui étoit en chemin
pour ſe rendre en Allemagne, alarmé lui-
même, s'éroit retiré dans le château de Canoſſe, près de Reggio. Cependant Henri
perſiſtant dans ſon premier deſſein, ne ſongea
qu'à négocier pour obtenir ſon abſolution.
Qu'il vienne, dit le pape, & qu'il répare
par ſa ſoumiſſion l'injure faite au ſaint
ſiege.

1077

Son humiliation.

La fortereſſe de Canoſſe avoit trois en-
ceintes. Henri, introduit dans la ſeconde
ſans aucune marque de ſa dignité, nus pieds,
vêtu de laine ſur la chair, paſſa le premier
jour ſans manger juſqu'au ſoir. Pendant deux
autres, il attendit de la même maniere les
ordres du pape. Enfin le quatrieme, Grégoire lui donna audience, & convint de l'ab-
ſoudre à condition qu'il ſe rendroit à la dié-
te générale des ſeigneurs Allemands, au jour
& au lieu qui lui ſeroient indiqués ; qu'il

répondroit aux accusations intentées contre lui, & dont le pape seroit juge; que suivant qu'il seroit jugé innocent ou coupable, il garderoit la couronne, ou y renonceroit; que jusqu'au jugement, il ne porteroit aucune marque de sa dignité, & ne prendroit aucune part au gouvernement de l'état; que si après s'être justifié, il étoit maintenu sur le trône, il seroit toujours soumis & obéissant au saint siege; enfin que s'il manquoit à quelqu'une de ces conditions, il seroit tenu pour convaincu, & que les Allemands auroient la liberté d'élire un autre souverain.

Henri se rendit méprisable par cette humiliation; il aliéna les Lombards, qui furent d'autant plus indignés de sa démarche, qu'ils rejetèrent eux-mêmes avec mépris l'absolution que Grégoire leur fit offrir. Ils parloient déja de donner la couronne au fils de ce prince, & d'élire un autre pape; lorsque Henri rompit le traité qu'il venoit de faire, & dont il s'excusa en alléguant le bien de la paix. Il ramena par ce moyen une partie des Lombards, & il se vit à la tête d'une armée.

Cependant les Allemands, assemblés à Forcheim, venoient d'élever sur le trône Rodolphe, duc de Suabe, & le pape n'avoit pu se rendre en Allemagne, ni retourner à Ro-

Il arme.

Embarras de Grégoire entre Henri IV & Rodolphe de Suabe, que

Cc 4

les Allemands ont élu à sa sollicitation.

me. Henri armé l'embarrassoit. Il n'osoit
plus se déclarer contre lui, parce qu'il commençoit à le craindre; & il ne pouvoit refuser d'approuver l'élection du nouveau souverain, puisqu'il l'avoit sollicitée. Honteux
de reculer, il n'avoit pas le courage d'avancer dans la route où il s'étoit engagé. Il envoyoit des légats à Henri comme à Rodolphe: il paroissoit reconnoître deux rois à la
fois; ainsi après avoir divisé l'Allemagne
par un faux zele, il augmentoit la division
par une timidité, qui ne permettoit plus de
savoir auquel souverain on devoit obéir, &
cependant il armoit tous les citoyens les uns
contre les autres. Les Allemands lui repré-
sentoient les désordres qu'il faisoit naître, en
montrant de la réserve pour les deux partis.
Nous croyons, lui disoient-ils, que vos
intentions sont pures, mais vous agissez par
des vues trop fines pour nous, & nous sommes
trop grossiers pour les pénétrer. Grégoire
répondoit mal, parce qu'il ne vouloit pas
avouer son imprudence, & qu'il n'osoit pas
la soutenir

Il tient deux conciles.

1078

Il eut la liberté de se déclarer ouvertement, lorsque Henri, forcé de marcher contre Rodolphe, prit enfin le parti de quitter
l'Italie; & il tint deux conciles dans la même
année: mais comme il avoit balancé jusqu'a-
lors, il suspendit encore son jugement: il
arrêta seulement qu'il enverroit des légats en

Allemagne, pour juger entre Rodolphe & Henri, excommuniant d'ailleurs tous ceux qui s'opposeroient à la commission des légats. Dans ces conciles, il suspendit, déposa & excommunia plusieurs évêques, & défendit, sous peine d'excommunication, à tout laïque, quel qu'il fût, de donner l'investiture des bénéfices.

Jusqu'à Grégoire VII, on n'avoit point contesté aux souverains le droit de donner aux évêques & aux abbés l'investiture par la crosse & par l'anneau; & ce droit étoit fondé en raison, sur-tout, par rapport aux fiefs, qui faisoient la plus grande partie des richesses des églises. Car dans le gouvernement féodal, tout fief vacant retournoit au suzerain; il le pouvoit garder ou donner à sa volonté; & s'il étoit dans l'usage de le conférer à l'évêque élu, ce n'est que parce qu'il approuvoit le choix qui avoit été fait. L'élection, la consécration même ne donnoit aucun droit à ces sortes de domaines: on n'en pouvoit prendre possession qu'en vertu de l'investiture. Vous voyez par-là que les princes laïques avoient la plus grande part dans les élections; car on ne pouvoit manquer d'élire, & de consacrer ceux qu'ils vouloient investir, parce qu'autrement les églises auroient été dépouillées de la plus grande partie de leurs biens.

Il défend aux princes laïques de donner l'investiture des bénéfices, avec combien peu de fondemens

Voilà les inveſtitures que Grégoire VII condamna dans pluſieurs conciles. Elles attachoient les eccléſiaſtiques à leurs maîtres légitimes : c'en étoit aſſez pour être déſaprouvées par un pontife, qui auroit voulu que le clergé de toute la chrétienté n'eût dépendu que du ſaint ſiege.

Il eût été à ſouhaiter que dans la ſolemnité des inveſtitures, les princes euſſent pris la précaution de diſtinguer les fiefs de l'épiſcopat. Ils y penſerent d'autant moins, que les évêques aimoient eux-mêmes à confondre en leur perſonne les droits du ſacerdoce avec ceux de la ſouveraineté. C'eſt pourquoi, par la formule des inveſtitures, les ſuzerains laïques paroiſſoient donner l'épiſcopat même.

Cependant, comme il étoit généralement reconnu que la conſécration ſeule fait l'évêque, il eſt certain que cette confuſion ne pouvoit jeter dans aucune erreur. Mais Grégoire VII feignit d'y tomber. Quoique les princes laïques n'euſſent pas la prétention de donner l'épiſcopat, il leur ſoutint qu'ils l'avoient. Parce que dans la ſolemnité des inveſtitures, ils donnoient la croſſe & l'anneau, il les accuſa de s'arroger le droit de donner la puiſſance ſpirituelle, dont la croſſe & l'anneau ſont les ſymboles : il nomma les inveſ-

Mauvais raiſonnement qu'il fait à cette occaſion.

titures le don de l'épiſcopat, & cette dénomination ſuffiſoit pour ſoulever contre cet uſage ceux qui ſe laiſſent tromper par un mot, c'eſt-à-dire, le plus grand nombre.

Tous les évêques n'approuverent pas néanmoins cette entrepriſe de Grégoire. Pluſieurs reconnurent avec raiſon que les ſuzerains laïques ont le droit de donner l'inveſtiture des biens de l'égliſe, & qu'il importe peu qu'ils ſe ſervent à cet effet de l'anneau, de la croſſe, ou de toute autre choſe. Malgré Grégoire & ſes conciles, l'empereur conſerva ſes droits à cet égard : il en fut de même du roi de France, & de celui d'Angleterre.

Pluſieurs évêques condamnent ſon entrepriſe.

Pendant qu'on diſputoit ſur les inveſtitures, la guerre continuoit en Allemagne. Rodolphe avoit eu même quelques avantages. Ils n'étoient pas déciſifs, mais Grégoire mal inſtruit, crut n'avoir plus de ménagements à garder : il adreſſa donc encore la parole à S. Pierre & à S. Paul, & leur rendant compte de ce qui s'étoit paſſé, il renouvella l'excommunication contre Henri, le liant par l'autorité apoſtolique, non-ſeulement, quant à l'eſprit, mais quant au corps ; & lui ôtant toute proſpérité, en ſorte qu'il n'eût plus aucune force dans les combats, & qu'il ne gagnât de ſa vie aucune victoire. Ce pape

Grégoire excommunie Henri & lui ôte toute force dans les combats.

1080

prétendoit donc régler le sort des armes en
vertu du pouvoir de lier & de délier. Cette
prétention étoit un peu trop hazardée : mais
si l'événement eût répondu à ses vues, sans
doute, que de ce jour-là les papes auroient
été en possession de donner la victoire. Grégoire n'en doutoit pas lui-même; car il menaça des plus grands malheurs, en cette vie
& en l'autre, ceux qui resteroient attachés
au parti de Henri; & il promit à ceux qui
seroient fideles au saint siege, les plus grandes prospérités dans ce monde, en attendant
la vie éternelle; afin même d'assurer la couronne à Rodolphe, il lui en envoya
une, autour de laquelle étoit un mauvais
vers latin.

Cependant
Henri défait
Rodolphe, &
fait déposer
Hildebrand
dans un con-
cile.

L'empereur ayant assemblé un concile,
où Hildebrand fut déposé pour la seconde
fois, & où Guibert archevêque de Ravenne fut choisi pour occuper le saint siege,
marcha contre Rodolphe, qui fut défait &
perdit la vie.

Grégoire s'é-
toit allié de
Robert Guis-
card,

Grégoire avoit eu la prudence de s'assurer un secours, en se réconciliant avec Robert Guiscard, qu'il avoit d'abord excommunié. Mais ce prince venoit de s'engager
dans une guerre, lorsque Henri passoit les
Alpes, pour contraindre le pape à changer
de conduite. Il avoit armé en apparence

1081

pour l'empereur Michel Ducas, dont le fils avoit épousé sa fille Hélene, & qui avoit été détrôné, & enfermé par Nicéphore Botoniates. Afin même d'attirer les Grecs dans son parti, il menoit avec lui un imposteur qui se disoit l'empereur Michel, échappé des fers; & quoique par une nouvelle révolution, Alexis Comnene eût chassé du trône Nicéphore, & rendu la liberté à la princesse Hélene, il ne changea rien à son premier dessein, parce que, dans le vrai, il ne cherchoit qu'un prétexte à de nouvelles conquêtes. Il s'étoit rendu maître de Corfou, & il avoit remporté de grands avantages en Bulgarie; lorsque cédant aux pressantes lettres de Grégoire, il laissa le commandement de l'armée à Bohémond son fils aîné, & revint en Italie.

Pendant cette guerre d'orient, quoique les Allemands eussent donné Herman, comte de Luxembourg, pour successeur à Rodolphe, Henri après avoir surmonté les difficultés qu'il rencontroit en Italie, assiégea Rome, força cette ville, fit intrôniser Guibert sous le nom de Clément III, reçut la couronne impériale des mains de cet antipape, & forma le siege du château S. Ange, où Grégoire s'étoit renfermé; mais il fut contraint de se retirer à l'approche de Robert,

1084
Qui le délivre, lorsque Henri l'assiégeoit dans le château S. Ange.

parce qu'il n'avoit pas affez de forces pour lui réfifter.

Il fe retire à Salerne, où il meurt.

Grégoire qui, ambitionnant l'empire de la chrétienté, n'avoit pas feulement fu ménager les Romains, fe crut trop heureux d'avoir été délivré. Il fe retira à Salerne, où il vécut comme en exil, ne fe croyant pas en fureté à Rome. Il confirma à fon libérateur l'inveftiture des duchés de la Pouille, de la Calabre & de la Sicile: mais il eut affez de fermeté, pour refufer d'y comprendre la principauté de Salerne, le duché d'Amalfi & une partie de la Marche de Fermo, pays qu'il prétendoit devoir appartenir au faint fiege. Il mourut l'année fuivante.

1085 Conduite de ce pape avec les autres fouverains & fes prétentions.

Si Grégoire fe révolta contre fon fouverain, il ne refpecta pas davantage les autres princes de l'Europe. Il traita Philippe de tyran, d'homme chargé de crimes, menaça de le dépofer, & écrivit quantité de lettres aux évêques & aux feigneurs, pour foulever toute la France: mais les affaires d'Allemagne ne lui permirent pas de foutenir ces premieres démarches.

Il menaça auffi de fa difgrace le roi d'Angleterre: cependant il fe conduifit avec plus de retenue, parce que Guillaume n'étoit pas homme à fe laiffer facilement intimider.

Il menaça Orfoque, souverain de Sardai-
ne, de le dépouiller de cette île, s'il ne se
reconnoissoit pas pour vassal du saint siege.
Il excommunia Nicéphore, empereur de
Constantinople, & il écrivit aux rois chrétiens d'Espagne : *Je crois que vous n'ignorez
pas, que depuis plusieurs siecles, S. Pierre
est le propriétaire du royaume d'Espagne ; que
quoique ce pays ait été envahi par les infideles depuis long-temps, on ne peut lui en disputer la propriété avec justice, & qu'il appartient au saint siege apostolique.* Sur ce
droit imaginaire, il ne leur permettoit de
faire des conquêtes sur les Sarrasins, qu'à
condition qu'ils lui rendroient hommage &
lui payeroient un tribut ; ajoutant que s'ils
en usoient autrement, il agiroit contre eux
par les censures & par l'interdit.

En un mot, il s'établit le juge de tous
les souverains. Toujours prêt à lancer des
excommunications sur ceux qui ne voudroient
pas se soumettre ; il donnoit à tous tantôt
des conseils, tantôt des ordres ; envoyant
dans chaque royaume des légats, pour observer ce qui s'y passoit & pour porter ses décrets. Il croyoit, sur-tout, avoir des droits
incontestables sur les peuples nouvellement
convertis ; enfin sa vigilance se portoit sur
toutes les nations chrétiennes, depuis l'Afrique jusqu'en Norwege & en Russie.

Autorité qu'il
s'est arrogée
sur toutes les
églises d'oc-
cident.

Le clergé principalement acheva d'être
subjugué. Les droits des métropolitains dis-
parurent sous un pontife qui s'arrogeoit à lui-
même le gouvernement immédiat de l'église.
L'ancienne police fut abolie. Il ne pouvoit
rester aucune trace de la hiérarchie ecclésiastique, dès que le pape se fut réservé à lui
seul la connoissance des affaires, le pouvoir
d'assembler des conciles, la puissance législative, & le droit de juger souverainement
de tout. Cependant cet abus devenoit la
source de plusieurs autres : car il falloit que
les affaires fussent jugées à Rome, ou
qu'elles le fussent sur les lieux. Dans le
premier cas, les évêques étoient dans la nécessité d'abandonner leurs églises. Les désordres devoient donc se multiplier de plus
en plus, & il n'en résultoit aucun avantage;
parce que cette marque de soumission au
saint siege assuroit d'ordinaire aux accusés un jugement favorable, quelle qu'eût
d'ailleurs été leur conduite. Dans le second
cas, les affaires étoient jugées par des évêques que le pape avoit choisis dans chaque
royaume pour le représenter, & plus souvent
par des légats qu'il envoyoit de Rome, &
pour lesquels il avoit plus de confiance. Ces
prélats défrayés par-tout où ils passoient,
marchoient avec un faste à charge à toutes
les églises : ils exerçoient leur despotisme,

sans

sans égard pour les usages, dont ils ne daignoient pas s'instruire : encore arrivoit-il que les jugements, qu'ils portoient à la tête du concile, n'étoient pas définitifs. Les parties qui se croyoient lésées, pouvoient en appeller au pape, qui ne cherchoit qu'un prétexte pour juger par lui-même ; il falloit donc encore faire le voyage de Rome. Ainsi l'église devenoit une espece de monarchie, dans laquelle les évêques n'étoient que les sujets du pape, des courtisans intéressés à soutenir ses démarches, ou des ministres aveugles de ses volontés. Les églises particulieres étoient ruinées par les dépenses auxquelles on les forçoit : les affaires étoient jugées par des commissaires, & l'intérêt du souverain pontife étoit la premiere loi : celui qui refusoit de reconnoître ce nouveau tribunal, étoit toujours condamné ; & le coupable, qui devenoit innocent par sa soumission seule, s'assuroit l'impunité à l'abri du saint siege. Ce n'est là qu'une légere idée des abus qui regnoient. Il faut lire sur ce sujet le quatrieme discours de l'abbé Fleuri.

C'est vers le temps de Grégoire VII, que les cardinaux, qui n'étoient d'abord que des prêtres, des diacres ou seulement des sousdiacres, commencerent à s'élever au dessus des évêques, & à avoir la plus grande part à l'élection des papes. Ce nom qu'on leur don-

Comment les cardinaux s'élevent.

noit, ne marquoit dans l'origine que l'union
que des ecclésiastiques étrangers contractoient
avec une église à laquelle ils s'attachoient (*),
& il y avoit des cardinaux dans bien des églises : mais comme les cardinaux Romains,
étoient souvent les légats du saint siege, ils
en exercerent toute l'autorité dans les lieux où
ils étoient envoyés. C'est pourquoi les évêques se firent une habitude de leur obéir,
s'accoutumant insensiblement à les regarder
comme leurs supérieurs. Ce premier avantage leur en procura un autre; car dès qu'ils
occuperent le premier rang, ils ne purent
manquer d'avoir plus d'influence dans les affaires, &, par conséquent, dans l'élection des
papes. Ils s'éleveront même encore, parce
qu'il sera de l'intérêt du saint siege, d'augmenter la considération de ses ministres; &
nous les verrons se prétendre égaux aux rois
& supérieurs aux autres souverains.

Grégoire VII
n'a fait que
du mal.

Les écrivains ont jugé différemment de
Grégoire. Je ne fouillerai pas dans son ame,
mais il me paroît difficile de concilier avec un
zele sincere sa conduite & ses raisonnements.
Il falloit qu'il comptât beaucoup sur l'igno-

(*) C'est l'explication que Giannone en donne, & elle peut être conforme aux usages des églises d'Italie. Cependant il y avoit dès le second siecle des prêtres, qu'on
nommoit cardinaux, parce qu'ils desservoient les principales églises; & qu'ils étoient alors ce que sont aujourd'hui
nos curés.

rance des peuples, ou qu'il fût bien ignorant
lui-même. On le met cependant au nombre
des grands hommes, parce qu'on juge d'ordinaire ainsi, lorsqu'on entrevoit quelque chose de grand. Or, Grégoire en effet a causé
de grands désordres. Il a vu que ses prédécesseurs s'étoient fait des droits en formant
des prétentions, & il a formé des prétentions.
Les Allemands se soulevoient contre leur souverain, & il les a armés : en un mot, il a
trouvé de la confusion par-tout, & il l'a au-
gmentée. Quel bien a t-il fait?

Il ne faut pas se faire illusion. Si les papes ont réussi, c'est moins par leurs talents
que par la foiblesse des rois, l'ignorance des
évêques & l'imbécillité des peuples. Ils n'ont
même jamais fait de plan d'usurpation : mais
ils ont pris ce qu'on leur a laissé prendre, parce
qu'on ne savoit rien contester. Ils ont fait ce
que faisoient alors tous les seigneurs, lorsqu'ils étoient les plus forts : ces seigneurs
cependant n'étoient pas tous de grands hommes: les papes avoient seulement l'avantage
d'être sur un plus grand théâtre, & c'est ce
qui nous en impose.

Cela en imposoit à plus forte raison dans
les siecles grossiers, où ils s'agrandissoient.
On crut voir la politique la plus profonde
dans leur conduite; & leur réputation ayant été
faite à cet égard, on a continué de voir de la

C'est sans connoitre la politique que la cour de Rome s'est agrandie.

Dd 2

même maniere, quoiqu'on eût pu remarquer
que leur grandeur diminuoit à mesure que les
lumieres croisloient. Nous disons-même encore par habitude, que Rome est le centre de
la politique; mais j'ai bien peur qu'elle ne
soit aujourd'hui que le centre de quelques petites intrigues, propres, tout au plus, à couvrir d'une calotte rouge la tête d'un prélat ou
d'un moine.

CHAPITRE II.

*Jusqu'à la mort de Henri IV empe-
reur.*

L'empereur, ayant levé le siege du château
S. Ange, quitta l'Italie; & il se tint des conciles, qui n'étoient pas pour l'Allemagne un
moindre fléau, que les armées qui la rava-
geoient. Cependant, Herman, forcé de céder, se retira en Saxe où il mourut; & Ec-
bert, marquis de Misnie, qui lui succéda, fut
défait & perdit la vie. Les rebelles furent
alors sans chefs, mais la guerre pouvoit toujours renaître; parce que si Henri savoit vaincre, il ne savoit pas gagner ses ennemis.

Victor III, monté sur le saint siege en
1086, l'occupa pendant quelques mois, &
eut pour successeur Urbain II. L'un & l'autre renouvellerent les excommunications contre Henri, & contre les laïques qui donnoient
l'investiture des bénéfices. En vain les esprits sages continuoient de distinguer entre
l'épiscopat & les biens des églises; ces deux

*Henri IV sou-
met l'Allema-
gne.*

1090

*Il repasse en
Italie où les
troubles con-
tinuoient.*

D d 3

papes, ne voulant point d'une diftinction qui
les eût défarmés, s'obftinoient à tout confondre. Ils eurent des troupes. L'antipape Clément III en eut également ; & les deux partis s'enleverent tour-à-tour l'églife de S. Pierre.
Mais la puiffance de Henri en Italie s'étant
fort affoiblie par fon abfence, il y revint ; &
les avantages qu'il remporta, ouvrirent Rome à Clement III.

Conrad, fon fils aîne, fe ré- volte.

Cependant Conrad, fils aîné de Henri,
corrompit les troupes avec l'argent qu'il reçut
de la comteffe Mathilde. Il arma contre fon
pere, fe fit proclamer roi de Lombardie, &
s'appuya des Normands, en époufant la fille de
Roger, fils de Robert Guifcard. Urbain lui-
même reçut ce fils dénaturé pour fils de l'églife, & promit de l'aider de fes confeils & de
fes fecours pour l'élever à l'empire : il exigea
feulement de lui qu'il renonçât aux inveftitures.

Des fléaux furviennent & les prédica- teurs perfua- dent aux peu- ples que Dieu les punit d'o- béir à leur fouverain lé- gitime.

Dans le même temps, la pefte, la famine, & des orages, furent une occafion d'abu-
fer de la crédulité des peuples. On leur perfuada que le ciel fe déclaroit contre eux, parce qu'ils obéiffoient à un prince excommunié.
Les chaires des prédicateurs retentirent du cri
de la révolte, & les fujets coururent aux pieds
des prêtres, pour obtenir l'abfolution du crime d'avoir obéi à leur légitime fouverain. La
révolution fut fi fubite & fi générale, que

Henri n'étoit plus en sureté, ni en Allemagne, ni en Italie. Son unique ressource fut de se retirer dans une forteresse près des Alpes. Urbain cependant prêchoit une autre guerre, qui devoit armer l'Europe contre l'orient.

La Palestine ou la Terre Sainte étoit sous la domination des khalifes Phatimites, qui toléroient l'exercice de la religion chrétienne dans leurs états, & qui moyennant une certaine rétribution souffroient les pélerinages, que les Chrétiens d'occident faisoient au saint sépulcre : il y avoit même encore un patriarche à Jérusalem. Les Chrétiens cependant exposés aux insultes d'un peuple, qui croyoit les devoir haïr par principe de religion, gémissoient sous le joug des Musulmans, & demandoient depuis long-temps des secours aux princes de l'Europe. Pierre l'Hermite, gentilhomme de Picardie, devenu pélerin, après avoir été ecclésiastique, soldat, marié, & prêtre, entreprit de faire le voyage de la Terre Sainte, à pieds nus & couvert de haillons, pour aller pleurer ses péchés sur le saint sépulcre. A son retour il fit une peinture si vive de l'état malheureux des Chrétiens en Judée, qu'Urbain forma le projet de les délivrer. Ainsi pendant que Pierre alloit de cour en cour, prêchant aux princes de prendre les armes contre les infideles, Urbain prê-

Occasion de la premiere croisade.

choit la même chose dans des conciles : ils persuaderent.

C'est dans le concile de Clermont en Auvergne, que ce pape, après avoir prononcé contre Philippe une excommunication capable de causer une guerre civile en France, excita par un long discours les peuples à marcher contre les Musulmans de la Palestine. Tous ceux qui s'enrôlerent, mirent sur leurs épaules une petite croix de drap rouge : ce qui les fit nommer croisés. Il fut arrêté qu'en considération des fatigues & des périls, auxquels ils alloient s'exposer, ils seroient absous de leurs péchés, & dispensés de toute œuvre pénale ; mais qu'ils seroient excommuniés, s'ils ne remplissoient pas l'engagement qu'ils avoient contracté. Il ne fut donc plus possible de reculer. On ne mit pas en question, si la guerre étoit juste, on n'y songea seulement pas ; & cela n'étoit plus nécessaire, puis qu'on se trouvoit entre l'excommunication & l'absolution. Il auroit au moins fallu songer aux moyens de la faire avec succès, en choisissant des chefs, & en établissant quelque discipline. Mais Urbain, dont la guerre n'étoit pas le métier, crut qu'il suffisoit d'armer les peuples, & de les envoyer en Asie. Il n'avoit pas tenu à Grégoire d'être encore plus imprudent ; car il avoit déja conçu le projet d'une croisade, il s'étoit assuré de cinquante mille hommes, & il les eût commandés lui-même, si les affaires d'Allemagne lui avoient permis de penser à des conquêtes en Asie.

L'absolution des péchés & l'exemption des œuvres pénales, qui servit de solde aux croisés, fut ce qu'on nomma indulgence pleniere, chose jusques alors sans exemple. » De tous temps, » dit l'abbé Fleuri, l'église avoit laissé à la dis- » crétion des évêques de remettre quelque » partie de la pénitence canonique, suivant la » ferveur des pénitents & les autres circonstan- » ces : mais on n'avoit point encore vu, qu'en » faveur d'une seule œuvre, le pécheur fût dé- » chargé de toutes les peines temporelles, dont » il pouvoit être redevable à la justice de Dieu. » Depuis plus de deux siecles les évêques a- » voient beaucoup de peine à soumettre les » pécheurs aux pénitences canoniques; on les » avoit même rendues impraticables, en les » multipliant selon le nombre des péchés, d'où » étoit venue l'invention de les commuer pour » en racheter des années entieres en peu de » jours. Or, entre les commutations de pé- » nitence, on employoit depuis long-temps les » pelerinages de Rome, de Compostelle ou » de Jérusalem, & la croisade ajoutoit les pé- » rils de la guerre. »

» Les nobles, qui se sentoient pour la plu- » part chargés de crimes, s'estimerent heureux » d'avoir pour toute pénitence leur exercice

L'indulgence pleniere, nouvellement inventée, est la solde des croisés.

» ordinaire, qui étoit de faire la guerre, avec
» espérance, s'ils étoient tués, de la gloire
» du martyre. Auparavant une partie de
» la pénitence étoit de ne point porter
» les armes, & de ne point monter à cheval:
» ici, l'un & l'autre étoit, non-seulement, per-
» mis, mais commandé; en sorte que les croi-
» sés changeoient seulement d'objets, sans rien
» changer en leur maniere de vie. La no-
» blesse entraînoit le petit peuple, dont la
» plupart étoit des serfs attachés aux terres,
» & entierement dépendants de leurs seigneurs;
» & plusieurs, sans doute, aimoient mieux les
» suivre dans ce voyage, que de demeurer chez
» eux occupés à l'agriculture & aux métiers. »

Ces réflexions de l'abbé Fleuri vous préparent à comprendre comment vont se former
des armées innombrables. On croira qu'il
suffit de marcher à la Terre Sainte, pour assurer son salut. Non-seulement, les laïques se croi-
seront; mais encore des moines, des prêtres,
des évêques, des femmes, & même des religieuses. Nous verrons par quelles œuvres
ces hordes de Chrétiens gagneront l'indulgence
pléniere.

Depuis plusieurs siecles on croyoit de bonne foi, qu'on peut & qu'on doit même répandre la religion par les armes. Il ne faut
donc pas s'étonner, si une guerre, entreprise
pour recouvrer les saints lieux, a paru juste,

pieuse & méritoire. L'usage, qui paroît autoriser les abus jusques dans les siecles éclairés,
doit nous rendre indulgents pour nos peres,
qui vivoient dans des temps de ténebres. S'ils
ont eu des préjugés, n'en avons nous pas? Et
n'avons nous pas besoin de l'indulgence de la
postérité? Y a-t-il si long-temps que nous avons
nous-mêmes ouvert les yeux sur l'abus des
croisades? Et n'a-t-on pas cru jusqu'à nos jours,
que la religion est intéressée à défendre ces
sortes de guerres? Tel est le sort des préjugés:
ils s'établissent dans des temps d'ignorance;
ils durent encore, lorsque la lumiere a dissipé
les ténebres; & il faut des siecles pour les détruire.

La guerre commença par les brigandages,
que commirent en Hongrie & en Bulgarie,
quatre-vingt-mille hommes qui marchoient
sous les ordres de Pierre l'Hermite & de Gautier *Sans-avoir*: mais ils furent presque tous
exterminés par les Chrétiens, sur qui ils a-
voient voulu faire l'essai de leurs armes; &
les deux chefs n'en sauverent qu'un petit
nombre, avec lequel ils vinrent camper aux
environs de Constantinople. Les Hongrois
voyant ensuite arriver une autre multitude de
pélerins, qui portoient des croix rouges, les
prirent à ce signe pour des brigands; & sans
autre examen ils les massacrerent. Cette troupe
étoit conduite par un prédicateur Allemand.

1096
Premieres ex-
péditions des
croisés.

Deux-cents-mille hommes fans chef marcherent fur les traces de ces premiers. Ils égorgerent les Juifs qu'ils trouverent à Mayence, à Cologne, à Worms, &c. & gagnerent les indulgences en Hongrie, où ils périrent comme ceux qui les avoient précédés. Voilà les expéditions de la premiere année.

L'Afie mineure fut le tombeau des croifés, qui étoient arrivés jufqu'à Conftantinople. Un nommé Rainaud, qui étoit à la tête d'une troupe d'aventuriers Allemands & Lombards, en fit bientôt des martyrs ou des efclaves, & renonçant lui-même aux indulgences, il embraffa le Mahométifme pour conferver fes jours. Gautier Sans-avoir ayant perdu la vie dans un combat, les Turcs pafferent au fil de l'épée tous ceux qui l'avoient fuivi, réfervant, feulement, pour leurs férrails les enfants, les jeunes filles, & les religieufes. Enfin Pierre avec le fecours des généraux de l'empereur Grec, reconduifit à Conftantinople les débris de fa horde, c'eft-à-d re, trois mille hommes.

Autre expédition dont les chefs font des feigneurs, qui ont engagé leurs domaines.

¡Cependant plus de quatre-cents mille hommes étoient arrivés à Conftantinople. A en juger par les noms, ce ne font pas des aventuriers qui les commandent. Ils ont pour chefs Godefroi de Bouillon, duc de Lorraine, Raimond, comte de Touloufe, Robert, comte de Flandre, Robert, duc de Normandie,

Etienne, comte de Chartres & de Blois, Hugues, frere de Philippe, Boémond, fils de Robert Guiscard, Adhémar, évêque du Puy, que le concile de Clermont avoit nommé chef de cette entreprise, & une multitude d'autres seigneurs.

Pour fournir aux frais de ce pélerinage, Robert, duc de Normandie, & fils aîné de Guillaume le Conquérant, engagea son duché à son frere Guillaume II, qui lui avoit déja enlevé l'Angleterre. Les autres pour la plupart, avoient aussi engagé leurs domaines, & plusieurs même les avoient vendus; abandonnant les états qu'ils avoient en Europe, pour en aller fonder d'autres en Asie. On eût dit que ces héros, comme Alexandre, ne se réservoient que l'espérance: ils ne lui ressembloient qu'en cela. C'étoit ordinairement le clergé qui achetoit les terres, qu'on vendoit pour entreprendre cette guerre de religion.

Quelques-uns de ces seigneurs n'ayant rien, profitoient du délire général, pour réaliser leurs espérances. Tel étoit Boémond à qui les états de Robert Guiscard auroient dû appartenir: mais Roger son frere s'en étoit rendu maître.

Alexis Comnene, attaqué tout-à-la fois en Asie par les Musulmans, & en Europe par les Tartares, avoit demandé du secours au pape; & ses ambassadeurs s'étant trouvés à Plaisance, quand on s'occupoit d'une croisade, il paroissoit

Alexis Comnene, empereur de Constantinople, se hâte de faire passer les croi-

fes en Afie.

avoir trouvé en occident les difpofitions qu'il fouhaitoit. Mais il fut alarmé, lorfqu'il vit fes états inondés d'une fi grande multitude fans difcipline. Il craignoit que Boémond, qui lui avoit déja fait la guerre, ne portât fes vues fur le trône de Conftantinople : il connoif.oit d'ailleurs l'ambition des papes, leur jaloufie contre le patriarche Grec, & les droits qu'ils s'arrogeoient fur les royaumes fchifmatiques. En effet les croifés fe conduifirent comme en pays ennemi ; ils commirent toutes fortes de défordres. L'évêque du Puy vouloit même que l'on commençât par le fiege de Conftanti- nople, & Boémond appuya cet avis : mais Alexis fut affez habile pour détourner l'orage dont il étoit menacé. Il engagea même les croifés à lui prêter hommage pour toutes les terres qu'ils conquérroient ; & il fe hâta de leur fournir les moyens de paffer en Afie. L'ar- mée étoit alors de cent mille hommes de che- val, & de fix cents mille hommes de pied, en comptant les femmes pour des hommes. C'étoit beaucoup plus qu'il ne falloit, pour conquérir l'Afie mineure, la Syrie & l'Egypte ; fi dans cette multitude il y eût eu de la difci- pline, des foldats & des généraux.

Siege de Ni-cée, qui fe rend à l'em-pereurAlexis.

On commença la guerre par le fiege de Nicée. Cette place fit une fi grande réfiftance, que les affiégeants, rebutés, parloient de fe retirer. Cependant on fit de nouveaux efforts :

la brèche fut ouverte; & on alloit donner l'assaut, lorsqu'un officier d'Alexis, ayant persuadé aux habitants de se rendre à son maître, enleva cette conquête aux croisés.

Kilidge Arslan, regnoit alors dans l'Asie mineure. Il avoit perdu une bataille pendant le siege. Il en perdit encore une, & considérant alors que ces Européens n'avoient pas dessein de s'établir dans ses états, il prit le parti de ne plus s'opposer à leur passage.

1097

Kilidge Arslan, battu deux fois, cesse de s'opposer au passage des croisés.

On s'apperçût bientôt que les croisés se divisoient par des vues particulieres, & que chacun d'eux songeant à former, quelque part de nouveaux établissements, la Terre Sainte n'étoit plus que le prétexte de la guerre. Ils s'engagerent imprudemment dans des chemins, où la disette d'eau & de vivres en fit périr un si grand nombre, que lorsqu'ils arriverent près d'Antioche, l'armée étoit réduite à moins de la moitié.

La plus grande partie de leur armée périt dans les chemins.

Il y avoit neuf mois qu'on assiégeoit cette place, lorsqu'on pouvoit s'en rendre maître par les intelligences que Boémond s'étoit ménagées: mais il vouloit auparavant qu'on promît de la lui céder, & le comte de Toulouse, qui la vouloit pour lui-même, s'y opposoit. Cependant l'armée diminuoit tous les jours, par les maladies qu'occasionnoient les pluies, la chaleur & la famine. Un grand nombre de croisés, las de souffrir, s'étoit déja même

Siege d'Antioche.

retiré, & un des généraux du Sultan de Perse amenoit deux-cent mille hommes au secours d'Antioche. Il fallut donc accorder à Boémond tout ce qu'il vouloit, malgré les oppositions du comte de Toulouse, & la ville fut prise : mais il restoit à forcer la citadelle, & à se défendre contre les Perses.

1098

Les croisés, tout-à-la fois assiégeants & assiégés, se trouverent dans la plus cruelle situation : ils manquoient de tout. Des chefs même abandonnerent l'entreprise, & Pierre l'Hermite fut des premiers à prendre la fuite.

Fraude pieuse

Alors un prêtre, nommé Pierre Barthelemi, publia que Jésus-Christ lui avoit révélé que, si les Chrétiens passoient trois jours dans le jeûne & dans la priere, ils trouveroient le fer de la lance qui lui avoit percé le côté, que par ce fer ils seroient vainqueurs des ennemis. Les croisés qui manquoient de vivres, n'eurent pas de peine à jeûner, & Barthelemi n'en eut pas davantage à leur faire trouver un fer. Cependant les chefs profiterent de la confiance que cette fraude pieuse rendit aux soldats, & les Perses furent vaincus.

Prise de Jérusalem.

Cette conquête ouvrit la Syrie aux croisés, qui après s'être assurés de plusieurs villes, vinrent mettre le siege devant Jérusalem. Ils forcerent cette place le quarantieme jour, égorgerent tous les Musulmans sans distinction d'âge ni de sexe, chercherent

1099

rent jusques dans les souterrains ceux qui se déroboient à la mort, & se rendirent à pieds nus au saint sépulcre.

Godefroi de Bouillon fut élu roi de Jérusalem, mais le légat d'Aimbert, choisi pour patriarche, voulant cette ville pour lui, prétendit qu'elle devoit être donnée à Dieu; & en effet il fallut la donner à d'Aimbert. Il ne resta presque à Godefroi qu'un titre, pour lequel encore il voulut recevoir l'investiture des mains du patriarche. Il est à remarquer que les croisés n'eurent point d'égard aux droits des évêques, qu'ils trouverent dans les villes conquises, & qu'ils ne se souvinrent pas non plus des engagements qu'ils avoient contractés avec Alexis.

Godefroi de Bouillon est élu roi de Jérusalem : mais la ville est donnée au patriarche.

Les seigneurs qui n'eurent point de principauté en Asie, repasserent en Europe; & Godefroi resta avec trois cents chevaux, & deux mille hommes d'infanterie. C'étoit bien peu pour se soutenir; mais la Syrie étoit divisée entre plusieurs souverains Musulmans, qui n'étoient pas moins ennemis les uns des autres, qu'ils l'étoient des Chrétiens. Cette division avoit facilité les succès des croisés; & ces succès avoient répandu une consternation, qui les faisoit paroître redoutables malgré leur foiblesse.

La division des Musulmans favorisoit les entreprises des croisés.

Urbain mourut, avant d'avoir su la prise de Jérusalem, & après avoir vu Henri

1099 Cependant

Henri IV a-
voit fait ren-
trer les peu-
ples dans le
devoir.

1099

se relever. Ce prince avoit des reſſources
dans l'adverſité, & ſans ſon humiliation à
Canoſſe, on auroit pu dire qu'il ne s'eſt jamais abattu. Une partie des peuples avoit
ouvert les yeux, & pluſieurs vaſſaux étoient
revenus à lui : mais le clergé s'opiniâtroit
dans la révolte. Henri néanmoins ſut ſi
bien manier les eſprits dans une diete qui
ſe tint à Mayence, que l'archevêque de cette ville fut dépoſé, parce qu'il oſoit encore
ſoutenir le parti des rebelles. Dans une autre diete, tenue à Aix-la-Chapelle, Conrad
fut déclaré inhabile à ſuccéder à l'empire; &
Henri, ſecond fils de l'empereur, fut élu
roi des Romains. Il jura de ne jamais prendre les armes contre ſon pere : précaution
bien étonnante & qui devint inutile.

L'empereur parcourut enſuite l'Allemagne, viſitant les places, rendant la juſtice,
établiſſant des tribunaux, & faiſant des loix
pour rétablir l'ordre, autant que les circonſtances pouvoient le permettre.

Mais ſes ſoins
pour achever
de rétablir
l'ordre ſoule-
vent encore
le clergé.

Une ſource des déſordres étoit l'abus que
le clergé faiſoit de ſon autorité. Comme
il s'étoit attribué à lui ſeul le droit de juger
les clercs, il les laiſſoit jouir de l'impunité,
ou il ne les condamnoit qu'à des peines légeres pour les plus grands crimes; & les laïques étoient expoſés aux excès de ces hommes, qui pouvoient tout & ne redoutoient

rien. Henri fit un réglement, qui comprenoit trois articles; le premier, que les ecclésiastiques accusés d'un crime capital, seroient jugés par un tribunal composé d'évêques & de seigneurs de la province; le second, que les affaires ecclésiastiques, qui intéressoient tout le peuple, seroient immédiatement portées à ce tribunal; le troisieme, que sans le consentement des états de la province, personne ne pourroit appeller à la cour de Rome, quand même il y seroit cité par le pape. Une loi aussi juste & aussi sage souleva les évêques & les abbés, qui s'adresserent à Pascal II, successeur d'Urbain, & l'exhorterent à la casser.

Clément III étoit mort en 1100, après avoir été chassé par les armes de Pascal; & trois autres antipapes s'étoient succédés, & n'avoient fait que paroître. Le schisme étoit donc fini, & Pascal, maître du saint siege, songeoit à marcher sur les traces de Grégoire & d'Urbain. Il perdit un appui en 1101 par la mort de Conrad: mais comme il en trouvoit un puissant dans les dispositions du clergé d'Allemagne, il renouvella toutes les excommunications portées contre l'empereur.

Pascal l'excommunie.

Cet anathême fit alors peu d'impression sur les seigneurs Allemands: mais Henri qui connoissoit le pouvoir de ces censures sur

Il porte Henri V à se révolter contre son pere.

des efprits portés à la rebellion & au fana-
tifme, entreprit d'en détourner les effets,
en publiant qu'il vouloit céder l'empire à
fon fils, & marcher lui-même au fecours des
Chrétiens de la Paleftine. Ce deffein lui
gagnoit déja l'affection des peuples, & même encore d'une partie du clergé, & tout
étoit tranquille, lorfque le roi Henri fe hâta de prendre les armes à la follicitation de
Pafcal, qui l'exhortoit à fecourir l'églife,
c'eft-à-dire, à fe révolter contre fon pere.
Ce prince, foutenu par plufieurs feigneurs,
fe fit reconnoître dans la Saxe, & déclara
dans un concile qu'il fe foumettoit au faint
fiege, & qu'il étoit prêt de quitter les armes, fi fon pere vouloit s'y foumettre.

1105

[Henri IV,
trahi par fon
fils, eft dépo-
fé & meurt.
    L'empereur, ne voulant pas attendre que
la révolte prît de nouvelles forces, convoqua une diete à Mayence, pour juger entre
fon fils & lui : le roi des Romains para ce
coup. Comme il craignoit que cette affemblée ne lui fût pas favorable, il feignit de
rentrer dans le devoir, allant à fon pere
avec confiance, & le priant, les larmes aux
yeux, d'oublier le paffé. L'empereur trom-
pé fe livra à fon fils, qui l'ayant enfermé
dans le château de Bingenheim, le fit dépofer à Mayence. Ce malheureux prince échappé de fa prifon, trouva des fujets fideles à
Cologne & à Liege, même parmi le clergé,

qui combattit les prétentions de Rome. Il
avoit une armée; plusieurs seigneurs de
l'empire étoient indignés de la conduite de
son fils, & il pouvoit s'attendre à une révolution favorable, lorsqu'il mourut à Liege dans la cinquante-sixieme année de son
âge, & dans la cinquante-deuxieme de son
regne.

CHAPITRE III.

De l'Angleterre, de la France, de l'Allemagne & de l'Italie jusqu'à la seconde Croisade.

Henri premier roi d'Angleterre.

GUILLAUME II, qui avoit tous les vices de son pere, sans en avoir les vertus, étant mort en 1100, Henri I, troisieme fils de Guillaume le Conquérant, profita de l'absence de Robert, son frere aîné, pour monter sur le trône d'Angleterre. Robert à son retour ayant fait de vains efforts, pour recouvrer cette couronne, n'y songeoit déja plus, lorsque Henri lui déclara la guerre, lui enleva la Normandie, le fit prisonnier, & l'enferma dans un château pour le reste de ses jours.

Il renonce aux investitures qui lui sont contestées par Anselme, archevêque de Cantorberi.

Les investitures troublerent aussi l'Angleterre. Anselme, archevêque de Cantorberi, qui soutenoit hautement les prétentions de l'église, défendit de recevoir du roi les investitures; & Henri, qui fit saisir les reve-

nus de cet archevêque, fut fur le point d'ê-
tre excommunié par le pape Pafcal: mais
après une conteftation d'environ trois ans,
Anfelme confentit que les prélats fiffent hommage au roi, & ce prince fe défifta du droit
de les inveftir.

Louis le Gros, roi de France, qui voyoit avec inquiétude la puiffance du roi d'Angleterre, donna l'inveftiture de la Normandie à Guillaume Cliton, fils de Robert,
à qui au moins ce duché appartenoit. Ce
fut le fujet d'une guerre, dont les fuccès
furent variés. Elle fut fufpendue, elle recommença à plufieurs reprifes, jufqu'à la mort
de Cliton, & elle continua encore, quoique plus foiblement, jufqu'à celle de Henri
arrivée en 1135. Deux ans après le roi de
France mourut, lorfque Louis fon fils épou-
foit Eléonore, qui lui apportoit en dot le
duché de Guienne, un des plus grands domaines de la France.

Il y avoit plufieurs années, que Henri
avoit fait prêter ferment à Mathilde, fa fille unique, à qui il fit enfuite époufer Geoffroi Plantagenet, comte d'Anjou. Ce prince étoit fils de Foulques, qui avoit abandonné fes états, pour aller prendre poffeffion
de la couronne de Jérufalem.

Cependant les Normands & les Anglois
mirent fur le trône Etienne comte de Boulo-

Louis VI don-
ne l'inveftitu-
re de la Nor-
mandie à Cli-
ton, fils de
Robert.

1137

Etienne com-
te de Boulo-
gne eft fait
roi d'Angle-
terre au pré-
judice de Ma-
thilde.

gne, petit-fils par fa mere de Guillaume le
Conq érant. Ils oublierent leur ferment,
parce qu'ils préférerent un fouverain auquel
ils pouvoient faire la loi. En effet, Etienne affura par une charte les privileges de la
nation, & les immunités du clergé : privi-
léges & immunités qui feront la caufe de
bien des troubl car le peuple voudra les
conferver, les rois tenteront de les abolir,
& les efprits feront toujours dans une méfiance réciproque.

Etienne ne tarda pas à l'éprouver. Les
feigneurs fe plaignirent qu'il ne rempliffoit pas
fes engagements ; ils prirent les armes ; &
le roi d'Ecoffe fit une irruption dans le nord,
pour foutenir les droits de Mathilde : c'étoit
au moins fon prétexte.

Le roi d'Angleterre, actif & courageux,
fit face à tous fes ennemis : il vainquit, fes
fuccès paroiffoient lui promettre quelq
pos, lorfque confidérant les richeffes, les troupes & les châteaux fortifiés des eccléfiaftiques, il entreprit d'abaiffer le clergé, pour
n'avoir pas à le craindre : mais il fut cité
dans un fynode par un de fes fujets, l'évêque de Winchefter, légat du pape, & fur
le refus qu'il fit de comparoître, la révolte
devint fi générale, qu'il fut dépofé & mis
aux fers.

Vainqueur de fes ennemis, il tente d'abaiffer le cler-gé qui le fait dépofer.

Mathilde, qui fut profiter de cette conjoncture, monta fur le trône, fit bientôt des mécontents, & eut, fur-tout, l'imprudence de ne pas ménager l'évêque de Winchefter. Ce prélat changea donc tout-à-coup : avec quelques excommunications prononcées contre les partifans de cette princeffe, il rétablit Etienne, & Mathilde repaffa la mer. Pendant ces troubles de l'Angleterre, la France avoit été affez tranquille fous Louis VII : il n'y avoit eu qu'une petite guerre, dans laquelle les troupes du roi ayant brûlé une églife, ce prince crut ne pouvoir expier le péché de fes foldats, qu'en faifant vœu d'aller brûler quelques mofquées en Paleftine : il fe préparoit donc à cette fainte expédition.

Mathilde, qui ne ménage pas l'évêque de Winchefter, eft chaffée, & Etienne rétabli.

Cependant l'Allemagne & l'Italie offroient toujours les mêmes fcenes. Henri V, affuré fur le trône, fe hâta de promettre une obéiffance filiale au pape. Ce n'étoit pas promettre beaucoup de fa part : auffi ne fongea-t-il qu'à faire valoir fes droits. Lorfqu'il apprit que Pafcal renouvelloit dans des conciles la défenfe aux laïques de donner les inveftitures, il arma & paffa les Alpes. Le pape mit dans fes intérêts Richard II, prince de Capoue, & Roger II, duc de la pouille & de la Calabre.

1147 La queftion des inveftitures continuoit de troubler l'empire d'Allemagne.

1111

Il parôit, qu'en 1095 Philippe I, roi de
France, abandonna la solemnité de la crosse
& de l'anneau, afin de se souftraire aux anathêmes qu'Urbain II renouvella contre les inveftitures dans le concile de Clermont en Auvergne : mais en renonçant à cette cérémonie,
les rois de France ne perdirent rien de leurs
droits ; car on ne pouvoit prendre poffeffion
d'un bénéfice, qu'en vertu d'un brevet qui
tenoit lieu d'inveftiture. Les évêques, qui
avoient des fiefs, continuoient de rendre
hommage ; & ceux qui n'en avoient pas,
prêtoient ferment de fidélité : Urbain même
parut s'être prêté à cet accommodement.
Paſcal II ſe montroit plus difficile ; confondant l'églife avec les biens temporels dont
elle jouit, il trouvoit que les inveftitures
rendoient la mort de Jéfus Chrift tout-à-fait
inutile. Car, difoit-il, il eft mort pour racheter fon églife, pour lui rendre la liberté:
or, elle eft dans la fervitude, fi un évêque
ne peut pas être élu fans le confentement
de l'empereur, & s'il doit être invefti par la
croffe & par l'anneau. C'eft-à-dire, felon
ce pontife, que l'églife ne peut être libre
qu'autant que les évêques cefferont d'être
fujets, & que parce qu'ils font indépendants
du fouverain dans le fpirituel, ils doivent l'ê-
tre dans tout le refte.

Pascal prétendoit plus encore : il soutenoit que les évêques dérogeoient à leur caractère, lorsqu'ils prêtoient serment de fidélité à leur souverain légitime ; parce que leurs mains, consacrées au corps de Jésus-Christ, se souilloient entre les mains ensanglantées des princes laïques. Il se prêta néanmoins à un accommodement bien étrange ; car Henri V ayant renoncé au droit d'investir les évêques & les abbés, il renonça pour le clergé d'Allemagne aux régales. On comprenoit alors sous ce nom tous les domaines qui doivent hommage, & tous les privileges des feudataires. En consequence, il ordonna aux évêques & aux abbés de rendre à l'empereur les duchés, les comtés, les marquisats, les châteaux, les monnoies, les justices, &c. C'étoit les ruiner : mais Pascal n'étoit pas fâché de les sacrifier à ses prétentions. Il me paroît qu'il s'aveugloit sur ses vrais intérêts : car la ruine du clergé d'Allemagne n'étoit certainement pas une chose avantageuse au saint siege.

Après ces préliminaires, Henri vint à Rome ; jugeant qu'il gagnoit assez, si le traité avoit lieu, & qu'il rentreroit dans ses droits, s'il n'étoit pas exécuté. La cérémonie du couronnement étoit le moment critique où l'on devoit s'expliquer, & le traité alloit être bientôt conclu ou rompu.

Pascal saiſ cède les in-veſtitures à l'empereur.

Les évêques d'Allemagne s'oppoſerent à un traité, où l'on diſpoſoit de leurs biens: ils conſeillerent à l'empereur de faire arrê-ter le pape, qui ne le vouloit plus couron-ner; & Paſcal fut ſaiſi avec ſes cardinaux, & emmené hors de Rome.

IIII

Il fallut ſe rendre aux menaces d'un prin-ce, dont on connoiſſoit le caractère violent. Le pape rendit donc les inveſtitures à l'empe-reur, jura de ne jamais l'inquiéter à ce ſujet, de ne prononcer jamais anathême contre lui, de l'aider de bonne foi à conſerver ſa cou-ronne, & il donna une bulle pour ſervir de titre à la conceſſion qu'il lui faiſoit. Henri rendit la liberté à ſes priſonniers, & retour-na en Allemagne.

Pluſieurs con-ciles annul-lent cette cef-ſion.

Auſſitôt un concile tenu à Rome, an-nulle la bulle, comme extorquée. Le même jugement eſt enſuite confirmé dans deux au-tres, qui s'aſſemblent à Latran. On décla-re que c'eſt une héréſie de croire aux inveſti-tures, données par les laïques; & on agite même, comme une queſtion, ſi le pape qui les a accordées n'eſt pas hérétique. Paſcal approuva tout, excepté cette derniere queſ-tion D'ailleurs, fidéle à ſes ſerments, il ne permit pas à ces conciles de prononcer anathême contre l'empereur; mais il approu-va que d'autres, où il n'étoit pas, l'euſſent excommunié. C'est ainsi qu'il l'aidoit de bonne foi à conserver sa couronne.

Ces excommunications produisirent leur effet, c'est-à-dire, des révoltes ; & elles mirent Henri dans la nécessité de terminer cette longue querelle. C'est à quoi il réussit sous le pontificat de Calixte II, qui avoit succédé à Gélase II, successeur de Pascal. Je passe sur bien des circonstances ; mais la conclusion va vous faire connoître ce que c'étoit que la politique tant vantée des Romains.

Nouveaux troubles.

Pour peu que les disputes durent, ou même souvent sans qu'elles durent, on fait de mauvais raisonnements, & perdant de vue l'état de la question, on oublie le principal, pour s'arrêter sur des accessoires.

Comment la question des investitures est terminée.

Il y avoit deux choses à considérer ; l'une, l'investiture en elle-même, que Grégoire, Victor & Urbain avoient absolument condamnée ; l'autre, la cérémonie avec laquelle elle se faisoit, & qui consistoit à donner la crosse & l'anneau comme symbole de la dignité. Or, Pascal considérant cette cérémonie, crut avoir trouvé un argument sans replique : car, disoit-il, celui qui donne le symbole d'une puissance ecclésiastique, donne la puissance ecclésiastique même ; il paroît au moins y prétendre. L'empereur usurperoit donc sur le sacerdoce, s'il donnoit l'inveſtiture d'un bénéfice ; & peut-on penſer ſans être hérétique, qu'un laïque puiſſe jouir d'un pareil droit ?

Ce mauvais raiſonnement, qu'on ne ceſſa de répéter comme victorieux, trompa Calixte II, qui ne vit plus dans les inveſtitures, que la cérémonie de la croſſe & de l'anneau. Cette erreur fut heureuſe : car l'empereur voyant qu'on s'arrêtoit à la croſſe & à l'anneau, fit offrir au pape de renoncer à cette cérémonie, & de ne donner déſormais les inveſtitures qu'avec le ſceptre. Calixte crut avoir tout gagné: il félicita Henri de ſon obéiſſance à l'égliſe: ſes légats le reçurent à la communion: on donna l'abſolution à tous ceux qui avoient eu part au ſchiſme; & le traité qu'on fit, fut confirmé dans le concile **général** de **Latran**, tenu l'année ſuivante.

1123

Cependant par ce traité, on reconnoiſſoit que les abbés & les évêques ſeroient élus en la préſence de l'empereur; qu'ils ſeroient inveſtis par le ſceptre; & qu'ils ſeroient tenus à remplir tous les ſervices des fiefs. Henri conſervoit donc les principaux droits, qu'on lui avoit auparavant conteſtés; & il ſembloit qu'on n'eût diſputé juſqu'alors que ſur les mots de croſſe & d'anneau. Il eſt aſſez ſingulier de voir ſe terminer de la ſorte, un démêlé qui duroit depuis plus de cin-

quante ans, & qui avoit caufé tant de défordres dans l'églife & dans l'empire.

Quoiqu'il fût temps de mettre fin à cette
malheureufe difpute, on reproche à Henri V
d'avoir fait un traité honteux. Je ne vois
pas pourquoi : à la vérité, il confentit à laiffer aux chapitres l'élection libre des évêques
& des abbés ; mais auparavant il ne nommoit proprement ni aux evêchés, ni aux abbayes. Il n'en difpofoit que parce qu'étant
préfent aux élections par lui-même ou par
fes envoyés, il déterminoit les fuffrages. Or,
elles fe feront encore en fa préfence, les
élus tiendront encore de lui les fiefs, ils
feront tenus à l'hommage, à tous les fervices des feudataires, fous peine de perdre
leurs fiefs : avec de l'adreffe, il pourra donc
difpofer des bénéfices, comme auparavant.
Cependant Calixte II, a abandonné les prétentions de Gregoire VII, de Victor III,
d'Urbain II & de Pafcal II. Car enfin il
n'eft pas douteux que, fous prétexte de la
vaine cérémonie de la croffe & de l'anneau,
tous ces papes avoient voulu enlever aux empereurs le droit d'inveftir les eccléfiaftiques;
& c'étoit pour fe mettre à l'abri de leurs
cenfures, que Philippe I avoit eu la fageffe
de renoncer à cette cérémonie. Heureufe-
ment Calixte II n'eut pas la même politique qu'eux. Jaloux de terminer cette vieil-

le querelle , il prit la question dans son véritable sens , & il a montré plus de bonne foi que ses prédécesseurs.

1125
Lothaire succéde à Henri V.

Henri étant mort deux ans après, les Allemands , qui ne vouloient pas que l'empire devint héréditaire , refuserent leurs suffrages à ses neveux, Fréderic & Conrad, & donnerent la couronne à Lothaire II , comte de Supplembourg. Les deux princes exclus eurent néanmoins assez de partisans , pour exciter une guerre civile : heureusement elle ne fut pas longue, & ils se désisterent. L'Italie n'étoit pas sans troubles.

1124
Schisme à Rome.

Calixte eut tout-à-la fois deux successeurs, Célestin II , qui fut bientôt abandonné , & Honorius II , qui resta maître du saint siege.

Honorius II fait marcher une Croisade contre un prince chrétien.

De toute la race de Tancrede de Hauteville , il ne restoit plus en Italie que Roger II, comte de Sicile , qui en 1112 avoit joint à ses états la principauté de Capoue , & le duché de la Pouille , & qui quelques années après se fit couronner roi.

Vers le même temps Boémond étoit mort prince d'Antioche , laissant un fils du même nom , qui succeda à sa principauté , & une fille qu'il recommanda à Tancrede son neveu, un des héros de la Terre Sainte.

Roger n'ayant pas demandé l'investiture, Honorius l'excommunia jusqu'à trois fois : mais il semble que les excommunications
étoient

étoient moins redoutables, quand on les voyoit de près: car le pape fut obligé de faire marcher une armée contre ce prince. Roger se tint sur la défensive, sachant que les armées du saint siege se dissipoient aussi facilement qu'elles s'assembloient : en effet, les mauvais temps refroidirent le zele des soldats, & le pape se trouva sans troupes, quoiqu'il eût promis la rémission de tous les péchés à ceux qui mourroient dans cette expédition, & la moitié de l'indulgence à ceux qui n'y mourroient pas: on se contenta de cette moitié.

Voilà la premiere croisade contre un prince chrétien. Lorsque les princes de l'Europe se croisoient peu auparavant contre les infideles, ils ne prévoyoient pas qu'on se croiseroit si-tôt contre eux. Mais les papes, jaloux des intérêts du saint siege, savent profiter de tous les moyens qui se présentent. Ce nouvel abus des indulgences causera de grands désordres.

Après la mort d'Honorius, il y eut encore deux papes; Anaclet II, qui resta maître du saint siege, parce qu'il eut pour lui le peuple; & Innocent II, qui se retira en France, où S. Bernard le fit reconnoître dans un concile. Ce saint lui ménagea même la protection de Lothaire.; & ce prince deux ans après, vint à Rome, mit Innocent sur la chaire apostolique,

Schisme à Rome.

1130

reçut de lui la couronne impériale, & repaſſa les Alpes.

Le ſchiſme occaſionne une guerre.

Cependant Anaclet étoit reconnu & ſoutenu par le roi de Sicile, qui avoit reçu de lui une inveſtiture plus étendue que d'aucun autre pape ; car elle comprenoit même le duché de Naples, qui appartenoit encore aux empereurs d'orient. Innocent fut donc forcé de céder une ſeconde fois, & Lothaire revint en Italie pour le rétablir, & pour enlever la Pouille & la Calabre au roi de Sicile. Des ſuccès rapides avoient ſoumis pluſieurs provinces à l'empereur, lorſque la priſe de Salerne fut le ſujet d'une conteſtation entre lui & le pape, qui prétendoit que cette ville appartenoit au ſaint ſiege. Lothaire, moins vif pour les intérêts d'Innocent, ſongea à retourner en Allemagne, & confia le ſoin de ſes conquêtes au duc Rainolfe : il mourut en chemin.

1136

1137

Tout changea : Roger reparut avec la victoire ; il reprit toutes les provinces qui lui avoient été enlevées : Naples même ſe ſoumit ; & le pape, qui avoit oſé ſe mettre à la tête d'une armée, fut fait priſonnier. Touché de la maniere dont il fut traité par ſon vainqueur, il lui donna l'abſolution, & l'inveſtit du royaume de Sicile. Le ſchiſme même finit : car Victor IV, qui avoit ſuccédé à Anaclet, ſe déſiſta volontairement. …

1130

Conrad III, duc de Franconie & neveu de Henri V, ayant succédé à Lothaire, se plaignit du traité que le roi de Sicile venoit de faire avec le pape, parce qu'il pensoit que les états de ce prince devoient relever de l'empire. Innocent & Roger craignirent qu'il ne portât ses armes en Italie ; pour l'en détourner, ils suscitèrent une guerre civile en Allemagne, & donnerent des secours à Welf, ou Guelphe, qui avoit des droits sur la Baviere & sur la Saxe : mais après plusieurs combats, le duc Guelphe, retiré dans un château, fut contraint de se rendre à discrétion. La duchesse, qui craignit les effets du courroux de l'empereur, fit demander un sauf-conduit pour elle & pour toutes les femmes, avec permission d'emporter ce qu'elles jugeroient à propos ; & la chose étant accordée, elles sortirent chargées de leurs maris, comptant les soustraire par cette ruse à la colere de Conrad. Une action si généreuse n'empêcha pas les généraux de conseiller de punir les rebelles : mais Conrad pardonna ; faisant une paix sincere avec les maris, & comblant les femmes d'éloges.

Innocent, mort en 1143, eut pour successeur Célestin II, qui mourut cinq mois après avoir été élu, & Luce II qui ne survécut pas une année entiere à son élection. Sous ce dernier pontificat, les Romains entreprirent de rétablir la république, signifiant au pape qu'un

Innocent II & Roger de Sicile suscitent une guerre contre Conrad III successeur de Lothaire.

1140

Troubles à Rome où le peuple se souleve contre le pape.

prêtre ne devoit pas s'ingérer dans le gouvernement de l'état; & on prétend que Luce fut
tué d'un coup de pierre, lorsqu'il commandoit lui-même ses troupes contre les sénateurs.
Eugene IiI, qui lui succéda, soumit le peuple avec des soldats & des excommunications.
Toute l'Italie fut alors tranquille: l'Allemagne l'étoit encore, & le pape profita de ce
temps de calme, pour faire prêcher une nouvelle croisade.

1144

1146

CHAPITRE IV.

Seconde Croisade.

Dès l'année 1100, les succès exagérés de la première croisade armerent plus de deux cents mille hommes, Italiens, Allemands & Francois qui périrent dans l'Asie mineure, au milieu des montagnes, des déserts & des ennemis. Le peu qui échappa, revint à Constantinople, & Hugues, frere de Philippe I, qui avoit encore voulu être de cette expédition, mourut à Tarse.

Le Sultan Arslan avoit à peine exterminé cette multitude, qu'il en parut une nouvelle beaucoup moins considérable, qu'il extermina de la même maniere. Elle étoit de quinze mille hommes, sans compter les femmes. Le comte de Nevers, qui la commandoit, se sauva seul à Antioche. Huit jours après, cent soixante mille eurent le même sort; & le comte de Poitou alla joindre le comte de Nevers avec un seul écuyer. Il ne pouvoit guere arriver dans la Terre Sainte que de pe-

Armées de croisés exterminées.

tites troupes, qui marchoient plutôt en pélerins qu'en soldats. C'est avec ces secours que
les Chrétiens s'y soutenoient: cependant ils en
reçurent par mer un plus considérable en 1124:
car les Vénitiens vinrent former avec eux le
siege de Tyr: mais il fallut leur faire part de
cette conquête.

Les Chrétiens auroient été chassés de la Palestine, si les Musulmans avoient pu oublier leurs querelles, pour se réunir contre l'ennemi commun. Cependant ils s'affoiblissoient,
& faisoient tous les jours de nouvelles pertes:
c'est ce qui excita le zele d'Eugene.

Croisade prê-
chée par S.
Bernard.

S. Bernard, que les puissances consultoient,
qui menaçoit les rois (*), qui donnoit même
des leçons aux papes, qui remuoit l'Europe par
la force de son imagination, & qui, gémissant
sous le poids des affaires, se reprochoit d'avoir
quitté la vie d'un moine, sans en quitter l'habit, se chargea de prêcher la croisade.

Louis VII, saisissant l'occasion d'accomplir
un vœu qu'il avoit déja fait, convoqua les seigneurs & les évêques à Vezelai en Bourgogne. Au milieu d'une plaine, remplie d'une
multitude immense, Bernard, élevé sur un
échafaud, harangua au nom de Dieu, dont il

_____

(*) Il menaça Louis le Gros d'écrire au pape contre lui,
& il écrivit en effet.

se croyoit l'organe & l'interprête, & promit les plus grands succès. Louis donna l'exemple, les seigneurs le suivirent, & tout le peuple n'eut qu'un cri *la croix, la croix.* Quoiqu'on en eût préparé une grande quantité, il n'y en eut pas assez, & Bernard, dit-on, mit son habit en morceaux pour y suppléer.

Dans une autre assemblée, où l'on traita des moyens de faire réussir cette entreprise, un des plus applaudis fut de prendre Bernard pour généralissime des armées. Il eut la sagesse de s'y refuser, & se contentant d'augmenter le nombre des généraux & des soldats, il alla prêcher en Allemagne, & donner la croix à l'empereur.

Suger, abbé de S. Denis & ministre de Louis, fut chargé de la régence du royaume; & la France fut heureuse, que ce moine restât lorsque le roi s'éloignoit. C'étoit un homme éclairé. Il fit tout ce qu'il put pour détourner son maître de cette entreprise; mais les prophéties de S. Bernard eurent plus de puissance, que les conseils du sage ministre. On comptoit si fort sur les croisades, & on les croyoit un moyen si propre à répandre la religion, que vers le même temps, Eugene III fit prendre les armes dans le nord contre les nations idolâtres, comme s'il falloit détruire les peuples, pour les faire Chrétiens : cette mission n'eut pas de grands succès.

Les croifés prirent leur route par Conftantinople, chemin tracé par tant de cadavres.
Contre l'avis de ceux qui réflechiffoient fur la
premiere croifade, le parti le moins prudent
fut préféré. Les armées paroifloient fi belles,
qu'on croyoit déja les prophéties accomplies.
Il y avoit dans chacune foixante-dix mille gendarmes, une cavalerie légere encore plus nom-
breufe : on ne compta pas les fantaffins.

Conrad, arrivé le premier à Conftantinople, paffa le Bofphore. Enfuite il s'embarraffa
parmi des rochers, où il laiffa les neuf dixie-
mes de fes troupes. Le roi de France, qui
le fuivit, prit une route femblable, fut battu
comme lui, & ils arriverent tous deux à Antioche avec les débris de leurs armées. On
a dit que Manuel Comnene, empereur Grec,
les avoit trahis : cela peut être : les croifés,
fur-tout, aimoient mieux le croire, que d'avoir
à fe reprocher leur imprudence. Mais fi l'empereur Grec vouloit leur perte, il n'avoit qu'à
l'attendre ; il n'étoit pas néceffaire qu'il y con-
tribuât. Ce qu'il y a de vrai, c'eft que dans
le camp des François, on propofa, comme dans
la premiere croifade, de commencer la guerre
contre les Mufulmans par la prife de Conftantinople, la feconde ville de la chrétienté ; &
ce fut encore un évêque qui ouvrit cet avis.
Le pere Daniel trouve même que la propofition étoit fort prudente & fort jufte.

Baudouin III, roi de Jérufalem, Conrad & Louis, mirent le fiege devant Damas, & le leverent bientôt, ayant été trahis par les Chretiens de la Paleftine. Les croifés les trouverent divifés, & vécurent avec eux dans une grande méfiance ; ce fut tout le fuccès de cette entreprife.

Conrad revint le premier. Louis le fuivit après avoir paffé les fêtes de pâques à Jérufalem. Tous deux s'embarquerent avec leur monde ; & n'eurent pas befoin de beaucoup de vaiffeaux.

1148

Il n'y eut encore qu'un cri, mais ce fut contre S. Bernard, qui fit fon apologie, en rejetant les mauvais fuccès fur les crimes des croifés. Il auroit bien pu prévoir ces crimes fans être prophête.

Quoi qu'aient dit les croifés de Manuel Comnene, il étoit digne du trône à bien des égards ; il remporta de grands avantages fur les Dalmates & les Hongrois, qu'il força de recourir à fa clémence. Il humilia le Sultan d'Iconium. Il fe rendit redoutable à Noradin, Sultan d'Alep, alors le plus puiffant des princes Mufulmans : il l'obligea de rendre la liberté à fix mille croifés, tant François qu'Allemands, & il reconquit plufieurs provinces en Afie. Il femble que les princes d'occident auroient pu fubjuguer les Mahométans, fi au lieu d'abandonner leurs états, ils euffent feu-

Manuel Comnene.

lement envoyé des soldats à Manuel. Ils en
étoient bien éloignés. Ceux-même qui étoient
établis en orient, & qui auroient dû par les
traités lui rendre hommage, commirent, au
contraire, des hostilités contre l'empire. Tel
fut Renaud de Chatillon, prince d'Antioche:
aussi fut-il obligé de se rendre au camp de l'empereur, la tête découverte, les bras & les pieds
nus, la corde au cou, & de se prosterner devant son vainqueur, qui voulut bien lui donner la paix. La guerre que fit Manuel par ses
généraux contre le roi de Sicile, fut variée de
succès & de revers. Ses dernieres expéditions
contre le Sultan d'Iconium furent moins heureuses. Il fit une grande faute en abolissant la
marine, parce qu'elle coûtoit trop à entretenir.
Il mourut en 1180, dans la trente-huitieme
année de son regne.

CHAPITRE V.

De l'Angleterre, de la France, de l'Allemagne & de l'Italie jusqu'à la troisieme Croisade.

SUGER avoit gouverné la France avec autant de prudence que de fermeté, & tout avoit été tranquille : il mourut, & Louis se hâta d'accomplir un dessein, dont ce sage ministre l'avoit détourné. Sous prétexte qu'Eléonore, qui lui avoit donné des sujets de mécontentement, étoit sa parente, il fit casser son mariage dans un concile : divorce qui enleva la Guienne à la couronne. Quelques semaines après, Henri Plantagenet épousa cette princesse. Devenu dès-lors un vassal redoutable à la France, il entreprit encore de faire valoir les droits que Mathilde, sa mere, lui donnoit au royaume d'Angleterre. Tout lui réussit : Etienne, forcé par la noblesse & le clergé, le reconnut pour son successeur, à l'exclusion de son propre fils.

Etienne mourut l'année suivante. Henri

Henri Plantagenet roi d'Angleterre.

1152

1154

Il assura sa puissance en Angleterre; vint en France rendre hommage, pour la Normandie, la Guienne, le Poitou, l'Anjou, la Touraine & le Maine; acquit le comté de Nantes par la mort de son frere Geoffroi; entreprit de faire valoir ses droits sur le comté de Toulouse; & eut toujours quelques démêlés avec Louis, jusqu'en 1163. La paix se fit alors entre les deux couronnes. Mais Henri se fit un ennemi, en nommant Thomas Becket, son chancelier, à l'archevêché de Cantorberi.

Thomas Becket défend les prétentions du clergé.

A peine Becket fut archevêque, qu'il renvoya les sceaux, embrassa une vie austere, se déclara le défenseur des privileges que le clergé s'attribuoit, & prétendit, en conséquence, que les clercs ne pouvoient être jugés par les tribunaux laïques. C'étoit en quelque sorte leur donner le privilege de l'impunité, car il y avoit alors en Angleterre à-peu-près les mêmes abus, que nous avons remarqués en Allemagne.

Assemblées qui défendent les droits de la couronne.

Henri convoqua une assemblée, où il proposa que personne ne pourroit porter des appels à Rome, sans le consentement du souverain; qu'aucun évêque n'y pourroit aller, quand même il seroit cité par le pape, s'il n'en avoit obtenu la permission du roi; que sans le consentement du prince, aucun vassal, ni aucun officier de la couronne ne pourroit être excommunié; que tous les ecclésiastiques, accusés d'un crime capital, seroient jugés par les cours royales; & que les affaires ecclésiastiques, qui pouvoient intéresser la nation, seroient immédiatement portées aux cours laïques. Ces réglements furent approuvés dans cette assemblée, & confirmés dans une seconde. Les barons ne firent aucune difficulté; mais les évêques ne se rendirent qu'aux instances les plus vives. Cependant le pape Alexandre III ayant condamné ces articles comme contraires aux immunités de l'église, Becket se repentit de les avoir signés, & en fit pénitence.

Se voyant soutenu par Alexandre, il résista vivement au roi & à la nation. Abandonné néanmoins du plus grand nombre des évêques, il fut poursuivi avec la même chaleur: on l'accusa de péculat, de parjure, de rébellion: ses biens furent saisis, & les pairs le condamnèrent à la prison. Becket, qui avoit refusé de comparoître devant ses juges, parce qu'il prétendoit n'en pouvoir avoir d'autres que le pape, sortit du royaume & se retira en Flandre, d'où il passa en France. Louis l'accueillit, charmé d'entretenir des troubles en Angleterre, & ne considérant pas qu'en autorisant les prétentions de l'archevêque de Cantorberi, il en autorisoit de semblables dans son clergé.

Becket poursuivi, se réfugie en France.

Becket, fait légat du saint siege en Angleterre, employa les censures, fulmina des ex-

Rappellé & réconcilié, il est

communications, des interdits, & menaça même le roi. Henri, de son côté, ordonna
d'emprisonner les parents de ceux qui avoient
suivi Becket; de saisir les biens des ecclésiastiques, qui étoient dans les intérêts de cet archevêque; de punir sévérement ceux qu'on
trouveroit munis d'excommunications contre
quelque particulier, & il fit supprimer le denier de S. Pierre. Les troubles duroient &
croissoient depuis neuf ans, & des légats, envoyés par le pape, n'avoient rien terminé:
lorsqu'une maladie donna des scrupules au roi,
qui n'avoit pas assez de lumieres, pour démê-
ler la justice dans une affaire de cette nature.
On se réconcilia donc. L'archevêque revint
en Angleterre: il fut rétabli dans le même
état où il étoit avant cette contestation; &
tous ses partisans rentrerent dans leurs biens.
Mais comme il refusa de lever les excommunications, qu'il avoit prononcées contre quelques prélats, ils s'en plaignirent au roi, &
ce prince impatient de trouver tant de résistance, eut l'imprudence de s'écrier: personne
ne me délivrera-t-il d'un sujet, qui me donne
plus de peine que tout le royaume ensemble?
Becket fut assassiné dans l'église de Cantorberi.

Le roi, pénétré de douleur, se reprocha
vivement une parole échappée par imprudence. Il envoya des ambassadeurs au pape pour
se justifier, & il offrit de se soumettre au juge-

ment que les légats du faint fiege prononce-
roient contre lui. On lui donna donc pour
pénitence, d'entretenir deux cents foldats pour
fervir pendant une année dans la Terre Sainte;
d'y aller lui-même, fi le pape le lui ordonnoit;
d'abolir les coutumes qu'il avoit voulu introduire, au préjudice de l'églife; de réformer,
fuivant les confeils du pape, celles qu'il avoit
trouvées établies; de reftituer les biens aux
églifes; enfin d'aller nus pieds au tombeau de
Becket, & d'y recevoir la difcipline des mains
des moines: il obéit.

Prefqu'auffitôt après, il eut d'autres cha-
grins par la révolte de fes fils, Henri, Richard
& Geoffroi, à qui Louis donna des fecours. Mais ayant forcé le roi de France à
la paix, les princes rebelles furent contraints
de fe foumettre, & d'avoir recours à la clémence de leur pere. Cependant ils fongeoient
encore à reprendre les armes, lorfque leurs
mefures furent rompues par la mort de Henri
le Jeune.

1173
Révolte de
fes fils.

Louis VII étoit mort deux ans aupara-
ravant, & Philippe II, fon fils, qui étoit
monté fur le trône, ne cherchoit que l'occafion d'enlever au roi d'Angleterre les provinces qu'il avoit en France. Après des hof-
tilités fans fuccès, il réuffit à foulever Richard; & Henri mourut de chagrin, foit de
la révolte de fon fils, foit d'un traité défa-

1189
Sa mort.

vantageux, auquel il fut forcé. Richard lui succéda.

Il y avoit déja quelques années qu'Héraclius, patriarche de Jérusalem, étoit venu en Europe prêcher une croisade, & que Richard & Philippe s'étoient engagés à marcher au secours des Chrétiens de la Palestine. Impatients d'accomplir leur vœu, ces deux rois firent la paix, & marcherent ensemble contre les infideles. Afin même de fournir aux frais de cette entreprise, Richard aliéna tous les domaines de sa couronne, & vendit plusieurs places au roi d'Ecosse.

L'empereur Conrad III étoit mort en 1152, & son neveu Frédéric I, surnommé Barberousse lui avoit été donné pour successeur. Alors de nouveaux désordres naissoient des désordres précédents. Plusieurs villes de Lombardie, secouant le joug de l'empire, s'érigeoient en républiques. On ne savoit point encore à Rome à qui appartenoit la souveraineté, & c'étoit un sujet de discorde entre le pape, qui vouloit dominer, & le peuple, qui vouloit être libre. Enfin en Allemagne, où les droits n'étoient pas mieux réglés, les prétentions armoient continuellement les vassaux les uns contre les autres. Ce regne sera donc fort agité: mais il mettra dans un plus

plus grand jour l'activité, le courage & la
sagesse de Frédéric.

Après avoir tenu une diete, & rétabli
la tranquillité en Allemagne, Frédéric paf
fa les Alpes, soumit rapidement les principales villes de Lombardie, & accorda son
secours au pape Adrien IV, que le peuple
avoit contraint de sortir de Rome.

Cependant il ne pouvoit pas y avoir une
confiance entiere entre un empereur d'Allemagne & un pape: ils se craignoient lors
même que l'intérêt commun les forçoit à se
réunir. Ainsi leur entrevue fut précédée
d'une négociation, où le pape promit de
couronner Frédéric, & où Frédéric jura de
conserver au pape la vie, les membres, la
liberté, l'honneur & les biens. C'étoit en
pareil cas la formule des serments. Il est
bien étrange de se croire obligé d'exiger de
pareils serments de ceux à qui on demande
des secours; & cela seul suffiroit pour faire
connoître les mœurs de ce siecle.

Adrien ayant été conduit à la tente de
l'empereur, se trouva fort embarrassé; il ne
savoit comment descendre de cheval, parce
que Frédéric refusa de tenir l'étrier. Il des-
cendit pourtant : mais il refusa le baiser
de paix à ce prince, jusqu'à ce qu'il
lui eût rendu les honneurs dus au successeur
du chef des apôtres. Frédéric, après s'être in-

Tom. XI. Gg

formé des usages, consentit à servir le lendemain d'écuyer au pape : il s'y prit fort mal-adroitement, s'excusant sur ce que cet emploi étoit nouveau pour lui.

Le peuple Romain avoit aussi ses prétentions. Il croyoit être encore ce qu'il avoit été autrefois, quoiqu'il fût à peine ce qu'il avoit été. Le sénat fit donc offrir à Frédéric par ses ambassadeurs sa bienveillance, les honneurs du triomphe, & la couronne impériale, lui prescrivant d'ailleurs les largesses qu'il devoit faire, & les loix auxquelles il devoit s'assujettir.

Il y avoit bien long-temps que ce langage n'étoit point d'usage, & Frédéric, interrompant une harangue dont l'orgueil l'offensoit : Rome, dit-il, n'est plus ce qu'elle a été, Charlemagne & Othon l'ont conquise, je suis votre maître : je vous dois la justice & la protection : je fais mes libéralités comme il me plaît : mes sujets ne me donneront pas la loi. Il fut ensuite couronné, & il conduisit le pape à Rome : il y eut cependant des soulévements & du sang répandu.

Comment le pape Adrien IV interprete la cérémonie de ce couronnement.

Par la cérémonie du couronnement, Frédéric étoit reconnu souverain de Rome : ainsi le pape, pour soumettre le peuple, devenoit lui même sujet de l'empereur : mais c'étoit beaucoup que d'avoir subjugué les Ro-

mains, d'autant plus qu'en interprétant la
cérémonie du couronnement, Adrien pouvoit prétendre avoir donné l'empire ; aussi
écrivit-il à tous ceux à qui il fit part de ce
couronnement, qu'il avoit conféré à Frédéric le bénéfice de l'empire Romain ; & ce
mot de *bénéfice* faisoit entendre qu'il l'avoit
donné comme fief du saint siege. On se
faisoit des idées si exactes, que le pape paroissoit tout-à-la fois & le sujet & le seigneur suzerain de l'empereur.

Cependant de nouveaux troubles avoient
rappellé Frédéric en Allemagne. Il tint une
diete, où les princes qui avoient pris les
armes furent cités, & condamnés, comme
perturbateurs du repos public, aux peines
portées par la loi ; c'est-à dire, les comtes
à porter sur le dos un chien d'un comté à
l'autre, les gentilshommes une escabelle, &
les autres la roue d'une charrue.

L'empereur ayant ensuite appris les lettres que ce pape avoit écrites, s'en plaignit
hautement, reçut fort mal les légats du saint
siege, résolut même de faire un second voyage en Italie ; & il se fit précéder par des
commissaires, qui devoient tout observer,
& faire reconnoître par tout son autorité. Le
pape éffrayé renvoya des légats, qui saluerent
Frédéric comme empereur & souverain de
Rome, & qui lui remirent des lettres de sa

Frédéric. qui
fait respecter
son autorité,
force le pape
à désavouer
cette interpré-
tation.

468   HISTOIRE

sainteté. Adrien l'assuroit qu'en se servant du mot de bénéfice, il ne prétendoit pas lui avoir conféré un fief, mais seulement que c'étoit un bienfait, une chose bien faite de lui avoir mis la couronne sur la tête. Quelque forcée que fût cette interprétation, elle étoit un aveu des droits de l'empire, & Frédéric s'en contenta : cependant il n'abandonna pas le projet de passer en Italie.

1159
Prétentions
d'Adrien.

Il y revint en effet, aussitôt qu'il crut avoir assuré la tranquillité en Allemagne, & il fit des recherches, pour assurer les droits de l'empire sur les villes de la Lombardie. Il étoit occupé à soumettre les plus rebelles, lorsque le pape désapprouva l'hommage qu'il exigeoit des évêques ; demanda la restitution de plusieurs fiefs, entre autres de ceux de Mathilde, comme ayant été donnés au saint siege par cette princesse ; & prétendit que les régales & les magistratures de Rome ne pouvoient appartenir qu'à S. Pierre. C'étoit s'arroger la souveraineté dans cette ville : cette contestation n'eut pas de suite, parce que Adrien mourut.

1159
La mort d'A-
drien est sui-
vie d'un schis-
me.
1160

A peine Alexandre III eut été élu, que trois cardinaux élurent Victor IV. L'empereur qui avoit des raisons pour exclure le premier, fit tenir un concile à Pavie, où le second fut reconnu. Alexandre prononça anathême contre Victor & contre Frédéric,

& déclara les sujets de l'empire absous du
serment de fidélité. La France & l'Angleterre se déclarerent en sa faveur, & Louis
VII. lui ayant donné un asyle dans ses états,
il y prononça de nouveaux anathêmes.

Cependant comme les Milanois étoient
les plus puissants des peuples, qui portoient
impatiemment le joug de l'empire, Frédéric
résolut d'en faire un exemple. La ville,
forcée après un long siege, fut démolie entiérement à l'exception des églises : on y passa la charrue, & on sema du sel sur ses débris. Mais les troubles, qui recommen-
çoient en Allemagne, demandoient encore
la présence de l'empereur : il alla les appaiser & revint.

Pendant son absence, plusieurs peuples
s'étoient soulevés à la sollicitation d'Alexandre, qui avoit cru la circonstance favorable
pour s'établir à Rome. Frédéric soumit les
peuples, chassa le pape, & mit Pascal III,
successeur de Victor, en possession du saint
siege. Mais une maladie contagieuse, qui
se mit dans ses troupes, ne lui permettant
pas de soutenir ses avantages, il repassa les
Alpes. Alors presque toute l'Italie secoua le
joug. Les Milanois rebâtirent leur ville, &
Alexandre affermit sa puissance de plus en
plus. Cependant des affaires retenoient l'empereur en Allemagne.

Troubles en Allemagne & en Italie,

1163

1166

1167

Quoique dans son dernier voyage en Italie, il eut des succès; des revers encore plus grands, & des révoltes, dont il étoit menacé en Allemagne, le forcerent d'entrer en négociation avec le pape. Cependant ne voulant pas recevoir la loi, il fit un dernier ffort; & ayant vaincu, il envoya des ambassadeurs pour traiter de la paix. Elle fut

ratifiée à Venise, où il eut une entrevue avec Alexandre qu'il reconnut pour pape, & qui lui donna l'absolution. Il accorda une amnistie générale aux villes d'Italie, il leur rendit leurs privileges, & elles lui prêterent serment comme à leur souverain. L'antipape

se soumit aussi.

Les cardinaux
jouissoient
seuls du droit
d'élire le pape

Le concile général de Latran, qui se tint à Rome deux ans après, arrêta que lorsque les cardinaux ne s'accorderoient pas tous à nommer la même personne au souverain pontificat, on ne pourroit reconnoître pour légitimement élu, que celui qui auroit eu les deux tiers des suffrages. Ce réglement, fait pour prévenir des schismes qu'il ne prévint pas, montre que les cardinaux commençoient à jouir seuls du droit d'élire le pape; & que les droits du peuple & de l'empereur ne paroissoient plus que des prétentions surannées. Aussi la paix d'Alexandre avec Frédéric est l'époque, où la puissance des papes commence à s'affermir dans Rome; & ils trou-

veront désormais moins d'obstacles à se saisir de la souveraineté. Mais il faut convenir que cette petite principauté aura coûté
plus de sang, que la fondation des plus grands
empires; & si on réfléchit bien sur la conduite des papes, on ne jugera pas de leur
politique par leurs succès. Ils seroient devenus souverains beaucoup plutôt, s'ils n'avoient
eux-mêmes retardé le moment, en brusquant
toujours les circonstances. Etoit-il sage d'appeller continuellement en Italie des étrangers
plus puissans qu'eux? Ils avoient tant de moyens pour réussir auprès du peuple dans des
temps d'ignorance & de superstition. Déja
respectables par leur caractère, il ne leur restoit qu'à se faire aimer. Cependant parce
que les hommes ne changent pas facilement
d'allure, & qu'ils paroissent condamnés à se
copier, lorsqu'ils se suivent; les papes con-
tinueront à faire les mêmes fautes, & trouveront encore des obstacles. Ils donneront,
par exemple, le royaume de Naples à plusieurs princes, croyant toujours en trouver
un qui leur sera soumis, & ils ne le trouveront pas. Ils ne deviendront réellement
souverains de Rome, que lorsque forcés à
être plus tranquilles sur le saint siege, il
ne sera pas en leur pouvoir d'appeller l'étranger. C'est ce qui arrivera, lorsque Laurent

Gg 4

de Médicis gouvernera Florence, & donnera la paix à l'Italie.

Ceffion d'A-
drien IV à
Guillaume I
roi de Sicile.

Vers le commencement du regne de Frédéric le royaume de Sicile fut déchiré par une longue guerre civile, où le pape Adrien IV, ayant mêlé fes armes temporelles à fes armes fpirituelles, fut affiégé dans Bénévent. Trop heureux d'obtenir la paix, il accorda plus que fes prédéceffeurs n'avoient fait ; car il inveftit le roi Guillaume I de toutes les provinces, que le faint fiege avoit conteftées jufqu'alors. Ce qu'il y a de plus fingulier, c'eft qu'Adrien & Guillaume partagerent entre eux la jurifdiction eccléfiaftique, qui originairement appartenait toute entiere au fouverain pontife. Le pape fe la réferva fur la Calabre, la Pouille & les lieux adjacents ; mais il céda prefque toute celle qu'il avoit fur l'île de Sicile, renonçant aux appellations & au droit d'y envoyer des légats. Ainfi ce roi, feul roi feudataire du faint fiege, en dépendit cependant moins que tous les autres. Ce vaffal étoit de tous les princes celui qui redoutoit le moins les foudres du vatican, parce qu'il les voyoit de plus près, & que les papes avoient befoin de le ménager.

Guillaume II, fils de celui qui avoit fait ce traité avantageux avec Adrien, envoya une flotte au fecours des Chrétiens de la

Palestine, & fit la guerre à l'empereur de tiere du ro- Constantinople. Enfin en 1186 n'ayant point yaume de Si- d'enfant, il maria Constance, fille du roi cile. Roger & seule héritiere du royaume de Si- cile, à Henri, fils de Frédéric Barberousse ; ce sera l'origine de bien des troubles.

Frédéric ayant joui d'un regne assez tran- quille depuis la paix faite avec Alexandre, arma pour aller au secours des Chrétiens de la Terre Sainte, & partit en 1189.

CHAPITRE VI.

Troifieme Croifade.

Les chrétiens de la Terre Sainte avoient presque tout perdu.

C'ÉTOIT en 1173, que Guillaume II, roi de Sicile, envoya des fecours dans la Terre Sainte. En 1177 Philippe, comte de Flandre, y vint avec de nouvelles forces: & en 1179 le comte de Champagne, Pierre de Courtenai, frere de Louis VII, y conduifit encore une armée de croifés. Cependant en 1188, les Chrétiens avoient perdu Jérufalem, & ne confervoient plus qu'Antioche, Tyr, & Tripoli.

Caufes de leur ruine : 1º Le gouverne- ment féodal.

Ils s'étoient détruits par leurs propres divifions. Les chefs, ayant abandonné les marquifats, les comtés & les feigneuries qu'ils avoient en Europe, voulurent avoir de femblables principautés en Syrie. Ils y établirent donc le gouvernement féodal avec tous fes vices ; il y eut des princes d'Antioche, des princes de Sidon, des marquis de Tyr, des comtes de Joppé, des comtes d'Edeffe, &c. Tous ces tyrans fe firent la guerre, lorfqu'ils ne la faifoient pas aux infideles; & fouvent quelques-uns s'allierent avec les Mahométans contre les Chrétiens.

Les papes y regnoient par la puiffance du clergé; & cette puiffance s'y exerçoit avec les mêmes excès, ou même avec de plus grands qu'en Europe. Les évêques, qui prétendoient être feigneurs dans leurs diocefes, avoient des ferfs, des vaffaux, & des armées. Prefque toujours défunis, ils étoient peu foumis au roi de Jérufalem; & d'un autre côté, ils n'avoient aucune autorité fur les moines, qui fe maintenoient dans l'indépendance, parce qu'ils avoient auffi des feigneuries, ou parce que les peuples, dont ils nourriffoient la fuperftition, fe déclaroient pour eux. Ainfi les feigneurs laïques, les évêques, les prêtres & les moines, tous fe faifoient la guerre.

Les religieux les plus puiffants étoient les Hofpitaliers & les Templiers, qui avoient été fondés, les uns pour foigner les malades, & les autres pour veiller à la fureté des chemins. Ils firent vœu de fe battre, & ils fe battirent en effet, contre les infideles & contre les Chrétiens. Devenus puiffants de bonne heure, ils eurent des provinces entieres, & ils fe rendirent redoutables au refte du clergé, comme aux feigneurs laïques.

2° La puiffance d'un clergé, dont les différentes parties étoient fans fubordination.

Ce qui habitoit la Syrie, ét ' alors un
mêlange de Juifs, d'Arabes, de Turcs, de
Grecs schismatiques, d'Arméniens, de Jaco-
bites, de Maronites, de Nestoriens, d'hérétiques de toute espece, d'Allemands, d'I-
taliens, d'Anglois, de François. Ces nations se communiquerent leurs vices, sans se
communiquer leurs vertus; & on lit avec
horreur les crimes dont elles souilloient la
Terre Sainte. Cependant ces hommes, qui
avoient si peu de religion dans le cœur, en
avoient toujours le nom dans la bouche.
C'étoit pour la religion que les Hospitaliers
& les Templiers s'égorgeoient entre eux,
que les religieux se battoient dans les pro-
cessions publiques, qu'ils usurpoient les déci-
mes, & les droits des évêques. C'étoit
pour la religion, que le clergé devenoit
parjure, en déliant les princes des sermens
faits aux Mahométans, & les sujets, des
serments faits aux princes Chrétiens; enfin
c'étoit pour la religion, qu'on violoit toutes
les loix, qu'on méprisoit la foi des traités,
& qu'on exerçoit sur les Musulmans les cruautés les plus contraires à l'esprit de l'évangile. Tel étoit jusqu'alors l'effet des croisades, & c'est-là ce qu'on appelloit rétablir la
religion chrétienne en Asie; & c'est aussi
ce qu'on avoit dû attendre des hordes féro-

ces & superstitieuses qui s'y étoient répandues.

Pendant que les Chrétiens, toujours divisés, cruels & parjures, préparoient leur ruine, regnoit en Egypte Selaheddin ou Saladin, prince humain, généreux, fidele à ses engagements, & grand capitaine. Il fut d'abord lieutenant de Nouraddin ou Noradin sultan d'Alep. Fait ensuite grand visir du khalife Phatimite, il eut toute l'autorité sous ce pontife. Lorsque le khalife fut mort, il ne permit pas qu'on lui donnât un successeur. Il fit reconnoître en Egypte le khalife de Bagdad, & il mit fin au grand schisme, qui divisoit depuis deux cents soixante & quelques années les sectateurs de Mahomet, & qui armant les deux partis l'un contre l'autre, avoit fait répandre des flots de sang pour des opinions dans le fond peu importantes.

Après la mort de Noradin, qui mérita l'estime des Musulmans, & même des Chrétiens, Saladin étendit sa puissance, autant par sa politique que par ses armes. Le Sultan d'Alep avoit persécuté les Chrétiens par principe de religion; celui d'Egypte tint une conduite toute différente. Il abolit les loix qui avoient été portées contre eux; il leur accorda les droits de citoyen, appella même

Quel étoit Saladin.

Il protégeoit les Chrétiens.

les plus habiles auprès de sa personne, & leur donna de l'emploi.

Les Chrétiens le forcerent à prendre les armes contre eux.

Si les Chrétiens avoient su profiter des dispositions où ce prince étoit à leur égard, & s'ils s'étoient fait une loi d'entretenir la paix avec lui, ils se seroient insensiblement affermis; les secours, qu'ils recevoient de temps en temps de l'Europe, les auroient mis en état de faire des conquêtes sur d'autres Musulmans; enfin après la mort de Saladin, ils auroient pu profiter de la division, qui devoit se faire de son empire entre un grand nombre d'enfants, & donner la loi à des princes qui devoient s'affoiblir mutuellement par des guerres civiles: mais toujours infideles, ils ne firent des traités que pour les violer; & ils forcerent le Sultan d'Egypte à travailler à leur destruction.

Plusieurs passent dans ses états.

C'est le souverain de l'Egypte, de l'Arabie, de la Syrie, de la Mésopotamie & de la Perse, qui arme pour conquérir le royaume de Jerusalem; & déja des Hospitaliers, des Templiers, & des Chrétiens de toute condition, passent dans les états de ce prince, jugeant que la Palestine va tomber sous sa puissance.

Gui de Lusignan est défait.

Cependant Gui de Lusignan, mal affermi sur un trône d'où une faction menace de le faire descendre, rassemble tous les Chrétiens, qui lui sont fideles, ou que le péril commun réunit. Il fait prendre les armes à tous ceux qui sont capables de les porter, il dégarnit toutes les places, il marche contre Saladin à la tête de cinquante mille hommes.

Cette armée, conduite à travers des déserts arides, où elle manquoit de tout, fut vaincue sans résistance. Presque tous furent tués, ou faits prisonniers ; & du nombre de ceux-ci furent Gui de Lusignan, Geoffroi son frere, Rainaud de Chatillon, les deux grands maîtres, plusieurs autres seigneurs & plusieurs évêques. Saladin fit tomber d'un coup de sabre la tête de Rainauld de Chatillon, après lui avoir reproché ses infractions aux traités, & ses cruautés contre les Musulmans. D'ailleurs il ne se montra au roi & aux autres prisonniers, qu'humain & généreux.

Les villes ouvrirent les portes au vainqueur, ou résisterent foiblement : & Jérusalem, qui soutint un siege, fut forcée de se rendre à discrétion. Le Sultan mit la rançon des hommes à dix besans d'or, celle des femmes à cinq, celle des enfans à deux, & déclara esclaves tous ceux qui ne pourroient pas payer ces sommes. Cependant il en délivra mille à la priere de son frere,

Générosité de Saladin. 1187

mille autres à la follicitation d'un Chrétien ; enfin il permit à tous les pauvres de se retirer. Alors les femmes en pleurs vinrent lui demander leurs maris, leurs fils ou leurs peres, qui gémiſſoient dans les fers ; il les leur accorda, & il fit même encore des préſents à chacune.

Inhumanité des Chrétiens de la Paleſtine.

Une partie de ces infortunés ſe retira ſur les terres de Boémond, comte de Tripoli : mais les Chrétiens refuſerent de leur ouvrir les portes, & leur enleverent le peu qu'ils avoient emporté avec eux. Une autre partie prit la route d'Alexandrie, & les Muſulmans leur fournirent des tentes & des vivres. Des Génois, des Piſans & des Vénitiens refuſerent de recevoir dans leurs vaiſſeaux les Chrétiens, qui n'étoient pas en état de payer : l'Emir qui commandoit dans Alexandrie paya pour ces miſérables.

Nouveaux ſecours que l'Europe leur envoie.

Antioche, Tripoli & Tyr étoient les ſeules places, qui n'avoient pas ſuccombé ſous les armes de Saladin, lorſque toute l'Europe s'ébranla, pour aller encore au ſecours de la Paleſtine. Anglois, François, Italiens, Allemands, Danois, tous les peuples fournirent des armées de croiſés. Le khalife de Bagdad promit une félicité éternelle aux Muſulmans, qui mourroient en combattant contre les Chrétiens ; & Saladin réunit ſous ſes drapeaux tous les

les princes Mahométans, qui étoient à portée de lui donner des secours. Il avoit d'ailleurs fait alliance avec le Sultan d'Iconium, & avec Isaac l'Ange, empereur de Constantinople.

Cependant des troupes de croisés étoient arrivées par mer, & Lusignan, qui avoit recouvré sa liberté, en jurant sur l'évangile de ne jamais prendre les armes contre Saladin, avoit recommencé la guerre, & se voyoit à la tête de quatre-vingt mille hommes. Les évêques avoient délié ce roi de ses serments, & il se crut bien délié.

Le Sultan, par plusieurs victoires, avoit déja bien diminué cette multitude de croisés; lorsqu'il craignoit encore Frédéric, qui après avoir forcé Isaac l'Ange à lui livrer les passages, battu deux fois les armées de Kilidge Arslan II, & pris Iconium d'assaut, étoit mort pour s'être baigné dans le fleuve Salif, qu'on croit être le Cydnus d'Alexandre. De cent cinquante mille hommes, le duc de Suabe, fils de Frédéric, n'en put sauver que sept à huit mille, qu'il conduisit au roi de Jérusalem. Peu de temps après, il perdit la vie auprès de Ptolémaïs, que les Chrétiens assiégeoient.

Le siege de cette place n'avançoit point, quoiqu'on eût reçu de nouveaux secours par mer. Le comte de Champagne étoit arrivé

Succès & mort de Frédéric.

1190

Ptolémaïs assiégée par les Chrétiens.

avec un grand nombre d'Anglois, de François & d'Italiens; cependant l'armée dépérissoit, parce qu'elle souffroit tout-à-la fois de la disette & d'une maladie contagieuse. Heureusement pour les croisés, Saladin étoit malade, & la contagion regnoit aussi parmi ses troupes. On n'imagineroit pas que dans cette situation, Conrad, marquis de Tyr, & Lusignan étoient sur le point d'en venir aux mains, pour savoir qui des deux devoit être roi de Jérusalem, de ce royaume dont le Sultan étoit alors seul roi lui-même. On suspendit leurs hostilités, en les engageant à s'en remettre à la décision de Philippe & de Richard.

Arrivée de Philippe & de Richard, 1191

Ces deux rois débarquerent & la contestation en devint plus vive, parce que Philippe se déclara pour Conrad, & que Richard prit le parti de Lusignan. D'autres tracasseries divisoient encore Philippe & Richard, naturellement jaloux l'un de l'autre, & retardoient les opérations d'une armée, qui, dit-on, étoit composée de trois cents mille combattants. Sur ces entrefaites, ils tomberent malades l'un & l'autre; & parce que Saladin eut la générosité de leur envoyer tout ce qui pouvoit être utile à leur guérison, on publia dans l'armée qu'ils trahissoient la cause commune, & qu'ils étoient d'intelligence avec le Sultan.

1191

Enfin Ptolémaïs capitula, & se rendit après s'être défendue près de trois ans. Philippe Auguste jaloux de la supériorité que Richard acquéroit, se rembarqua pour revenir en France, ayant laissé en Palestine cinq cents gendarmes & mille fantassins.

Par le traité de capitulation, Saladin devoit donner en trois payements une somme convenue pour la liberté des habitants de Ptolémaïs. Lorsque le terme du premier fut arrivé, il demanda qu'en le délivrant, on lui garantît par des ôtages la sureté des prisonniers, ou qu'on les lui remît, offrant lui-même des ôtages pour ce qu'il devoit encore. Les Chrétiens avoient bien mérité qu'on prît ces précautions avec eux : mais Richard que cette méfiance offensoit, fit égorger aux portes de la ville cinq mille prisonniers ; & Saladin usa de représailles sur quelques Chrétiens, maudissant des barbares qui le forçoient à cette cruauté.

Action inhumaine de Richard.

Cependant la division étoit parmi les Chrétiens : plusieurs chefs formoient des prétentions sur Ptolémaïs : & il naissoit continuellement de nouveaux sujets de discordes. Conrad, ayant fait alliance avec le Sultan, se disposoit à faire la guerre aux Chrétiens, lorsqu'il fut assassiné ; & si Richard étoit redoutable aux Mahométans, il étoit odieux aux croisés. Impatient de revenir dans ses états, où sa présence étoit nécessaire, il conclut une

Il conclut une treve de trois ans.

1191

Hh 2

treve de trois ans : & quoiqu'il eût remporté une victoire, il fut contraint de figner les articles que Saladin lui preſcrivit. Le ſuccès de cette croiſade ſe borna à la priſe de Ptolémaïs & de quelques autres places ruinées : c'eſt-à-dire, que les Chrétiens conſerverent Tyr avec ſes dépendances, & toute la côte depuis Joppé juſqu'à Ptolémaïs.

FIN du onzieme volume.

www.ingramcontent.com/pod-product-compliance
Lightning Source LLC
Chambersburg PA
CBHW070628270326
41926CB00011B/1854